VILLES ET TRANSGRESSIONS

VILLES ET TRANSGRESSIONS

TERRITOIRE DES VILLES

Un art martial

Faire la ville ce n'est pas la dessiner. La ville résiste au tracé et à la projection, elle est en permanence une transgression. Elle n'obéit pas à la ligne. La ville se fabrique entre planification politique (sécuritaire) et soulèvement. L'urbanisme c'est autant le projet de planification, que des émeutes, des révolutions et des soulèvements. La Commune de Paris est le pendant du Paris d'Haussmann, le Tumulte des Ciompi appellera la Florence des Médicis, et ce sont les émeutes des cheminots de 1907 à Casablanca qui ont permis à Henri Prost d'inventer l'urbanisme colonial. Cet effet de balancier presque mécanique entre tracés et émeutes est au cœur de notre réflexion. Cette tradition martiale de la fabrication de la ville existe dans toutes les dimensions du projet urbain, mais elle est aujourd'hui le plus souvent sournoisement cachée dans un discours politique mécanique et creux. Elle resurgit avec violence dans des situations et des territoires extrêmes. La route dans sa dimension transversale, est un lieu public d'échange et de partage : d'urbanité. Par contre, dans sa dimension longitudinale, elle devient un outil de contrôle et de mesure du territoire. Des voies romaines de César en Gaulle, aux autoroutes fédérales américaines d'Eisenhower en passant par les réseaux réticulés de l'armée israélienne en Cisjordanie, la route est une déclaration de guerre. Quand nous approchons un projet urbain, nous essayons toujours de nous mettre à la limite entre la planification et le soulèvement.

Une vielle façon de faire la ville nouvelle

L'expérience française nous a rendu très suspicieux quant à la possibilité de fabriquer de nouvelles villes. Comme si le projet urbain ne trouvait son sens que dans des tissus constitués, on ne pourrait qu'ajouter à la ville existante et sédimentée. Cette ville lente que l'on habite et que l'on aime tant, empêche de penser la cité comme une émergence nouvelle dans le territoire. Faire la ville trop vite serait dangereux, pathogène. C'est pourtant nécessaire. Il est important de trouver des manières de fabriquer de nouveaux territoires urbains, et ce dans l'urgence, sans attendre de l'accumulation qu'elle fasse émerger des villes. Le monde s'urbanise trop vite, le désir de ville est immense et nous devons fabriquer des lieux d'urbanité et pas simplement des lieux à fabriquer des urbains. Comment inventer une vieille façon de faire les villes nouvelles ?

Fonder des espaces pionniers

Il y a dans les nouveaux établissements humains une dimension pionnière, primitive. Celle de la prise de possession d'un lieu, d'un périmètre nouveau. Une société qui sait s'approprier de nouveaux territoires est encore pleine de vitalité, elle se projette dans son avenir avec optimisme. Ce n'est pas un hasard si la question de la ville nouvelle (idéale) émerge dans des moments particuliers de l'histoire humaine. Des époques de changement de paradigmes, de flottement dans la gouvernance des territoires, de crises ontologiques et identitaires. Nous traversons l'un de ces moments. Cette prise de site, presque défensive, ces colonies, doivent se fonder sur un récit des origines. Cette narration est la seule qui ait la puissance fédératrice de la nécessité et du symbolique. Bien qu'elle échappe au dessin, la ville est souvent, si ce n'est une métaphore, du moins une représentation de notre relation au monde. Quand nous avons la charge de l'un de ces territoires, c'est ce récit fondateur que nous essayons toujours de traduire et de décrire.

Dessins et colonies

Faire la ville ce n'est pas la décréter ou même la tracer, c'est organiser les modes de colonisation et d'appropriation du sol. Contrairement au projet architectural qui se dessine et se détermine par ses dimensions, la ville est primordialement intensive. Le projet urbain est pour nous la recherche d'un équilibre, toujours instable, entre le tracé de ses dimensions et la gestion de ses intensités. Pour cela, nous inventons à chaque fois des outils de lecture du territoire spécifiques, pour permettre au projet de se constituer, de se lever, et de s'ancrer très profondément dans son sol. Il faut bien sûr imaginer la ville dans un réseau, dans un projet d'aménagement territorial, mais jamais à l'exclusion de la penser dans son sol, son périmètre physique et ses limites gouvernables. De ce point de vue les systèmes urbains que nous fabriquons sont très peu prévisibles et proposent d'intégrer l'incertitude comme composante. Ce qui ne veut pas dire pour autant que nous refusons la dimension prospective nécessaire du projet urbain. Ce dernier part toujours de ce que le sol peut porter, mais nous nous refusons d'en déterminer le résultat.

Croissance et disparition

L'urbanisme comme discipline a émergé au cœur de la révolution industrielle pour faire face à l'expansion violente et soudaine des villes constituées. La ville n'est plus un territoire délimité, elle devient un système réticulé à la croissance infinie. Le projet que nous avons mené en Lybie sur la planification des systèmes urbains du Fezzan nous a contraint à envisager la nécessité de faire disparaitre des villes. Nous avons essayé d'inventer un urbanisme de la contraction, de l'obsolescence, et de la disparition. Si la construction des villes est un acquis, la restitution à la nature et la disparition relève d'une réflexion encore absente. L'imaginaire de la ville éternelle demeure, au regard du monde, comme l'expression de la civilisation. C'est parce que la cité disparue, archéologique, hors du temps, est l'expression d'un échec de la culture, que l'on se refuse à en penser la disparition. Pourtant les grandes variations politiques et climatiques, les surexploitations des ressources et les migrations massives nous obligent à la fois à penser l'émergence rapide de villes nouvelles, et la disparition d'autres systèmes urbains. Nous travaillons à inventer les outils de la disparition urbaine comme contrepartie de la construction des villes.

L'échelle et l'îlot

Le projet urbain réside pour nous, le plus souvent, dans l'invention d'un îlot. La ville constituée est fabriquée par empilements de durées de plus en plus courtes, du quartier à la rue et de l'îlot à la parcelle. Partout cet agencement vole en éclat, seul l'îlot résiste. La disparition des acteurs publics et l'affaiblissement de la gestion municipalisée nous obligent à penser une composition d'îlots. Leur dimension, leur rapport à la rue et à l'alignement, leur porosité, leur profondeur, leur échelle, la propriété de leur sol, sont autant d'éléments que nous devons définir à chaque projet. Inventer un îlot c'est repenser les seuils du public, du commun, du privé et de l'intime.

Le désir de Ville et la ville du désir

Créer un lieu c'est le rendre désirable. C'est quand le désir disparaît que les lieux deviennent vides. Pour être désirable, la ville doit être familière, inquiétante, en perpétuel déséquilibre, mais elle doit surtout ne jamais être finie. Elle doit laisser la place pour que les désirs puissent s'y projeter. Faire la ville est uniquement affaire de désir.

VILLES ET TRANSGRESSIONS

SOMMAIRE

PLACE
+ PIETRI

CRÉATION D'UNE NOUVELLE PLACE
MAÎTRE D'OUVRAGE : CAISSE DES DÉPÔTS ET GESTION
LIEU : RABAT, MAROC
SURFACE : 12 500 M^2
LIVRAISON : 2010

Faire émerger un nouvel espace public en cœur de ville constitue l'enjeu primordial du projet de la place Pietri. Recouvrant un parking sur deux niveaux, l'esplanade génère un espace symbolique sur un ancien carrefour. En rendant deux rues piétonnières et en décaissant le cœur de l'espace, la nouvelle place redonne à cette partie du centre ville un caractère déambulatoire et commercial. Le lieu devient ainsi identifiable, marqué par l'intimité que génère le creux, tout en élaborant une nouvelle forme de centralité. Pour articuler la transition entre rue et place, vient se dérouler une rampe-escalier faisant office de véritable amphithéâtre urbain. Cet espace, par son traitement purement minéral, se soustrait au paysage, une empreinte qui accueillera des usages nouveaux.

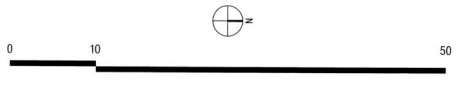

0   10   50

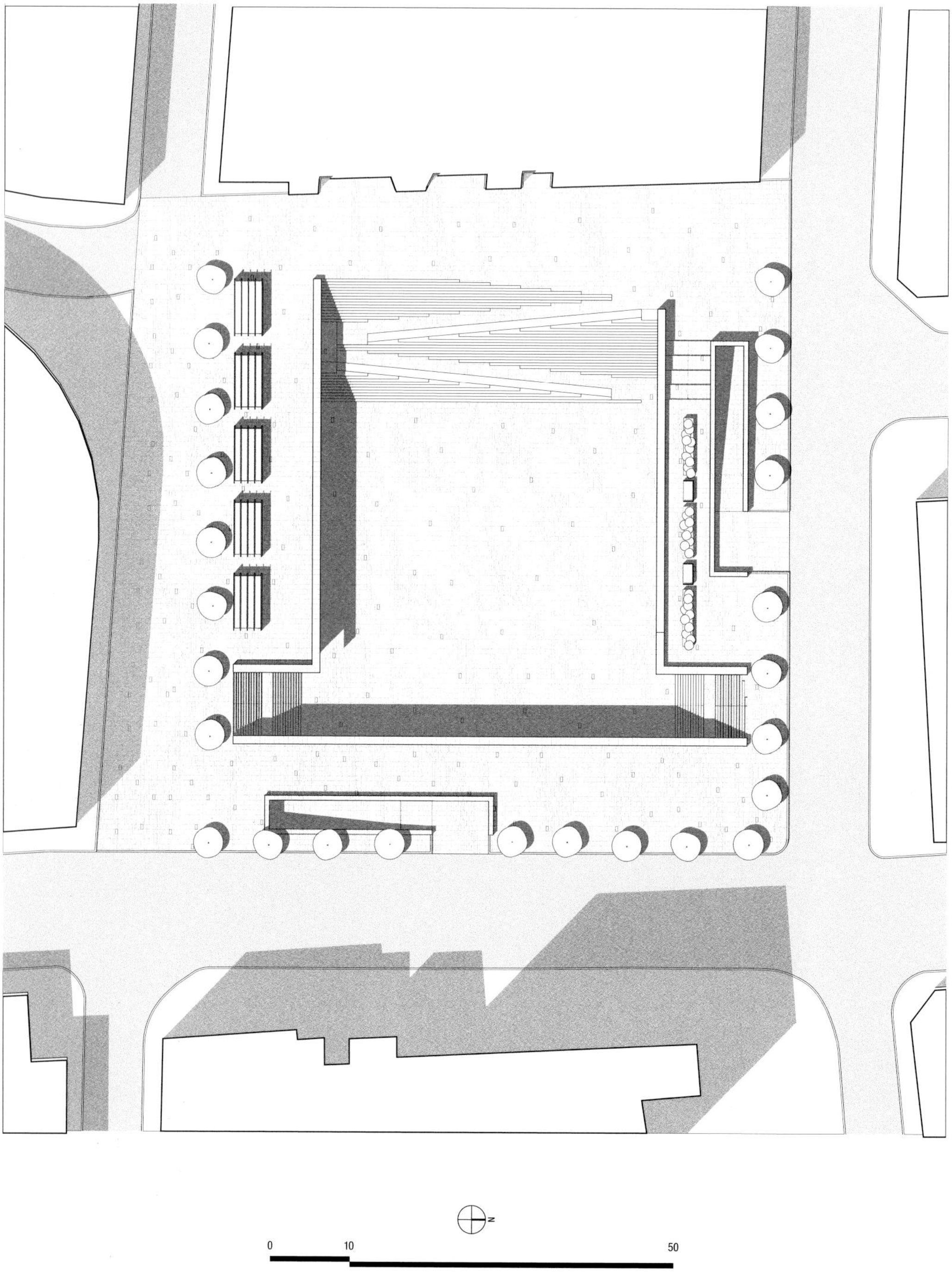

Plan masse

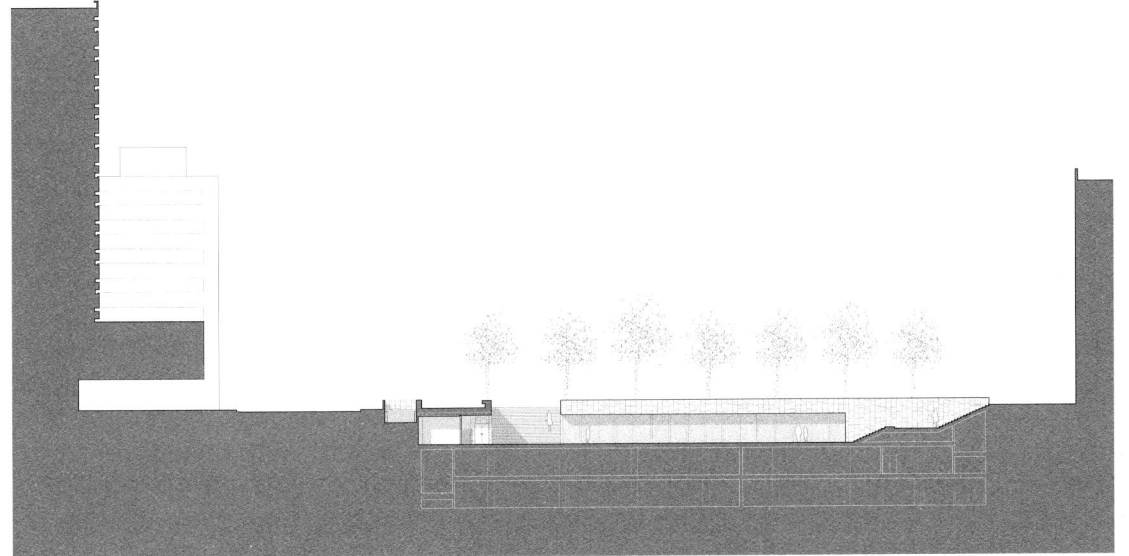

Coupe transversale

BORDERLINE

+

PROJET RIAD EL BERNOUSSI II
MAÎTRE D'OUVRAGE : ALLIANCES DARNA
LIEU : CASABLANCA, MAROC
SURFACE : 20 HA
DATE: 2014

Ce projet urbain d'un nouveau quartier en entrée de ville propose une morphologie pour sortir de la « croûte » urbaine. Ces alignements commerciaux, même s'ils sont efficaces, ferment la profondeur de l'îlot et fabriquent des façades urbaines qui cachent un envers du décor désastreux. Le projet propose une prise de site continue, qui multiplie le développé de la façade urbaine. En utilisant la topographie naturelle de cette ancienne carrière nous proposons deux niveaux de sols. Un territoire urbain au niveau de la rue et des jardins en cœur d'îlots décaissés. Les bâtiments dans leurs épaisseurs négocient les transitions entre places et parcs, l'ensemble fabriquant une nouvelle figure urbaine, non pas à l'échelle de la parcelle, ni même de l'îlot, mais sur tout le site.

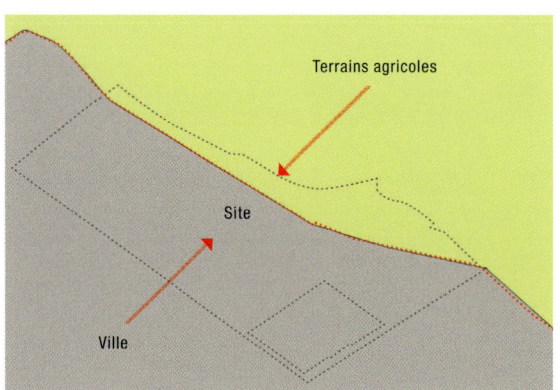

Terrains agricoles

Site

Ville

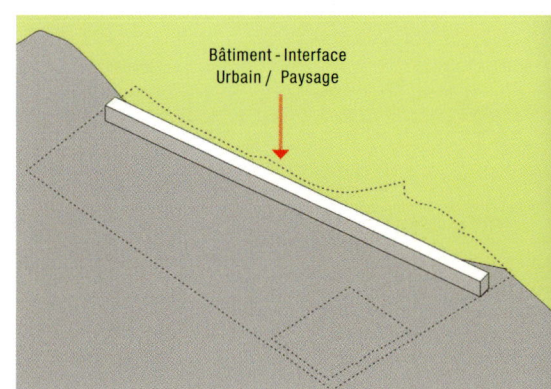

Bâtiment - Interface
Urbain / Paysage

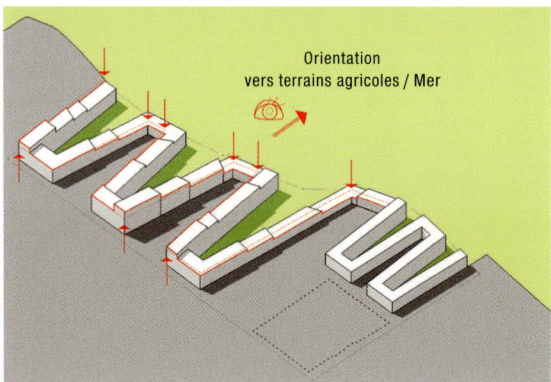

Orientation
vers terrains agricoles / Mer

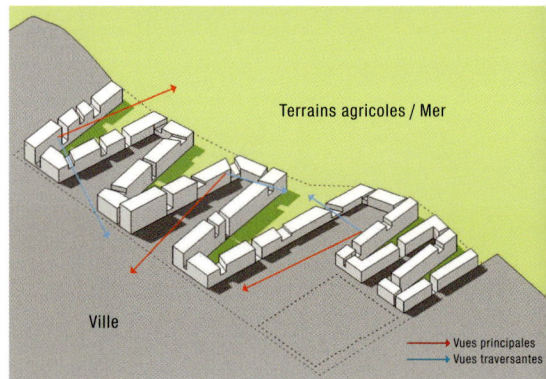

Terrains agricoles / Mer

Ville

→ Vues principales
→ Vues traversantes

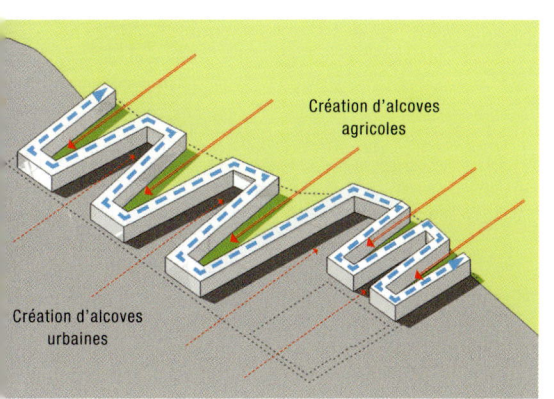

Création d'alcoves agricoles

Création d'alcoves urbaines

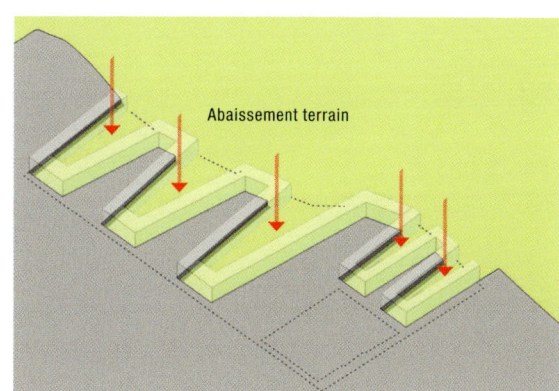

Abaissement terrain

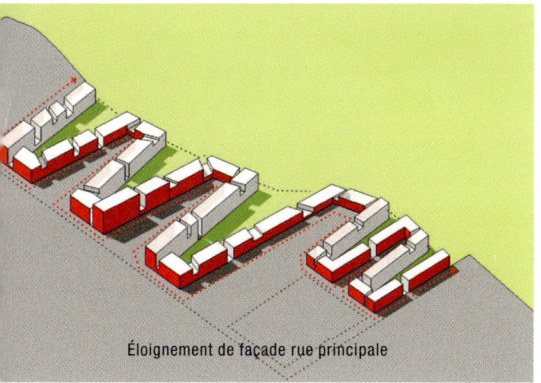

Éloignement de façade rue principale

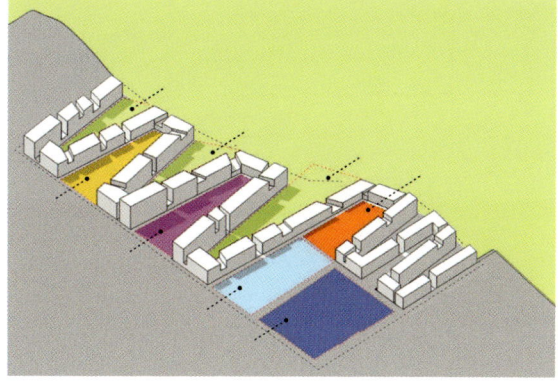

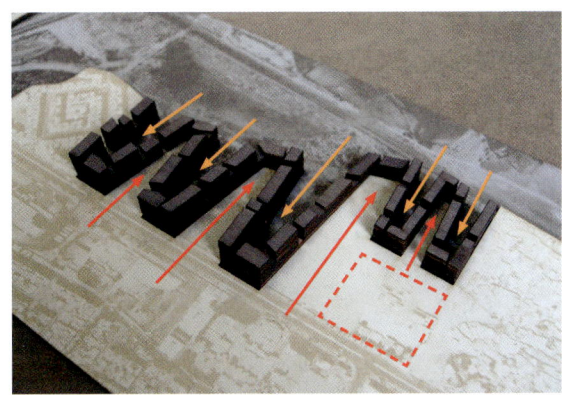

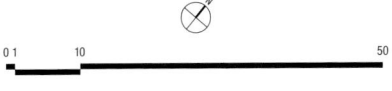

Plan du rez-de-chaussée bas

URBAN+

ZOO

CRÉATION D'UN NOUVEAU QUARTIER
AVEC LOGEMENTS, BUREAUX ET COMMERCES
MAÎTRE D'OUVRAGE : PRESTIGIA
LIEU : RABAT, MAROC
SURFACE : 58 HA
DATE : 2011- 2014

Ce projet urbain est le contre-projet d'une composition urbaine d'îlots à l'alignement sans aucune relation avec le site, ou même avec l'environnement. Cette structure d'îlots, générant des densités très importantes, se retrouvait sur un territoire désarticulé, sans hiérarchie, accumulant les voiries et ignorant l'identité du site. Le projet souhaite ramener un véritable cœur de vie à l'échelle de la ville. En totale opposition à la lecture ultra-urbaine du projet existant, le projet crée des macro-îlots jardins s'ouvrant sur le site. Il propose une nouvelle expérience de parc, fondée sur les traces paysagères existantes du zoo.

0 10   50   100

Plan masse

Espaces verts

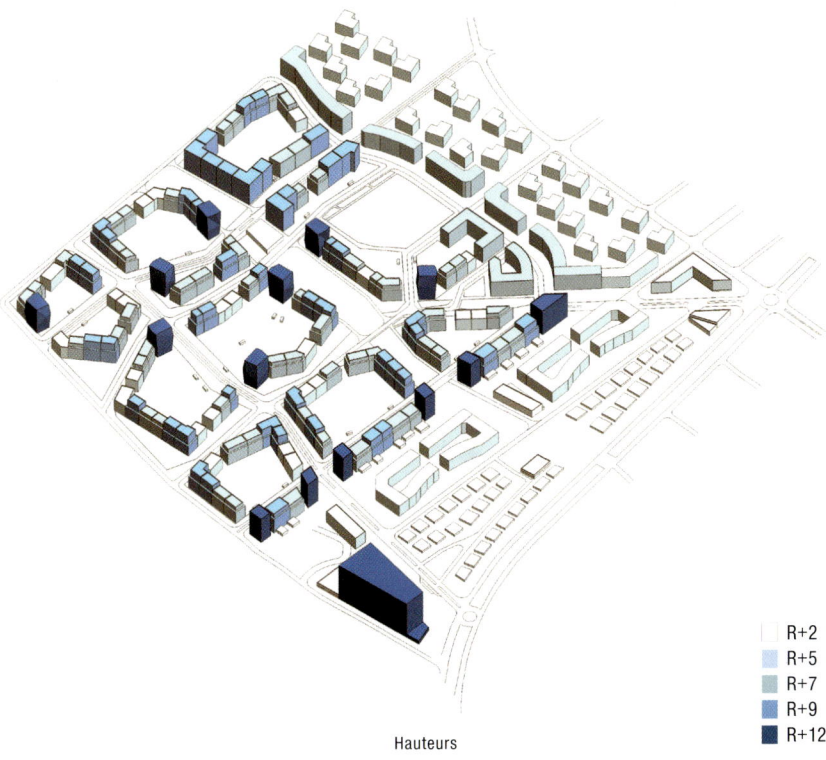

R+2
R+5
R+7
R+9
R+12

Hauteurs

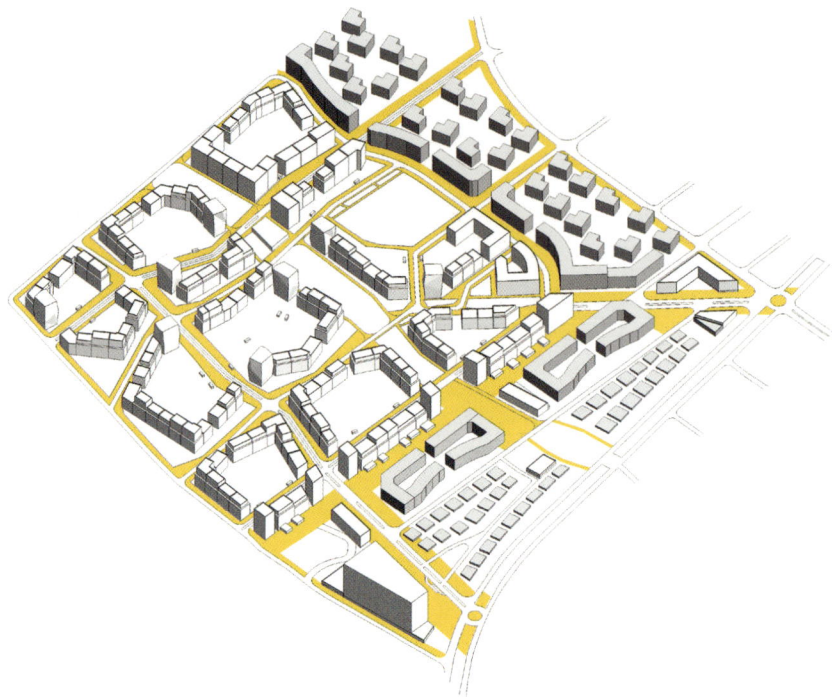

Parcours piétons

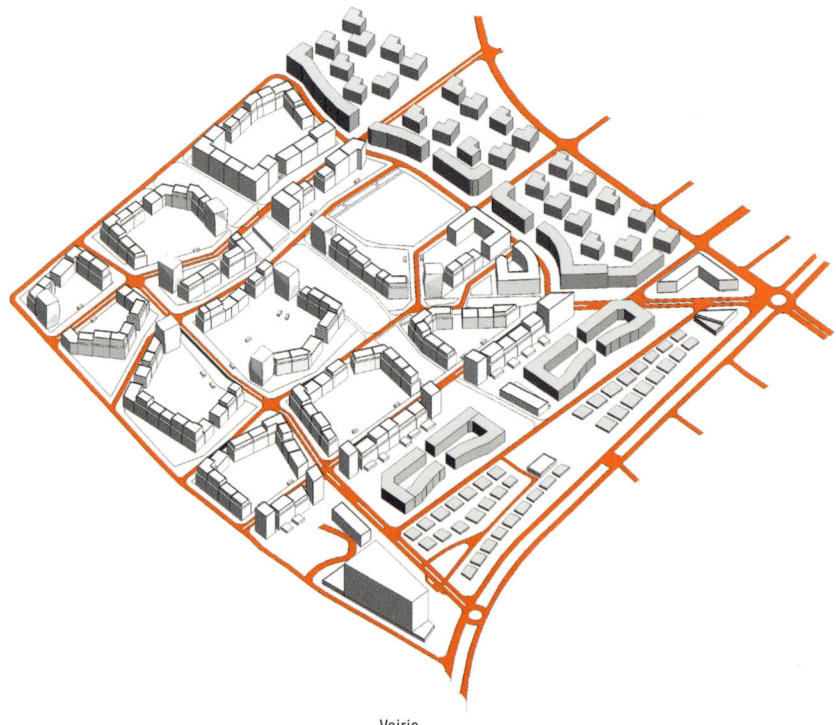

Voirie

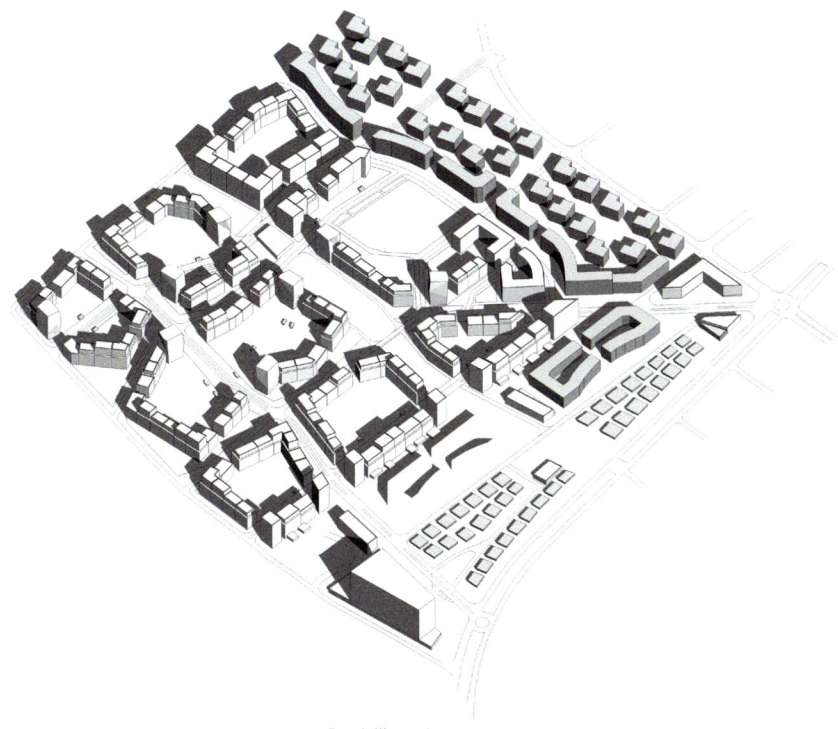

Ensoleillement

Programme

■ Commerces
■ Bureaux
■ Hôtel
■ Logements
■ Centre de loisirs et espace sportif

Plan masse

TAMANSOURT

+

AMÉNAGEMENT URBAIN DU CENTRE-VILLE

MAÎTRE D'OUVRAGE : SOCIÉTÉ D'AMÉNAGEMENT AL OMRANE TAMANSOURT
LIEU : TAMANSOURT, MAROC
SURFACE : 74 172 M^2
DATE : 2013

Le projet d'aménagement de Tamansourt s'inscrit dans la stratégie de développement du Grand Marrakech. Au-delà de la conception d'une ville nouvelle, l'enjeu est de développer un territoire cohérent, dont l'identité ne se limite pas à la dépendance à la grande ville. Si sa relation affirmée avec Marrakech est évidente, nous envisageons cet aménagement comme l'opportunité de développer un nouveau centre d'activité tertiaire, limitant la mobilité, et renforçant l'attractivité de Tamansourt. La composition urbaine s'articule autour d'îlots traversés, dont la profondeur génère de l'espace public privilégié, tout en y intégrant une diversité de programmes. Cet aménagement d'îlots mixtes élabore un jeu de densité et de morphologie, tout en offrant d'amples espaces déambulatoires et une porosité visuelle à l'échelle de la ville. Les grands axes préexistants bénéficieront d'un traitement paysager qui ralentira la circulation, pour que Tamansourt ne soit plus une cité traversée.

Plan masse

Route nationale

îlots ouverts résidentiels

Équipement public

îlots ouverts résidentiels

Rambla

îlots ouverts résidentiels

Équipement public

îlots ouverts résidentiels

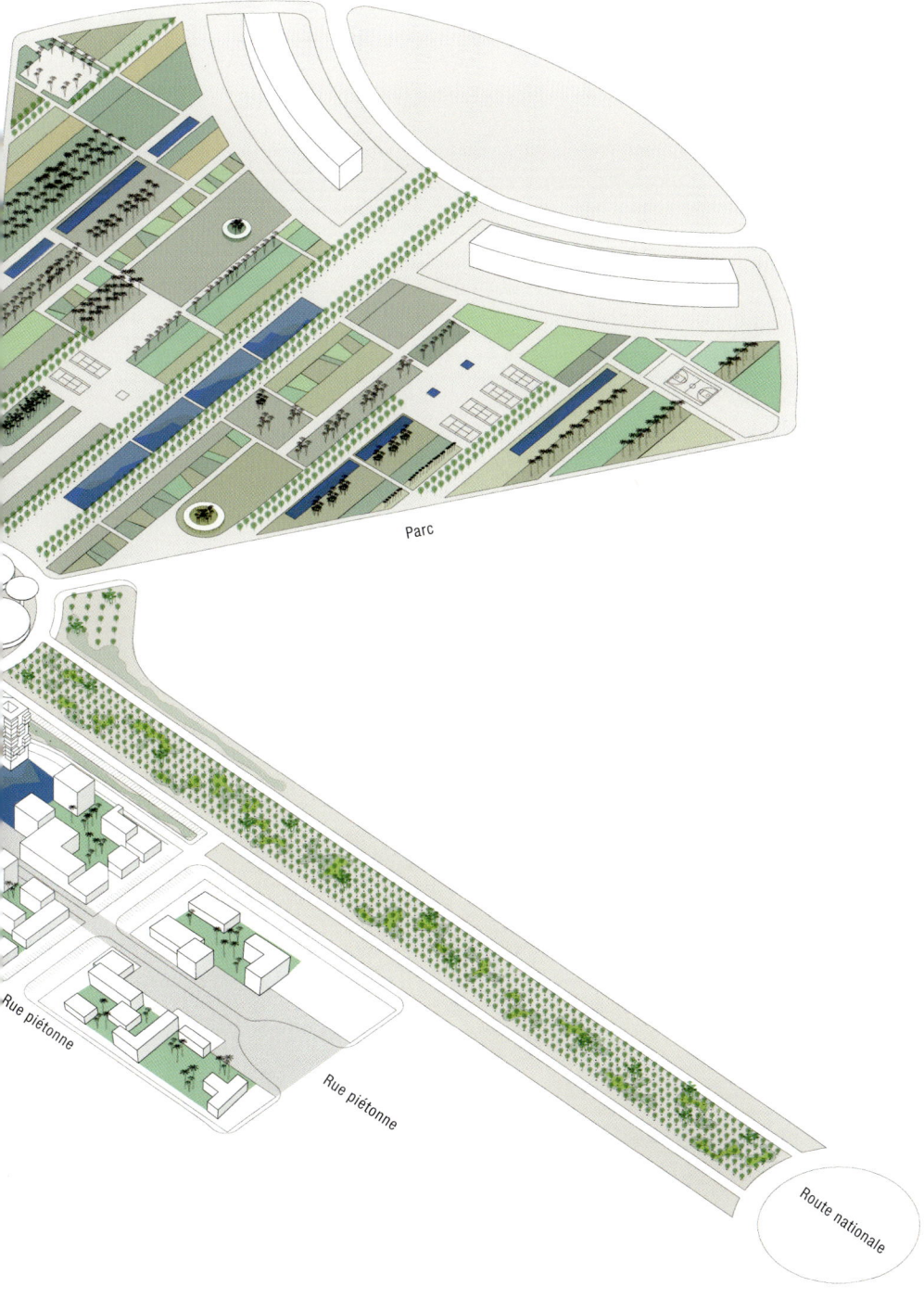

Parc

Rue piétonne

Rue piétonne

Route nationale

Axonométrie générale

B A B

A T L A S

CRÉATION D'UN NOUVEAU QUARTIER
MAÎTRE D'OUVRAGE : IMMOHOLD
LIEU : MARRAKECH, MAROC
SURFACE : 159 HA
DATE : 2013

Entrant en dialogue avec les trames agricoles préexistantes, ce projet est un dispositif de colonisation d'un territoire agraire, plus que le dessin d'un projet urbain. Une nouvelle manière de s'inviter dans la Palmeraie. Nous proposons des mégastructures, non pas à l'échelle architecturale mais à la dimension d'un tissu. Ces *ksours*, ces châteaux-forts, sont des périmètres tenus et déterminés, disposant chacun d'une identité propre, mais dans une dimension constante de 100 m par 100 m. L'espace public et le paysage sont des interstices, des vides entre ces « quartiers ». La voirie n'est pas dessinée, ce n'est plus l'outil de la composition urbaine, elle est simplement résiduelle.

Plan masse

Plan du rez-de-chaussée

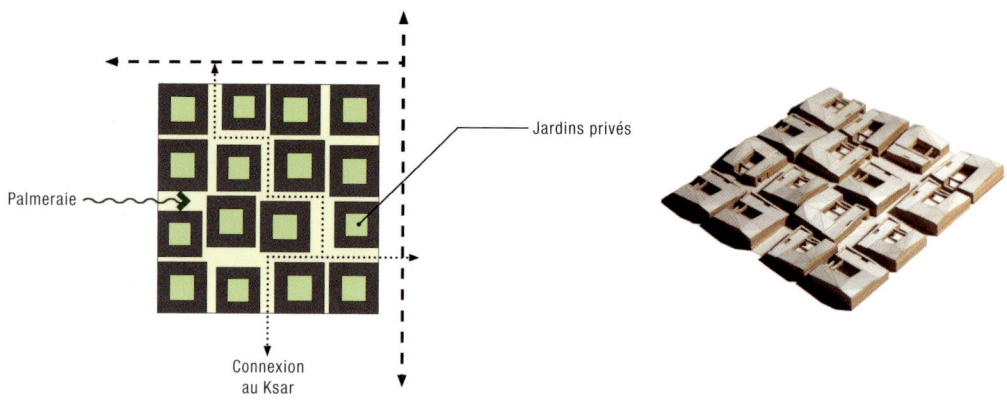

Jardins privés

Palmeraie

Connexion
au Ksar

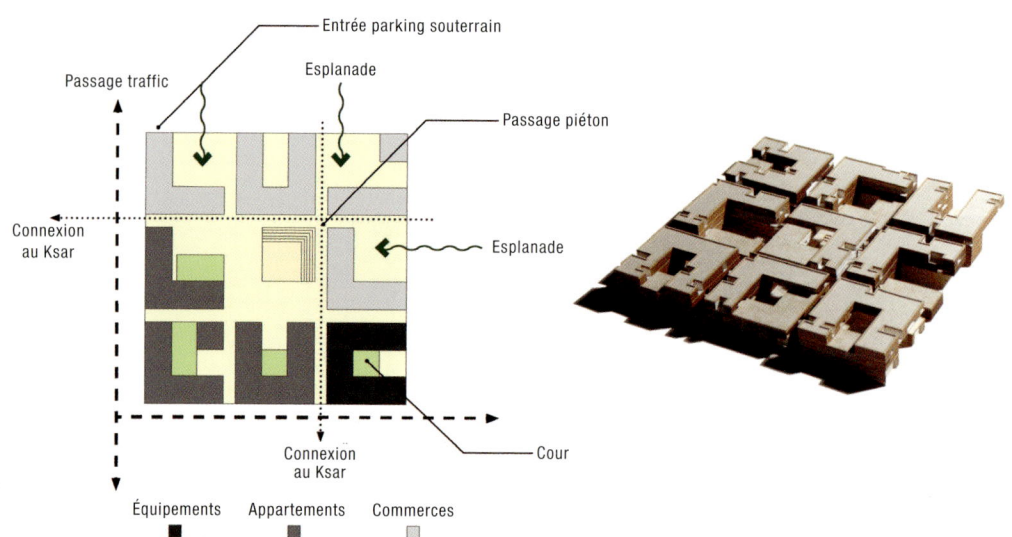

Entrée parking souterrain

Passage traffic

Esplanade

Passage piéton

Connexion
au Ksar

Esplanade

Connexion
au Ksar

Cour

Équipements   Appartements   Commerces

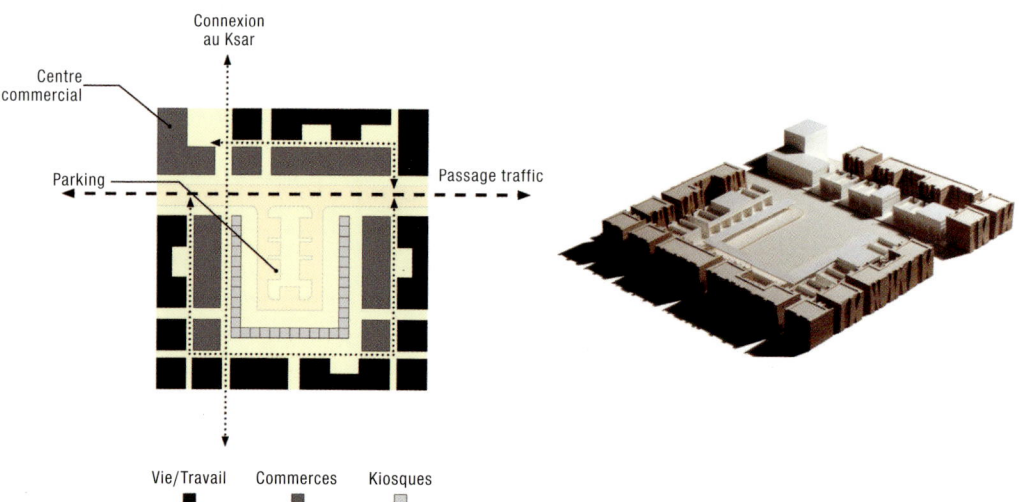

Connexion
au Ksar

Centre
commercial

Parking

Passage traffic

Vie/Travail   Commerces   Kiosques

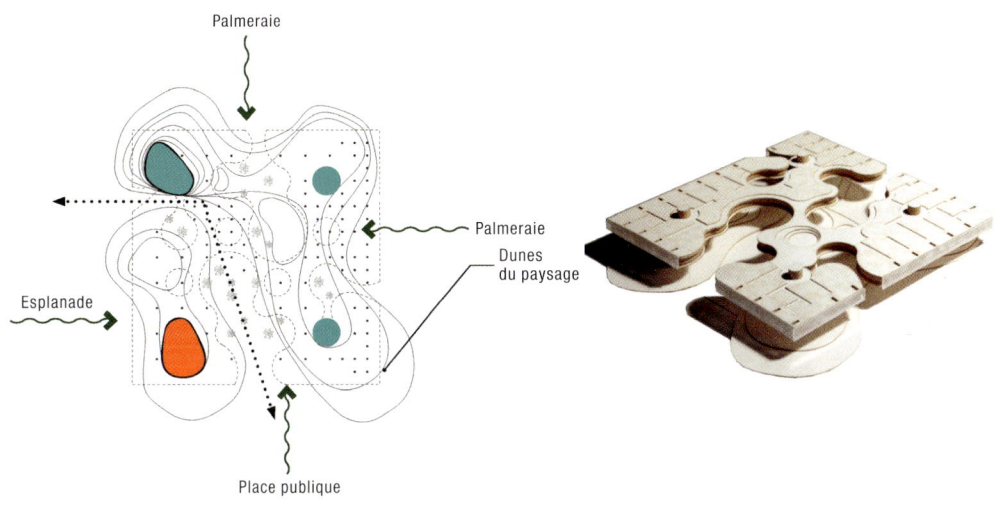

Palmeraie

Palmeraie

Dunes
du paysage

Esplanade

Place publique

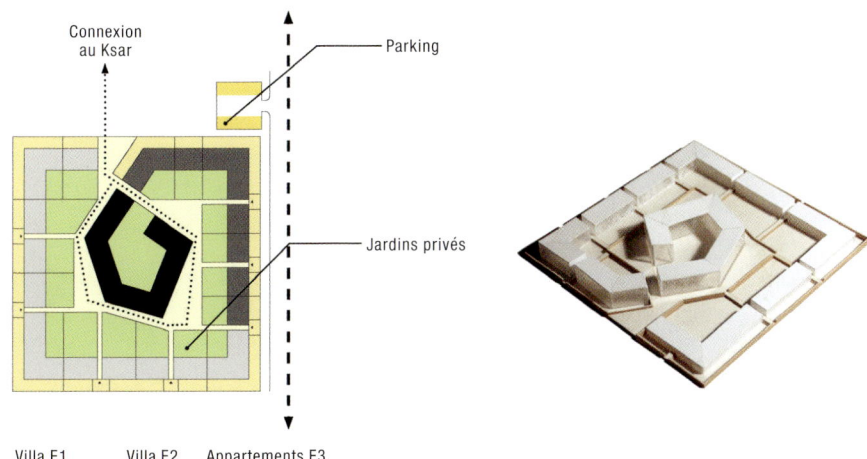

Connexion
au Ksar

Parking

Jardins privés

Villa E1 Villa E2 Appartements E3

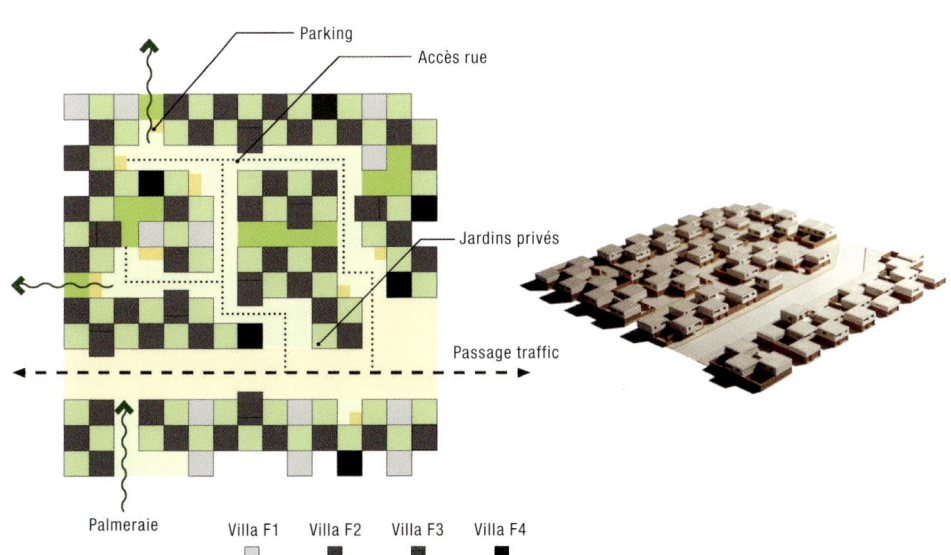

Parking

Accès rue

Jardins privés

Passage traffic

Palmeraie Villa F1 Villa F2 Villa F3 Villa F4

MAZAGAN

**PÔLE URBAIN DE MAZAGAN,
DÉVELOPPEMENT D'UNE VILLE NOUVELLE**
MAÎTRE D'OUVRAGE : SAEDM
LIEU : MAZAGAN, MAROC
SURFACE : 1 300 HA
LIVRAISON : 2018 À 2022

Le *Pôle Urbain de Mazagan* (PUMA) a été conçu pour être le point d'équilibre entre les villes d'El Jadida, à 10 kilomètres au nord. Deux villes millénaires qui se tournent le dos. Ambitionnant d'être plus qu'un trait d'union, le projet essaie de répondre de manière radicale et nouvelle aux conditions de péri-urbanité. Ce n'est ni une ville, ni une banlieue, mais un chapelet de quatre villages fortement séparés par un paysage forestier et agraire réactivé. Cette manière d'urbaniser lentement le territoire agricole permet de maintenir les traces du paysage et d'assoir le projet urbain dans son site. Tenu entre deux grandes infrastructures de mobilité, le site est autant lié aux villes voisines qu'à l'ensemble du territoire régional, s'ouvrant notamment sur la cité industrielle de Jorf Elsfar. Tourné vers l'innovation et l'excellence académique, PUMA a l'ambition de devenir un exemple de gestion des territoires en lisière urbaine.

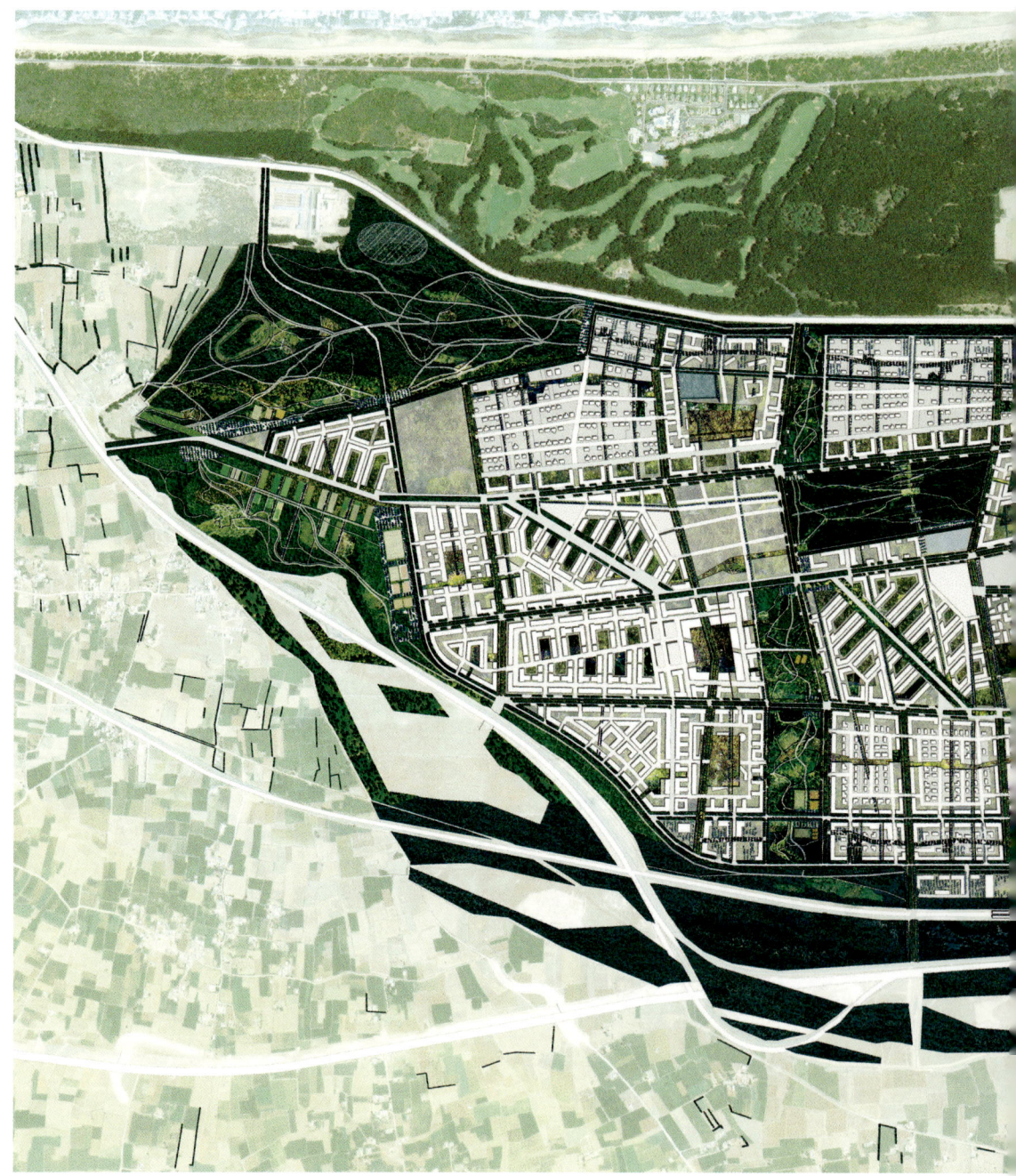

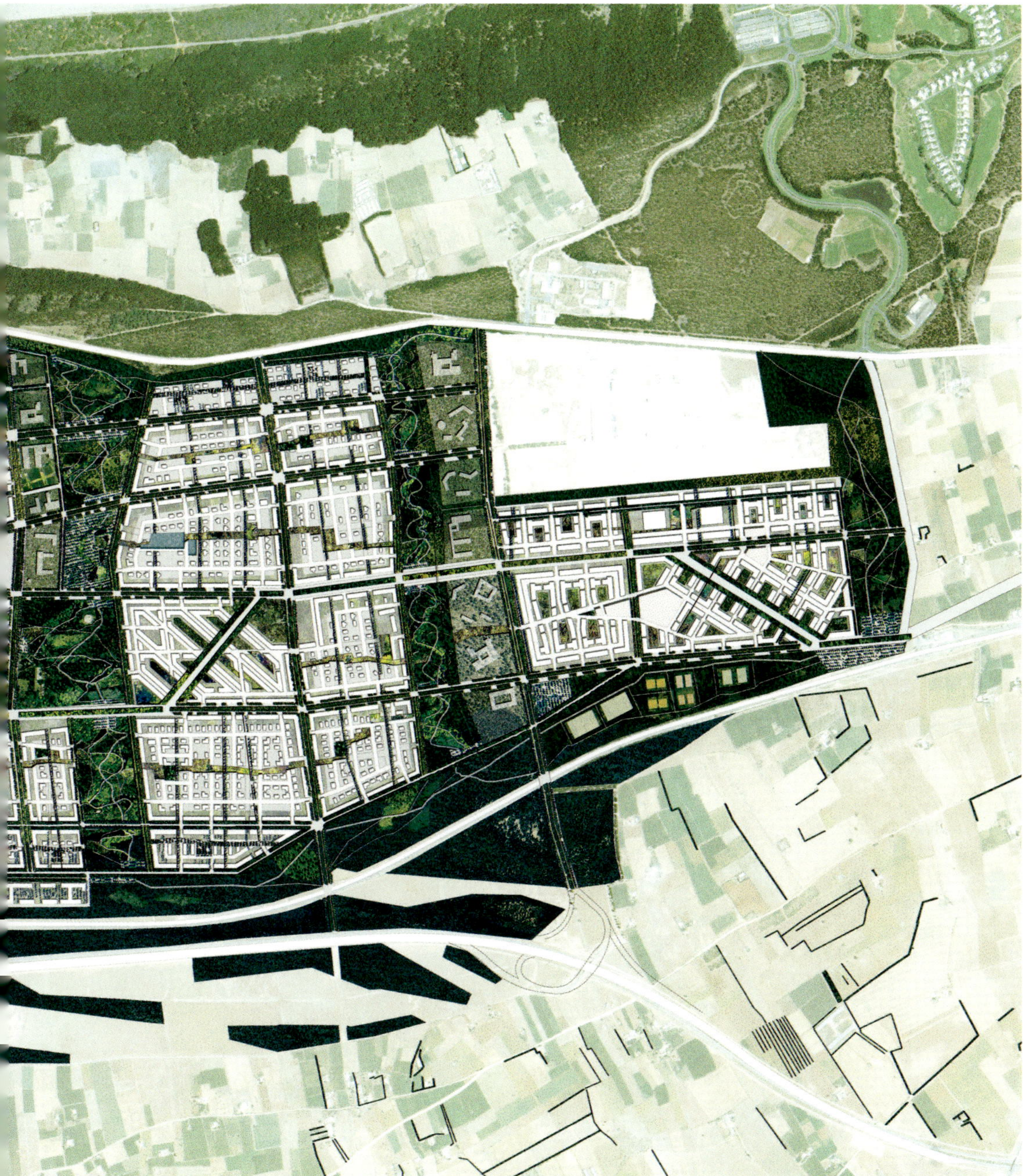

Plan Paysage

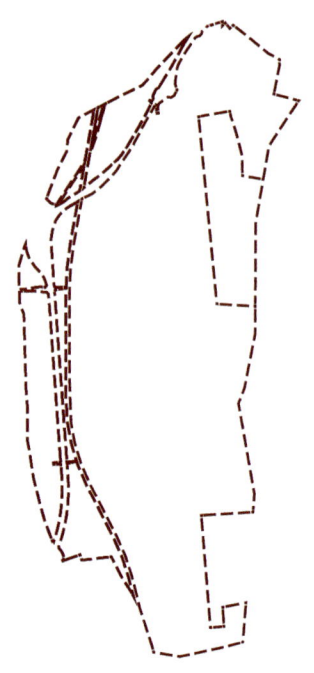

Frontières

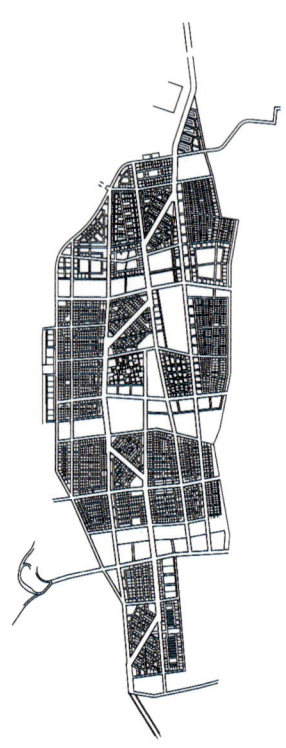

Division des îlots

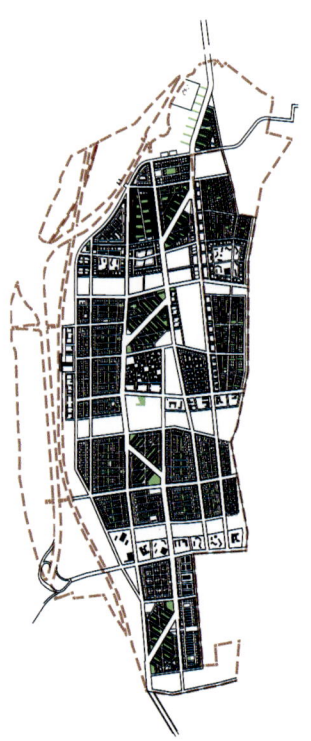

Bâtiments

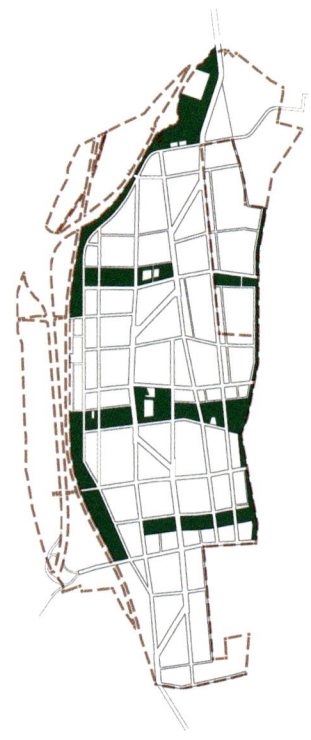

Espaces verts principaux

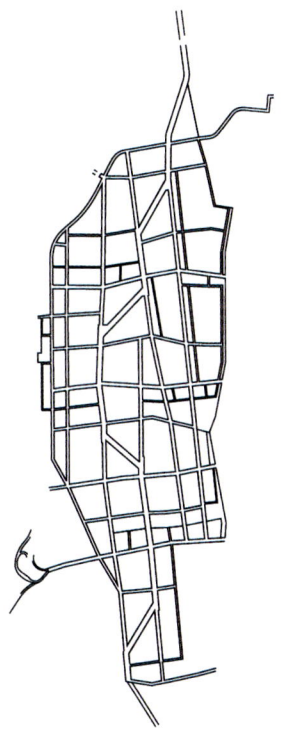

Voies principales

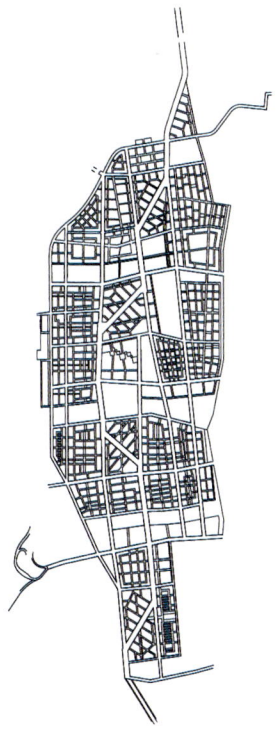

Voies secondaires

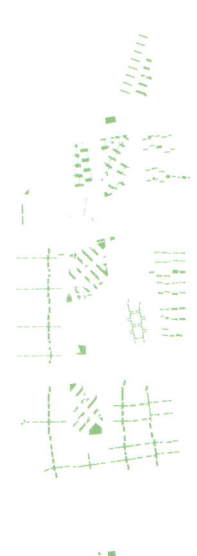

Espaces verts secondaires

Arbres existants

LES ESPACES ACTIFS DES PARCS

- Places-Seuil et entrées des parcs
- Clairières
- Jardins de proximité
- Jardins de biodiversité
- Terrains de sport
- Zone de protection archéologique

LES PROMENADES DES PARCS

- Promenades actives
- Promenades de biodiversité
- Cheminements
- Promenades équestres

LES PARCOURS DES JARDINS

- Sentes Nord-Sud
- Parcours-jardins

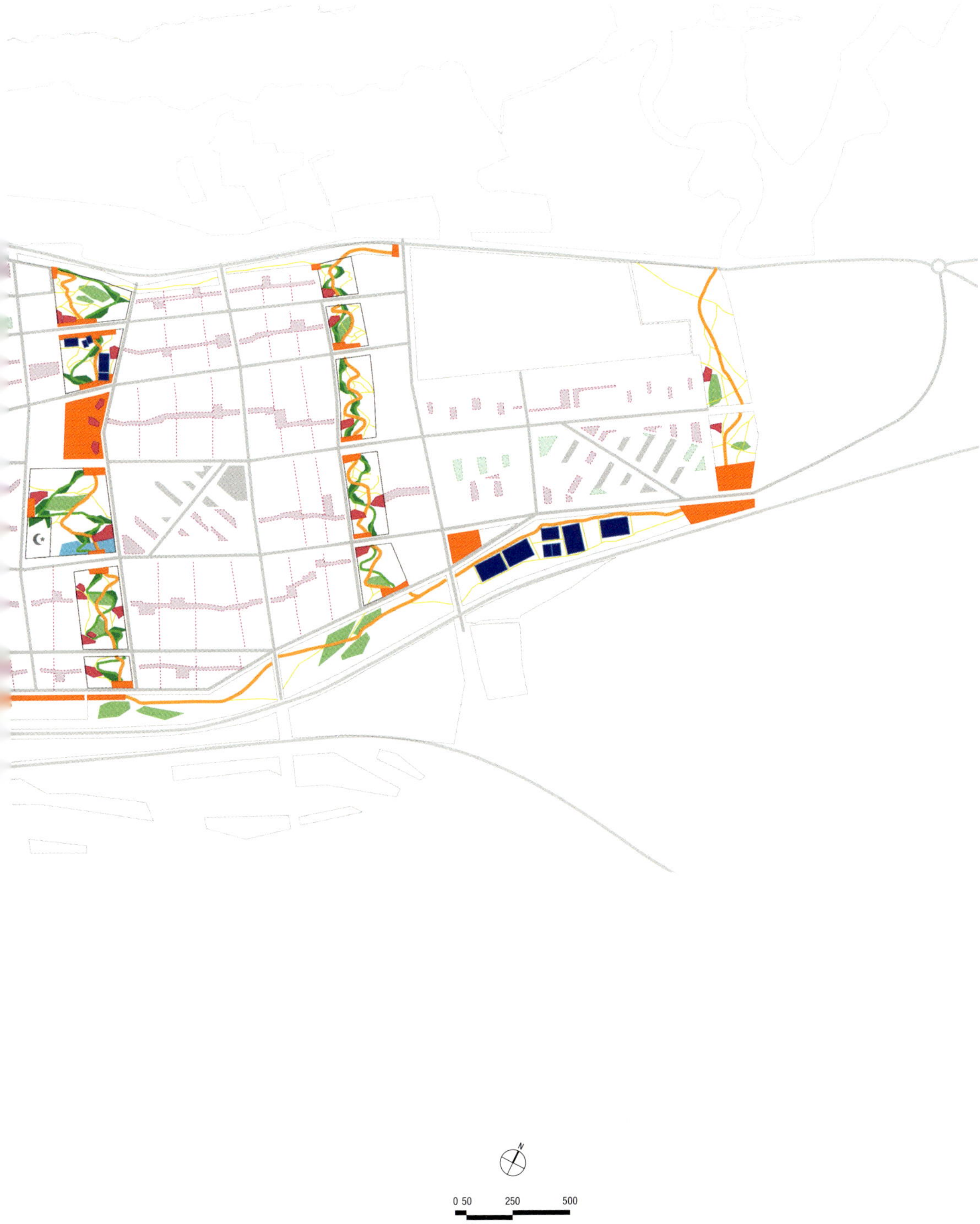

Plan des parcs publics

1 _ Matrice forestière
2 _ Talweg
3 _ Jardin de proximité
4 _ Place d'entrée
5 _ Rue

3	1	4	5

Section du Parc Sidi Mesbah

1 _ Matrice forestière
2 _ Voie
3 _ Allée
4 _ Jardin Daya

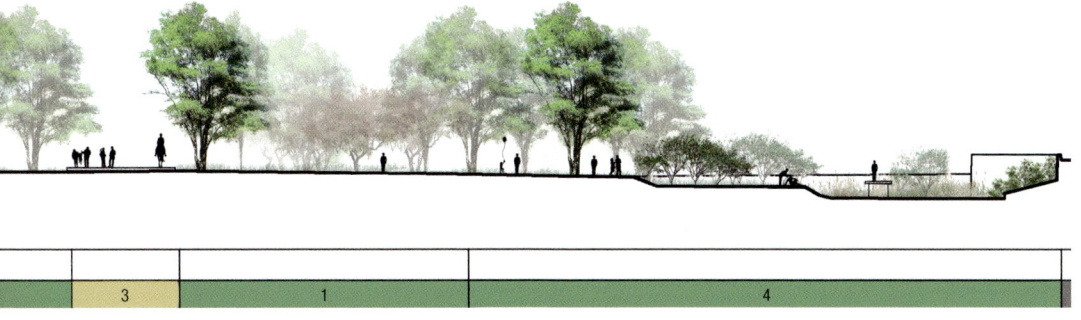

3	1	4

Section du Parc du Belvédère

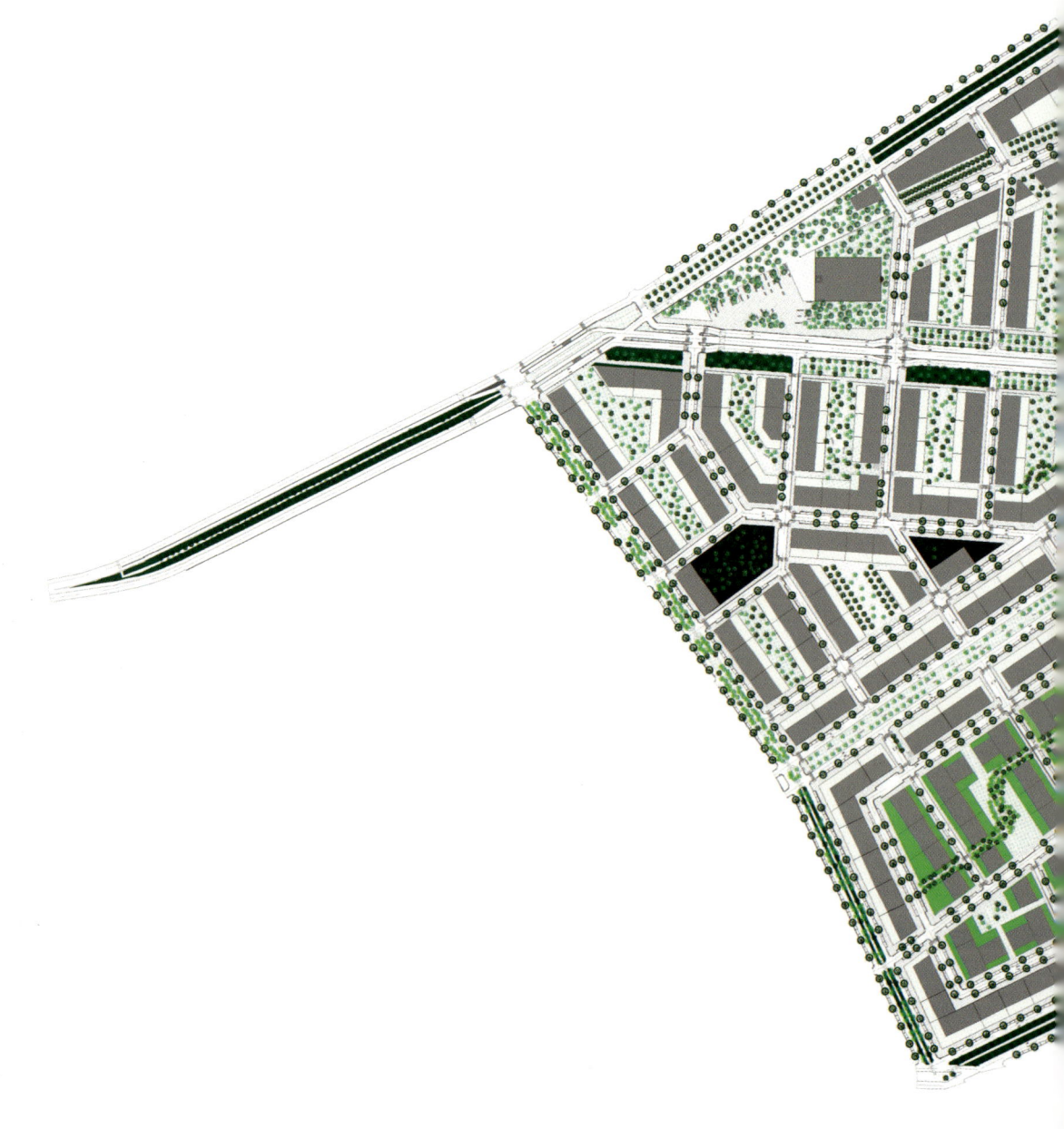

Extrait du plan d'aménagement du village 1

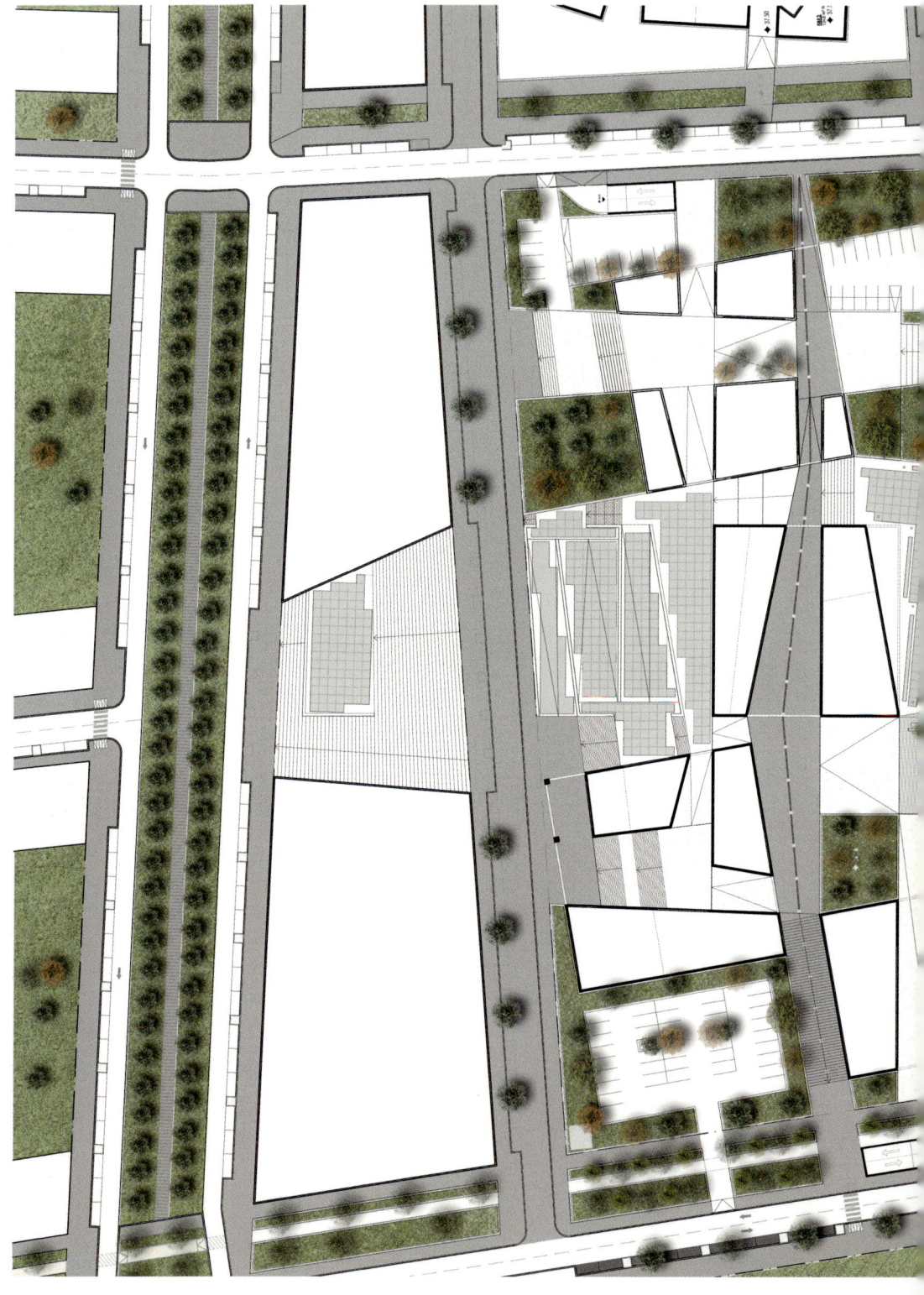

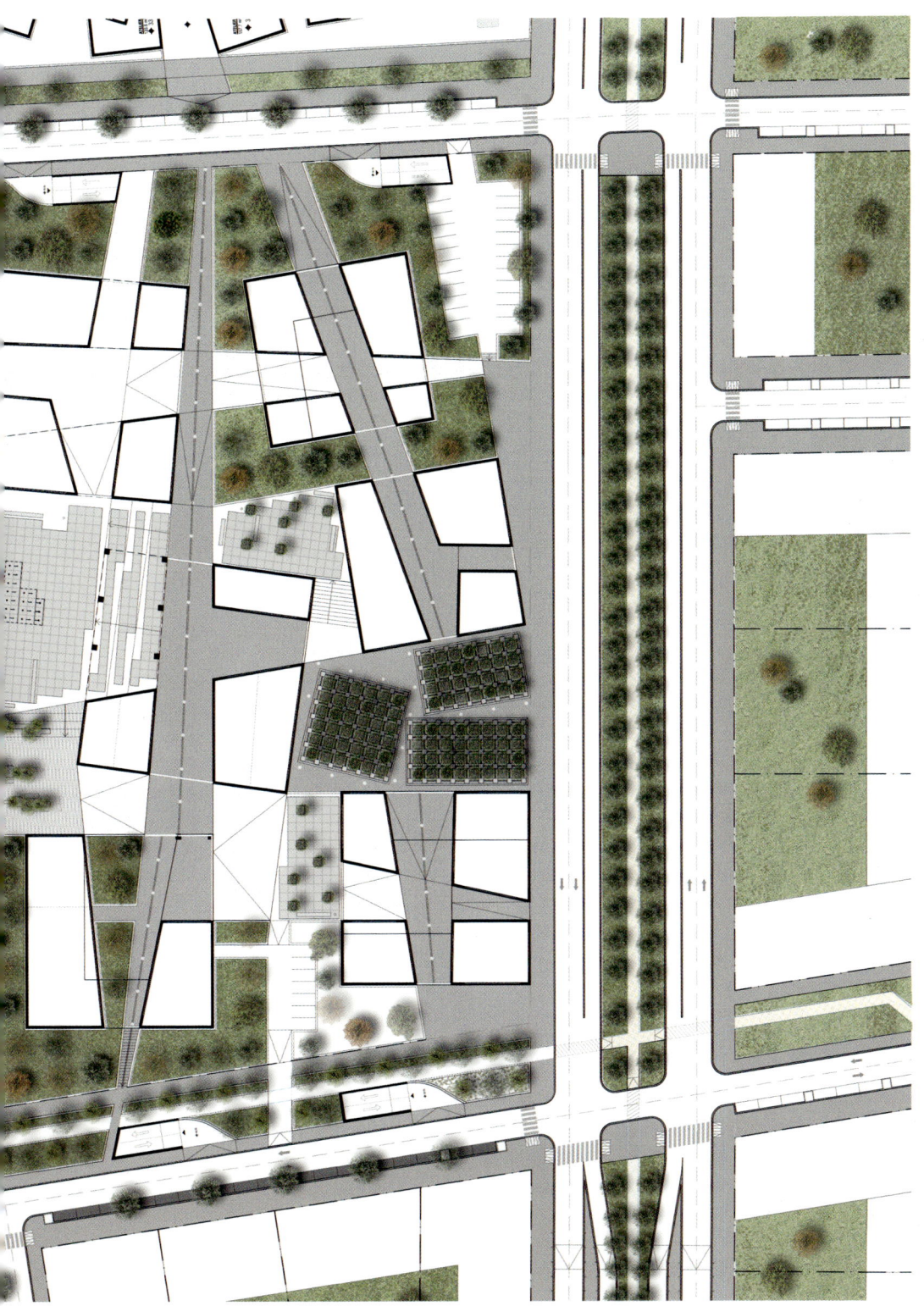

Plan masse du cœur de la centralité du village 1

AGROPOLIS

CRÉATION D'UNE VILLE ÉCOLOGIQUE
MAÎTRE D'OUVRAGE : SABZ
LIEU : RABAT, MAROC
SURFACE : 2 800 HA
DATE : 2005 - 2012

L'accélération de la croissance urbaine et la faible réticulation des infrastructures du territoire obligent à la création de nouveaux paysages urbains, se devant d'entretenir une relation saine avec leurs environnements. C'est dans cette optique qu'a été conçue cette première expérience urbaine totalement déconnectée des réseaux préexistants. La ville est ainsi pensée pour que l'eau et l'énergie nécessaires à son développement et à sa croissance soient produites in situ. Sur l'ensemble du territoire de 3 000 hectares, 1 000 hectares sont dédiés à la gestion des infrastructures, 1 000 hectares à la production agricole et 1 000 hectares à l'urbanisation. Afin d'éviter un urbanisme de tracé, pastiche de ville constituée, une stratégie de densification diffuse a été mise en place. Coloniser le territoire agraire tout en conservant le rôle prépondérant de l'agriculture dans la région a constitué le principal défi du projet. Les parcelles agricoles viennent se mêler aux entités urbaines, fabricant une véritable mixité territoriale.

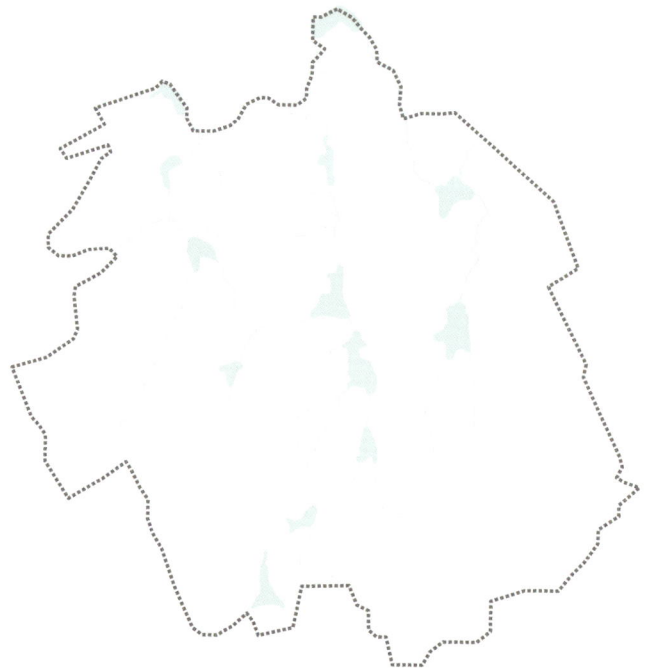

Réseau d'eau

Agriculture

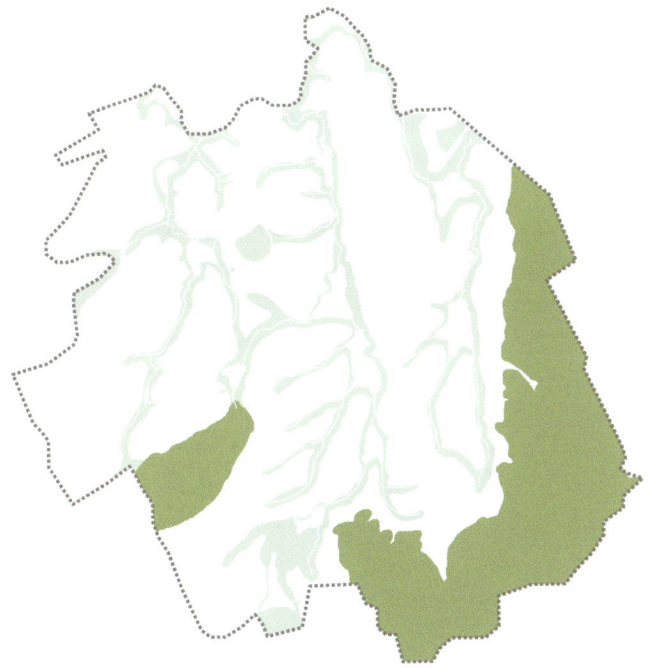

Végétation

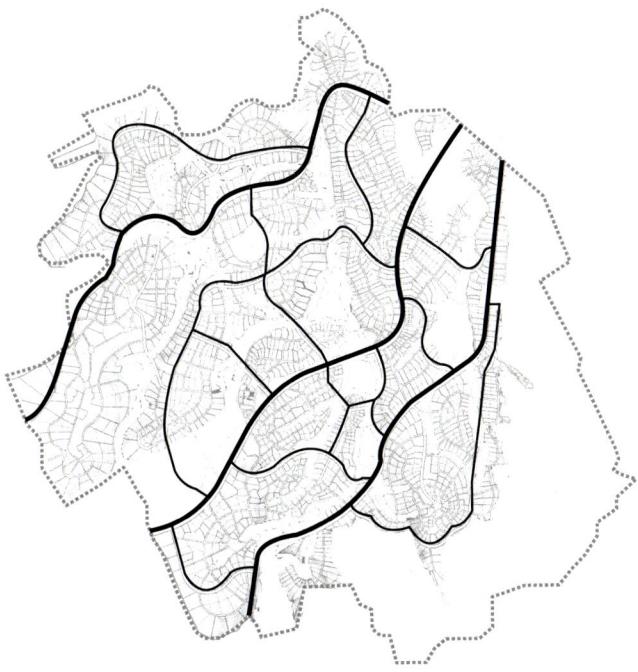

Réseau de voiries

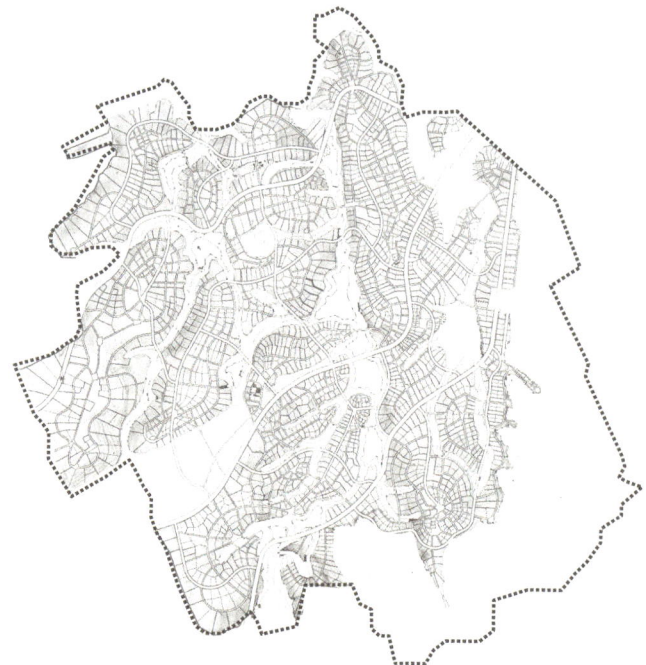

Plan de lotissement

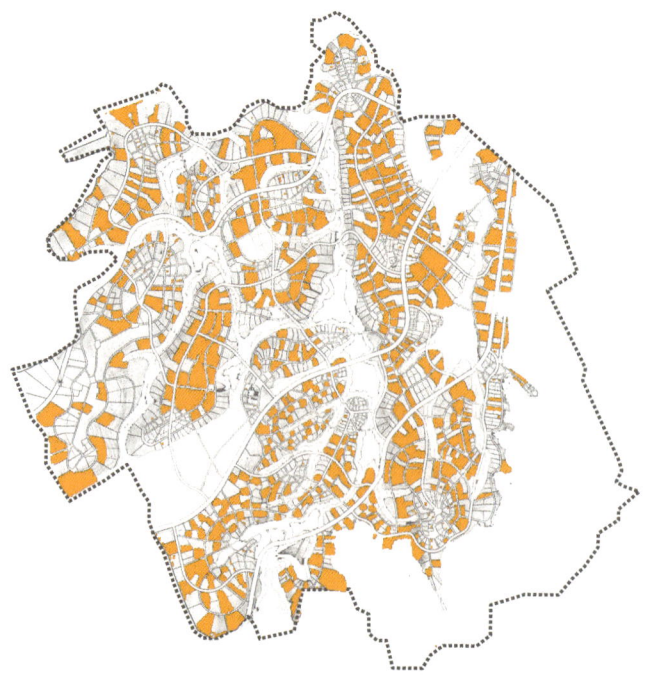

Logements à densité moyenne

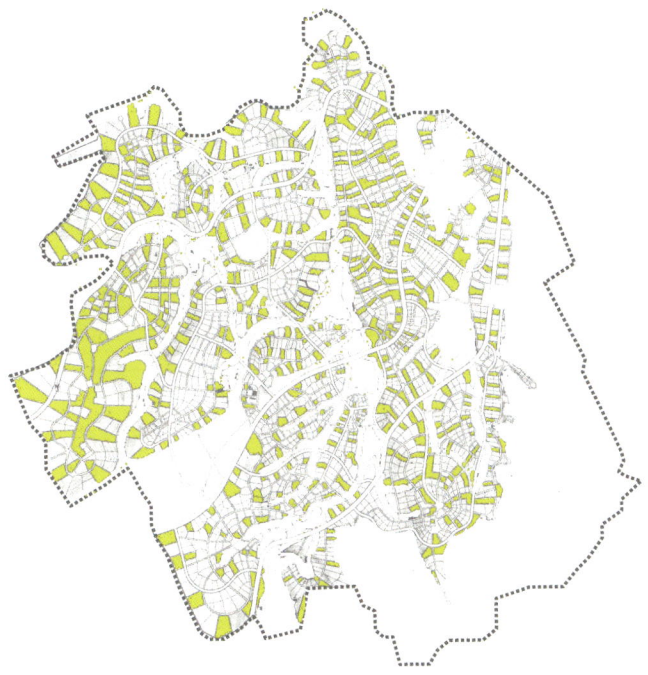

Logements à densité faible

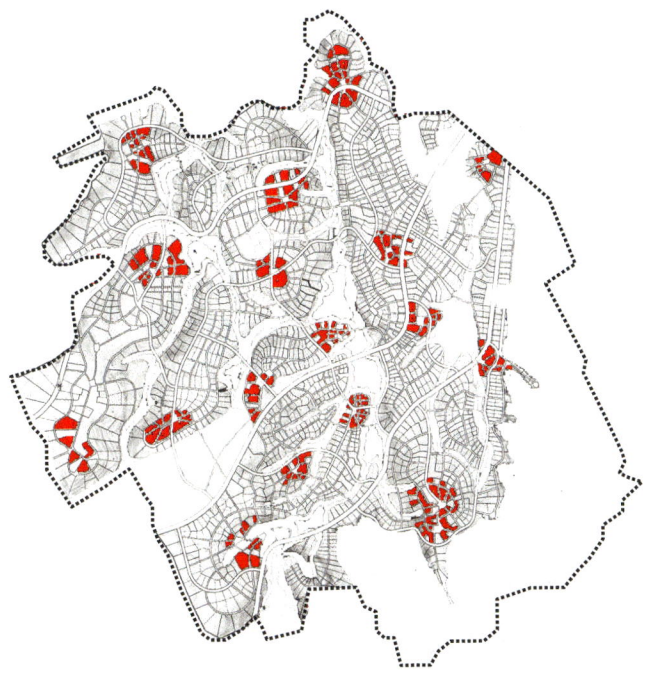

Logements à haute densité

PÉRIMÈTRES

— Limites de propriété

— Limites du projet

— Voisinage

EXISTANT

Cimetière

Cours d'eau

ESPACES PUBLICS

Voies principales

Voies secondaires

Voies tertiaires

Voies piétonnes

Espaces publics

Places

Marchés

ESPACES VERTS PLANIFIÉS

Grands parcs

Parcs du quartier

ENCEINTE VERTE NATURELLE

Voies vertes

COURS D'EAU

DAM

Niveau d'eau maximal

Niveau d'eau moyen

SECTEURS URBAINS

Usage mixte - haute densité

Logements collectifs - haute densité

Logements collectifs - moyenne et basse densité

Résidences privées - moyenne densité

Résidences privées - basse densité

Loisirs publics

Activité sportives

T Activités tertiaires

A Activités artisanales et industrielles

AGRICULTURE

Production des céréales et fermes

Arboriculture terrassée

Plantes médicales

Vergers

N

0   100   500   1 000

F E Z Z A N - S A B H A

PROJET URBAIN
MAÎTRE D'OUVRAGE : UPA/AURIF
LIEU : SABHA, LIBYE
SURFACE : 6 700 HA
DATE : 2010

Ce projet s'inscrit dans le cadre de la coopération entre les États libyen et français, pour la réalisation du Schéma Directeur d'Aménagement Urbain (SDAU) de l'ensemble des structures urbaines libyennes. Capitale du Fezzan, la ville de Sabha est au cœur du programme de développement régional et du grand projet de métropolisation. Le SDAU de Sabha propose une croissance exponentielle de la cité, de concert avec la disparition programmée des villes environnantes, délaissées par leurs habitants. Cet exercice de planification de la croissance et de programmation de l'obsolescence des territoires construits a poussé aux limites les outils de l'urbanisme. Cette réflexion autour de la recentralisation du territoire s'est opérée avec pour principal objectif de gérer les ressources en eau, élément primordial pour garantir la durabilité des structures urbaines.

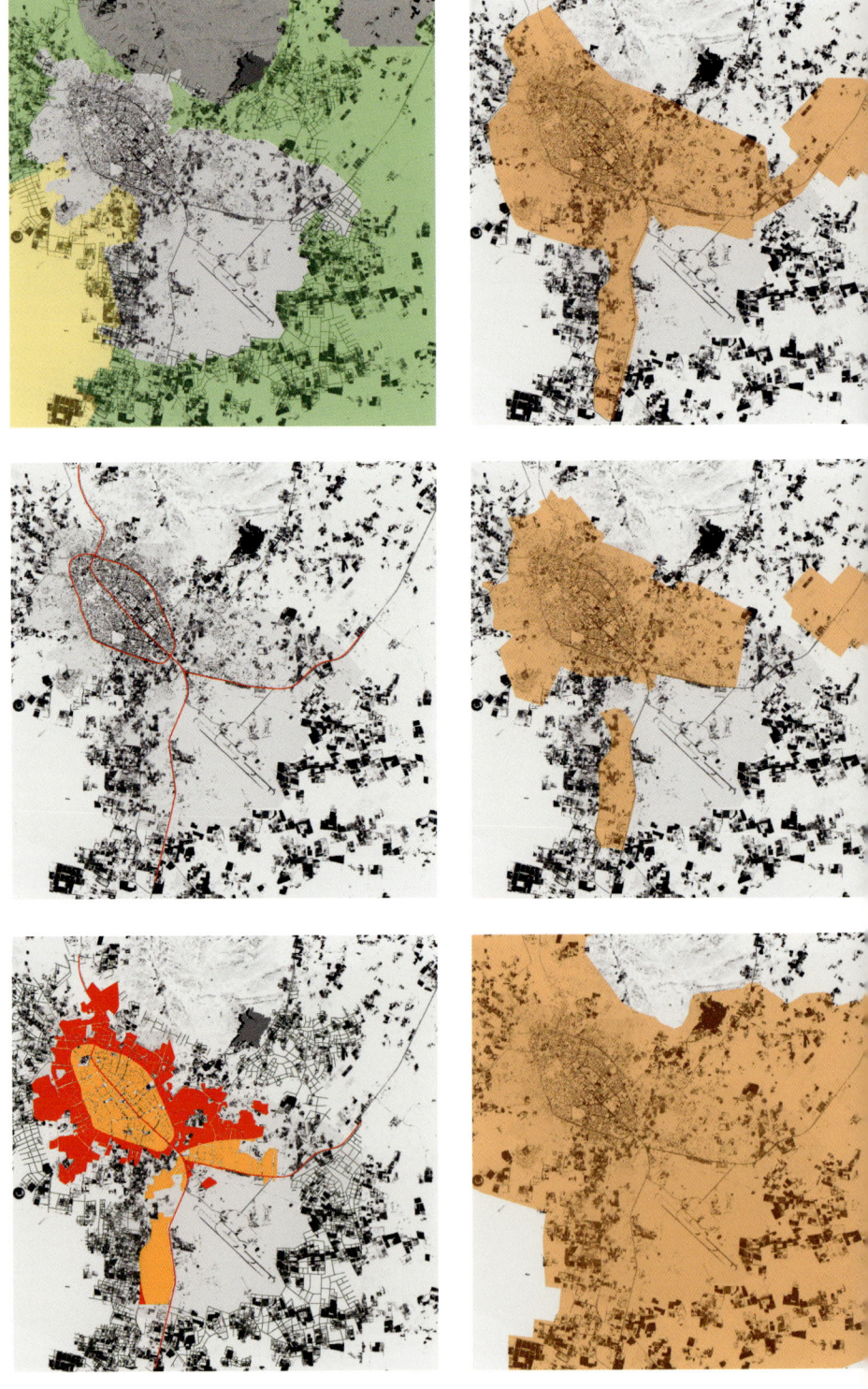

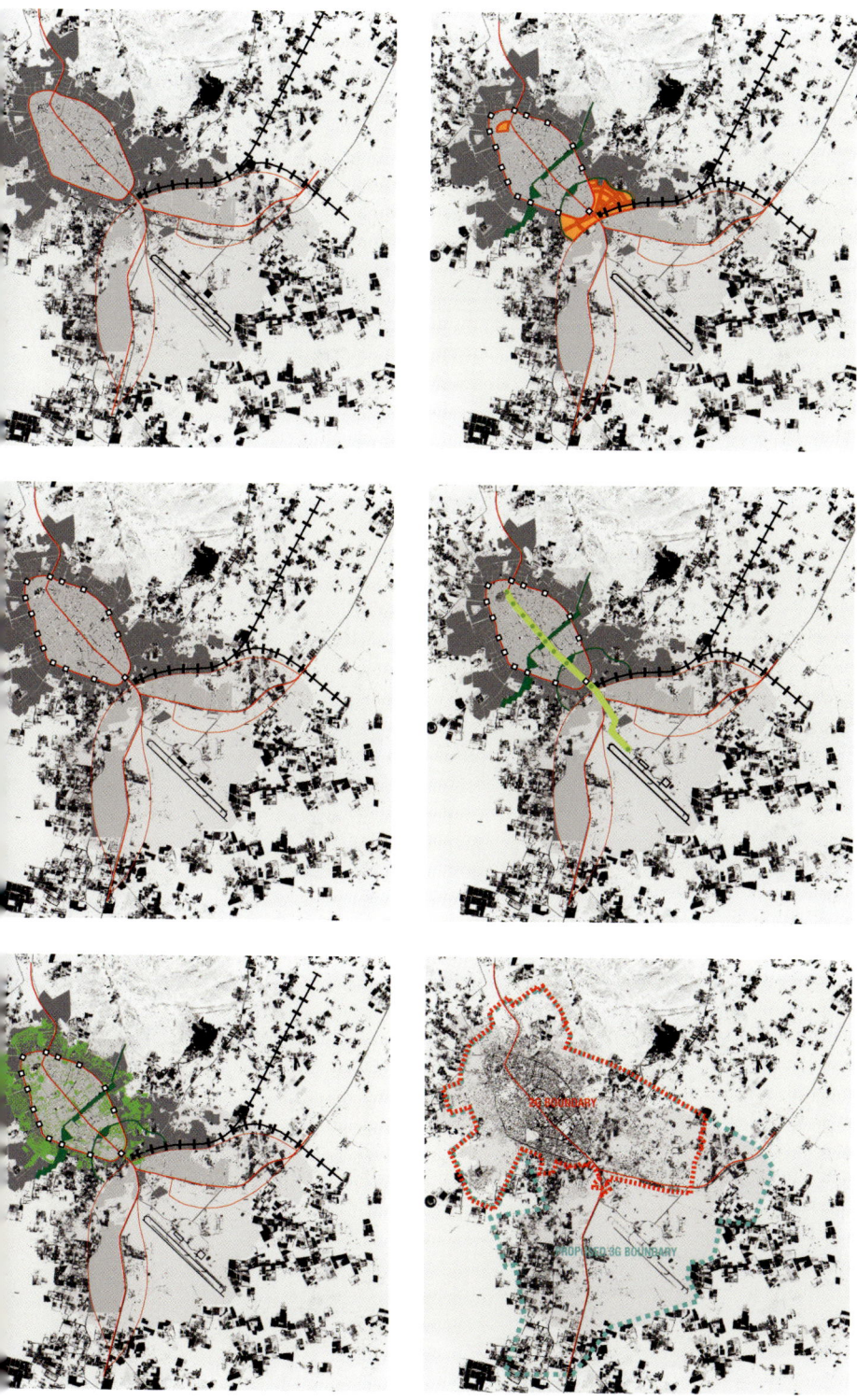

3 scénarios de développement

Nouvelles limites urbaines

Projet de requalification du centre-ville

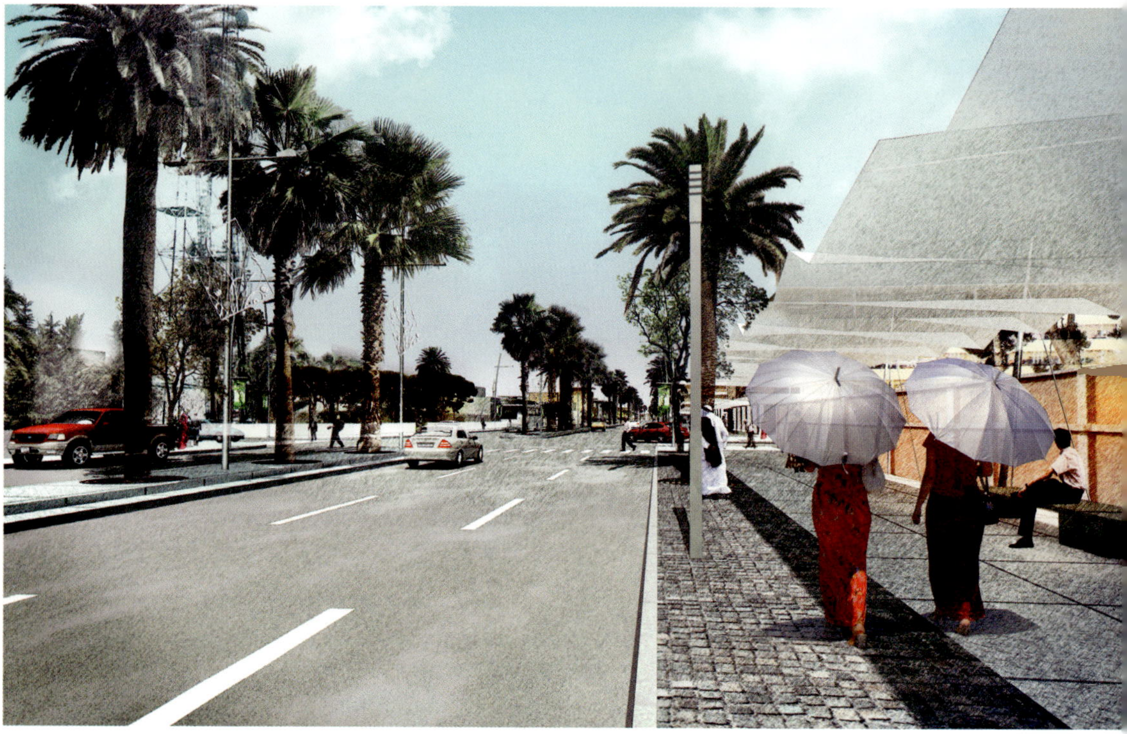

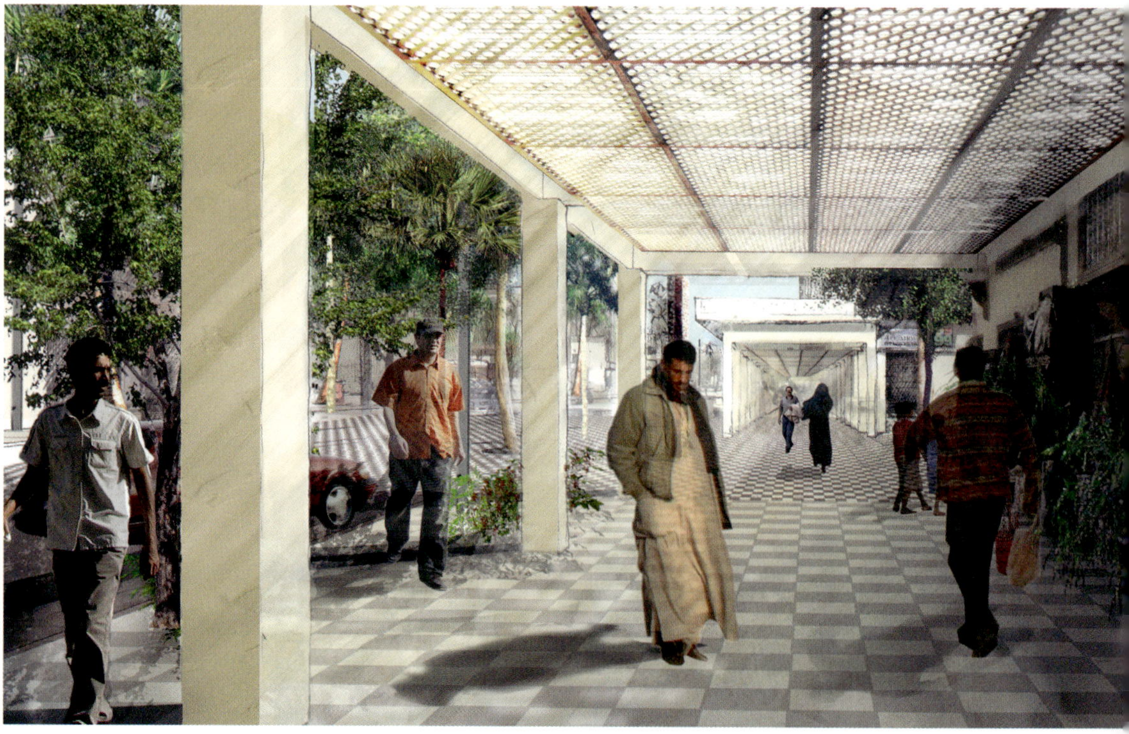

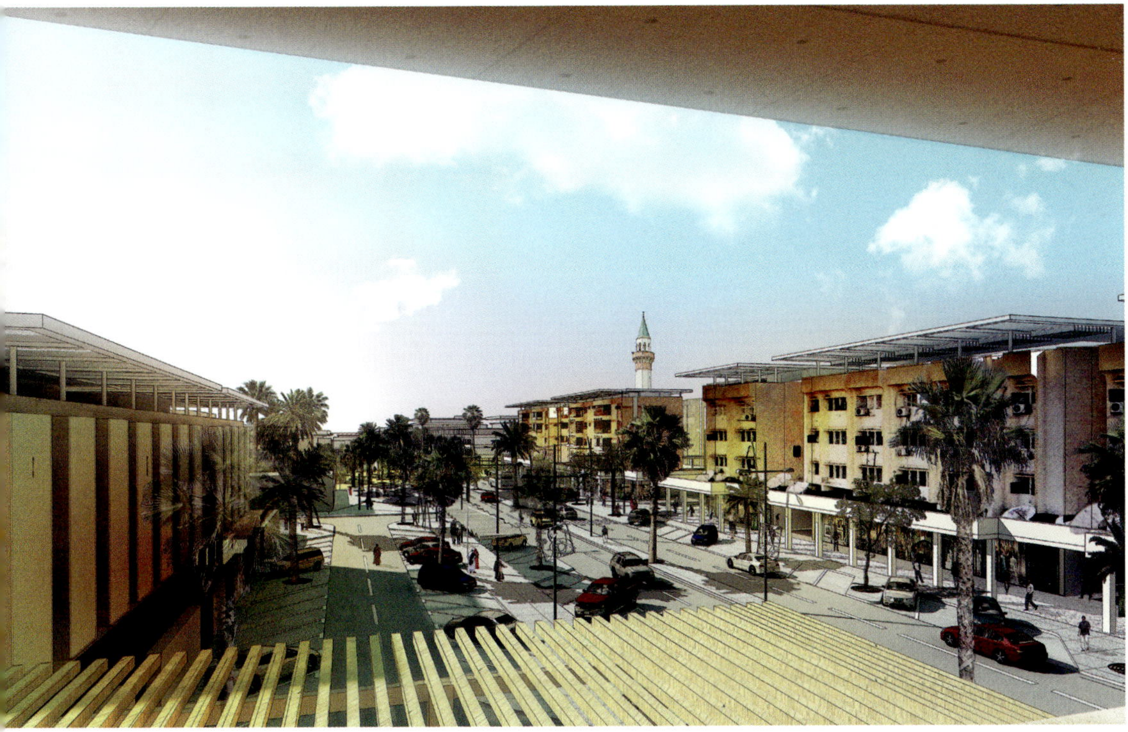

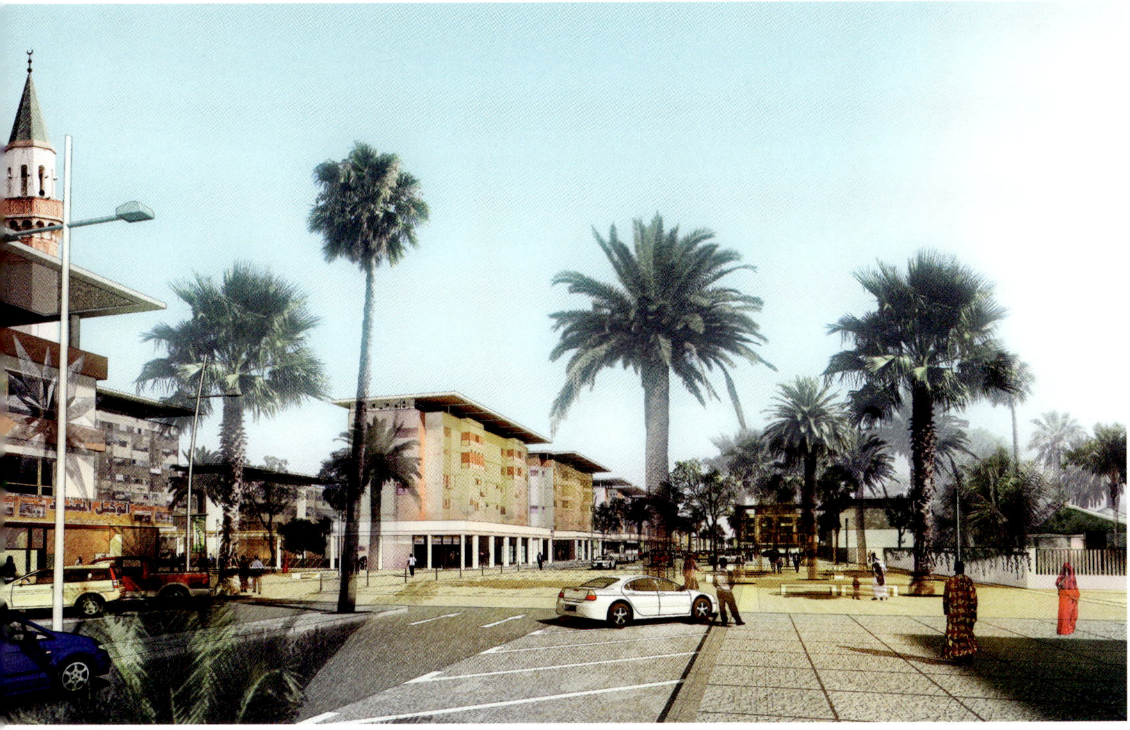

CATALOGUE + RAISONNÉ

PÔLE URBAIN DE MAZAGAN
Programme : Développement d'une ville
nouvelle
Maître d'ouvrage : SAEDM
Lieu : Mazagan, Maroc
Surface : 1 300 ha
Livraison : 2018 à 2022

CENTRE-VILLE DE MAZAGAN
Programme : Aménagement du nouveau
centre-ville
Maître d'œuvre : SAEDM
Lieu : Mazagan, Maroc
Surface : 24,5 ha
Livraison : 2018

URBAN ZOO
Programme : Création d'un nouveau quartier
avec logements, bureaux, commerces
Maître d'ouvrage : Prestigia
Lieu : Rabat, Maroc
Surface : 58 ha
Date : 2011 - 2017

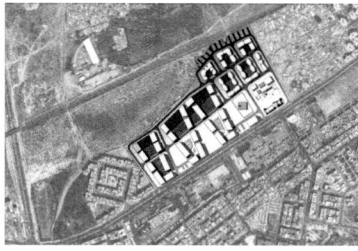

BORDERLINE
Programme : Projet Riad El Bernoussi II
Maître d'ouvrage : Alliances Darna
Lieu : Casablanca, Maroc
Surface : 20 ha
Date : 2014

TAMANSOURT
Programme : Aménagement urbain
du centre-ville
Maître d'ouvrage : Société d'Aménagement
Al Omrane Tamansourt
Lieu : Tamansourt, Maroc
Surface : 74 172 m^2
Concours : 2013

BAB ATLAS
Programme : Création d'un nouveau quartier
Maître d'ouvrage : Immohold
Lieu : Marrakech, Maroc
Surface : 159 ha
Date : 2013

AGROPOLIS
Programme : Création d'une ville écologiqu[e]
Maître d'ouvrage : SABZ
Lieu : Rabat, Maroc
Surface : 2 800 ha
Date : 2005 - 2012

FEZZAN-SABHA
Programme : Projet urbain
Maître d'ouvrage : UPA/AURIF
Lieu : Sabha, Libye
Surface : 6 700 ha
Date : 2010

PLACE PIETRI
Programme : Création d'une nouvelle plac[e]
Maître d'ouvrage : Caisse des dépôts
et gestion
Lieu : Rabat, Maroc
Surface : 12 500 m^2
Livraison : 2010

NOUVEAU QUARTIER ROCHES NOIRES
Programme : Étude de définition
nouveau quartier
Maître d'ouvrage : Privé
Lieu : Casablanca, Maroc
Surface : 10,9 ha
Date : 2010

ZAC FEDALA
Programme : Projet d'aménagement urbain,
résidentiel et commercial
Maître d'ouvrage : MCM Maroc S.A.R.L.
Lieu : Mohammedia, Maroc
Surface : 2 000 m^2
Date : 2009

LAGUNA BEACH RESORT
Programme : Station Balnéaire
Maître d'ouvrage : Al Qudra
Lieu : Moulay Bouselham, Maroc
Surface : 183 ha
Concours : 2007

VILLAGE DE MOGADOR
Programme : Ensemble résidentiel
Maître d'ouvrage : SAEMOG
Lieu : Essaouira, Maroc
Surface : 8 ha
Concours : 2006

ZAC SABLÉ
Programme : Aménagement urbain
Maître d'ouvrage : Société d'Aménagement
de Sablé-sur-Sarthe
Lieu : Sablé-sur-Sarthe, France
Surface : 6 ha
Date : 2003

AÉRODROME DU MANS
Programme : Valorisation du site de l'aérodrome
Maître d'ouvrage : SARL Fajeca
Lieu : Le Mans, France
Surface : 12 ha
Date : 2003

CRÉDITS

ÉQUIPE

Salma Abderrahim / Alex Acemyan /
Ruben Alamo / Sumaia Alamoudi /
Silvia Albini / Alina Amiri /
Cristina Anastase / Maria Aramendia /
Lauren Bachelot / Meyriem Bachouchi /
Michelle Badr / Barbara Ballu /
Mehdi Ben Yahmed / Ali Benabdallah /
Tom Benard / Hakim Benchekroun /
Sofia Bennani / Selim Bennis /
Vera Beranova / Tommaso Bernabo Silorata /
Clara Berthet / Mehdi Besri /
Britanny Birdsong / Kaley Blackstock /
Judith Boggess / Ambroise Bonal /
Chantal Bonner / Magali Boudey /
Zakaria Bounoua / Laurent Broyon /
Alain Bruner / Rafael Calvo De Febrer /
Andrea Cattarino / Nicolas Cazali /
Sanket Chandresh Shal / Gillian Chang /
Valérie Chatelet / Karin Chen /
Safia Cherif El Ofir / Keunjung Cho /
Victoria Cho / Jennifer Currier /
Thomas Dalbarade / Christina Danton /
Ana Alexandra De Oliveira Brett /
Marc De Verneuil / Aure Delaroiere /
Patricia Deterville / Cristina Devizzi /
Gina Di Tolla / Walter Dresscher /
Cédric Druetta / Juliette Dubroca /
Eric Dumarche / Anne-Claire Dursapt /
Nils Edelmann / Rita El Fihri / Evans Kurt /
Lisa Feldmann / Ivan Fouquet /
Adriana Garwacki / Yuliya Georgieva /
Julien Gicquel / Marie-Pierre Goguet /
Kent Gould / Matt Grady / Elodie Graham /
Romuald Grall / Caterina Grosso / Jue Gu /
Jocelene Hadj / Kristina Hellhake /
Oscar Hernandez-Gomez / Min Hong /
Katarzyna Howorko / Stéphanie Hua /
Amanda Huang / Sabrina Jaffal /
Shiraz Jerbi / David Jimenez Ruiz /
Seung Jin Ham / Nathalie Jolivet /
Lauren Jones / Patrick Jones / Jo Joowon /
Randall Knight / Kelly Koomalsingh /
Gary Ku / Kim Kuy Young / Chaimae Laasel /
Monica Lagarrigue / Rhiannon Laurie /
Virginie Lauzon / Marion Le Coq /
Mark Lean / Ben Lee / Elizabeth Lee /
Christine Legat / Charlotte Leib /
Kassandra Leiva / Arielle Lemaistre /
Rafael Lemieszek Pinheiro / Han Li /
Mathias Lukas / Mona Madan /
Ayako Maetani / Kleopatra Malama /
Alba Marcos Ramirez / Emily Margulies /
Elizabeth Marrin / Ryan Mc Caffrey /

Mamoun Mechiche Alami /
Marvia Kainama / Claudia Melniciuc /
Meriem Mimoun / Robert Mohr /
Jérémy Monsimert / Heather Moore /
Benedetto Morici / Leslie Nguyen /
Moritz Nicklaus / Cezar Nicolescu /
Jean-Louis Nizon / Ceara O'Leary /
Will Oren / Emily Ottinger / Yasmine Ouafa /
Payap Pakdeelao / Matt Piker /
Becky Quintal / Caroline Rabourdin Shell /
Ashley Reed / Daniel Requesens /
Diane Rhyu / Jean-Marc Rio / Zoé Ritts /
Pedro Rodrigues / Camila Rodriguez Costa /
Anne-Sophie Roques / Costanza Rossi /
Naomi Sakamoto / Edith Saleil /
Miguel Santos / Melha Sayad /
Salim Sefrioui / Isabelle Sicault /
Daniela Silva / Mary Stuckert /
Jonathan Sturt / Lee Ann Suen /
Tyler Survant / Paula Szejnfeld Sirkis /
Taddonio Brian / Orfeo Tagiuri /
Abdelkader Touirsa / Hanna Tullis /
Saif Vagh / Philippe Vidal / Tiago Vier /
Yu Wang / Duncan White /
Maya White-Shure / Andrea Wong /
Othmane Zerouali / Liwen Zhang /
Yu Kun Zhang

CRÉDITS

PHOTOGRAPHIES
Stefano Berca / Luc Boegly

PERSPECTIVES
+IMGS / Agence Morph / Anouska Hempel
Design / Archirendering / Arte Factory /
A-Zuga / Borja Santurino / Cédric Hamelin /
Charles Massé / Christian Delecluse /
Dotimage / Exagon Studio /
Guillaume Hannoun / Inui / Kaupunki /
Labtop / Luxigon / Mathieu Samuel /
Michael Kaplan / Mvize / Nicolas Richelet /
Oualalou+Choi / Robota / Stéphane Moullet /
Thomas Series / Tristan Spella /
Zoé Fontaine

PUBLICATION

Auteurs : Linna Choi, Tarik Oualalou
Direction éditoriale : Oualalou+Choi
Coordination éditoriale : Caterina Grosso
Textes et Iconographie : Hakim Benchekroun
Conception graphique : Sylvain Enguehard
Impression : Ingoprint
Éditions : Actar

Achevé d'imprimer à Barcelone, Espagne /
© 2017 / Actar / Oualalou+Choi /
Sylvain Enguehard

PRÉROGATIVES PUBLIQUES

DÉSOBÉISSANCE

Prérogatives

La puissance de notre métier est de nous ancrer dans une relation contractuelle et commerciale avec le maître d'ouvrage d'un côté, et de service à la communauté de l'autre. Ces deux obligations, qui ne sont pas du même ordre, sont le plus souvent contradictoires. Dans sa dimension de service, l'architecture ne vaut rien. Elle prend sens quand on parvient à divertir, pervertir, détourner nos obligations contractuelles au profit d'un nous, vague, indéfini, qui ne donne aucun mandat ni aucune instruction. C'est ce que nous appelons prérogative publique. Une conquête, un *hold-up*. La prérogative publique doit être arrachée puis offerte.

Porosité subversive

La transparence, la porosité, la traversée, la rupture, ne sont pas simplement des représentations architecturales, ce sont des creusements dans le projet, des affaiblissements de sa structure qui invitent à des usages non programmés, à des transformations inattendues. Il nous faut inventer l'interface de frottement entre un bâtiment et son territoire, son lieu de contact avec toutes les fonctions non planifiées. Nous créons des lieux sans jamais savoir ce qu'il va s'y passer, seulement qu'il s'y passera quelque chose. Nous aimons livrer nos bâtiments à des possibilités incertaines.

Désobéissance

Nous faisons notre travail dans une schizophrénie systématique, en relation à la maîtrise d'ouvrage comme à l'espace public. Le projet consiste à faire coexister deux ambitions, deux trajectoires qui se croisent souvent, convoquant un continuel arbitrage. L'une part de l'intérieur, quand l'autre pense le projet depuis l'extérieur. Comment érige-t-on alors la désobéissance et la transgression en valeurs de projet ? Dans un monde où l'on communique sur tout et où le processus est une partie intégrante du produit, il n'est pas facile de garder une dimension secrète à ce cheminement. Pour creuser la prérogative publique nous devons avancer masqués, cultiver l'énigme. C'est dans le secret que réside la part nécessaire de désobéissance. C'est dans cet équilibre entre nos obligations et la nécessité d'une transgression publique que nous travaillons.

PRÉROGATIVES PUBLIQUES

Avant et après

La première question à laquelle nous devons répondre n'est jamais qu'est-ce que le projet? Mais plutôt, où est le projet, pour rechercher son lieu d'invention. La pratique habituelle de notre métier réduit le rôle de l'architecte à peu de chose, une peau de chagrin. Le plus souvent, l'architecte «fait là où on lui dit de faire». Il ne s'implique pas dans ce qui se passe avant son travail, et s'intéresse encore moins à l'après. C'est ce périmètre que nous essayons constamment de redéfinir, d'élargir. Le lieu est malheureusement le plus souvent exclu de la pratique contemporaine. Sa recherche nous conduit, par des chemins de traverse, à des territoires où nous ne sommes jamais invités, mais où nous sommes souvent très bien reçus. Cela nous pousse également à décloisonner, en partie, la relation entre maîtrise d'ouvrage, maîtrise d'œuvre, gouvernance et structures réglementaires. Nous cherchons ainsi à produire les conditions du projet, et pas simplement son incarnation formelle.

Des nouveaux territoires

Dans la production de nos environnements, l'architecture en est venue à jouer un rôle marginal; nostalgique d'un statut depuis longtemps disparu et embourbée dans un système réglementaire kafkaïen. Nous sommes une espèce protégée en voie de disparition. L'architecture comme profession réglementée n'existe que dans des territoires où sa pratique est protégée. Nous cherchons à conquérir de nouveaux territoires, à en reconquérir d'anciens, le tout pour rendre l'architecture nécessaire et pertinente. Cela passe par une réflexion sur la possibilité d'une architecture dans des structures associatives et non commerciales. Ou encore par le questionnement sur le rôle de notre pratique, et le sens qu'elle peut avoir dans des territoires marqués par l'urgence et par la post-urgence. Nous nous intéressons ainsi aux grands projets de développement, dont s'emparent habituellement des multinationales d'ingénierie, comme nous travaillons sur des projets temporaires à l'échelle territoriale, réalisés et contrôlés par des sociétés de communication évènementielle. L'enjeu de cette exploration n'est pas la conquête de marchés pour l'architecture, mais celles de nouveaux territoires aux conditions parfois extrêmes, qui alimentent et informent notre travail courant.

SOMMAIRE

+

COP + 22

CONSTRUCTION DU VILLAGE DE LA COP 22
MAÎTRE D'OUVRAGE : MINISTÈRE DE L'ÉNERGIE, DES MINES, DE L'EAU ET DE L'ENVIRONNEMENT
LIEU : MARRAKECH, MAROC
SURFACE : 68 300 M^2 / BUDGET : 45 M€
LIVRAISON : 2016

Tous les ans depuis vingt ans, 40 000 délégués de 195 pays se retrouvent sous l'égide des Nations-Unies pour essayer de résoudre l'urgence climatique qui menace la survie de notre espèce. Pour la réalisation du village de cette 22ème édition de la *Conference of the Parties to the UN Framework Convention on Climate Change* (COP 22), accueillie à Marrakech en novemvre 2016, nous nous sommes inspirés des *Moussems*. Ces manifestations culturelles liées aux récoltes sont de grands moments de fraternité humaine. Nous avons voulu que le projet s'inscrive dans la continuité de ces formes préurbaines. C'est ici une installation temporaire qui est proposée, avec une empreinte carbone réduite à minima. Une grande canopée structure le village et couvre un extrait de paysage, narratif et dialectique. Une structure tendue qui est à la fois primitive et primordiale, une forme architecturale à la fois marocaine et profondément universelle.

LYCÉE D, EXCELLENCE

LYCÉE D'EXCELLENCE DE LA TECHNOPOLE FOUM EL OUED
MAÎTRE D'OUVRAGE : FONDATION PHOSBOUCRAA
LIEU : LAÂYOUNE, MAROC
SURFACE : 27 540 M^2 / BUDGET : 16,3 M€
LIVRAISON : 2018

Construire un lycée dans le désert, à la lisière d'un fleuve asséché sur un territoire encore vierge d'urbanisation, nous a donné l'occasion d'explorer des formes extrêmes d'habitabilité. Le bâtiment est un « toit », une plaque suspendue à dix mètres du sol, qui fabrique et protège un nouveau paysage. Sur ce dernier, on retrouve l'ensemble des espaces publics et communs, tandis que la plaque surélevée accueille les espaces pédagogiques. Ici l'architecture est pionnière et protectrice, primitive et radicale. Elle abrite le paysage et les usages, et rend possible ce nouvel établissement territorial. Entre infrastructure et superstructure, l'échelle du bâtiment n'a d'autre repère que le paysage.

LYCÉE D'EXCELLENCE

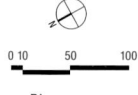

0 10   50   100

Plan masse

18_19

1_Accueil
2_Restaurant
3_Local médical
4_Salle des professeurs
5_Salle omnisport

6_Locaux étudiants
7_Auditorium
8_Salles d'études
9_Espaces verts

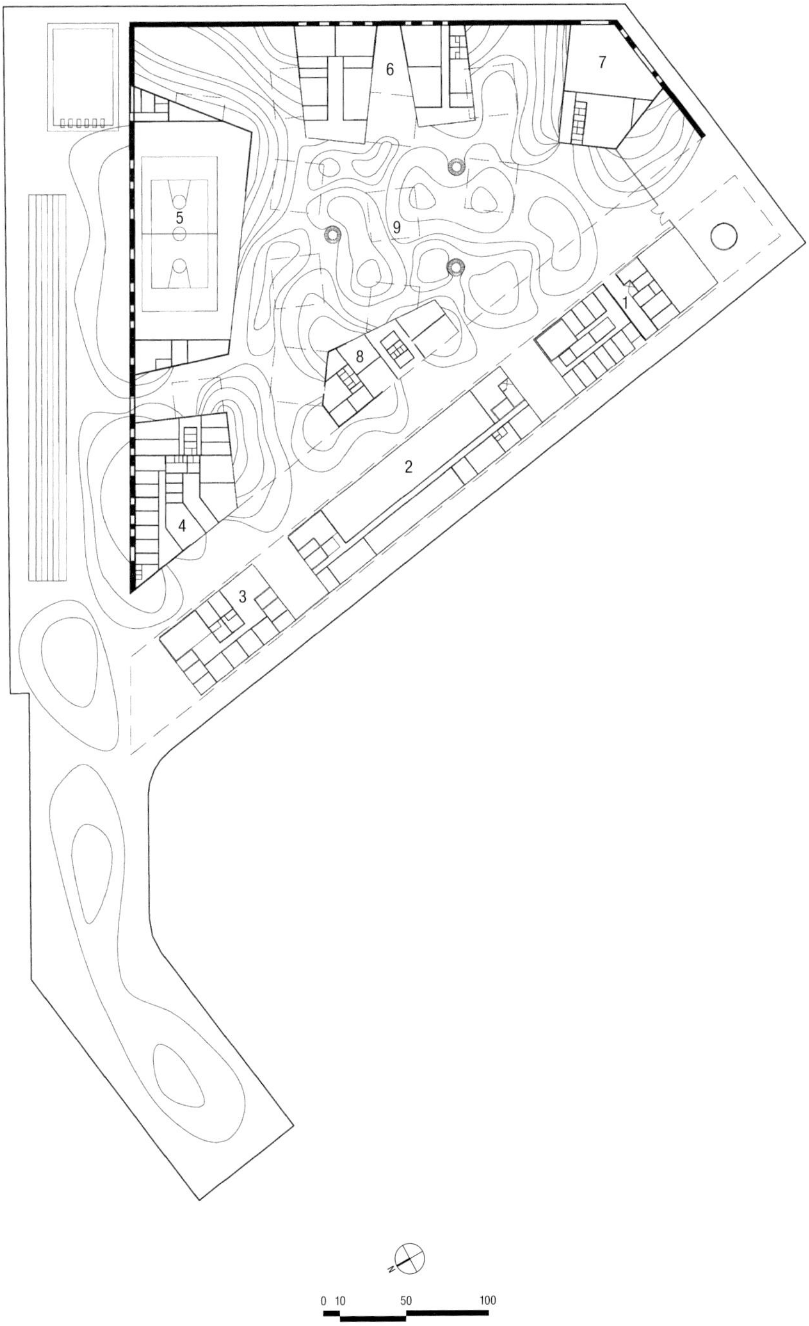

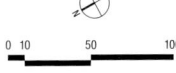

Plan du rez-de-chaussée

RE-TOUR

+

RECONVERSION ET EXTENSION DES RÉSIDENCES DU PARC - TOUR DE BUREAUX

MAÎTRE D'OUVRAGE : CNIA
LIEU : CASABLANCA, MAROC
SURFACE : 6 800 M^2 / BUDGET : 3,8 M€
LIVRAISON : 2015

L'immeuble des Résidences du Parc, construit par Alexandre Courtois en 1954, surplombe le Parc de la Ligue Arabe. Véritable archétype de barre casablancaise des années 50, le bâtiment, à l'intersection de deux des avenues les plus importantes de la ville, s'est lentement dégradé au fil du temps. La transformation consistait à retravailler la partie la plus noble et la plus visible de la barre, d'en changer les usages et d'en réinterpréter la façade. L'enjeu était de transformer sans pervertir, d'utiliser la façade comme un canevas, d'en exacerber le rythme sans en brouiller la lecture. Véritable exercice d'intervention sur le patrimoine du XXème siècle, le projet des Résidences du Parc propose des modalités nouvelles pour investir, valoriser mais aussi célébrer ce patrimoine architectural casablancais.

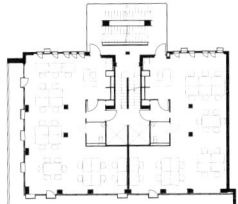

Plan R+2 à R+15

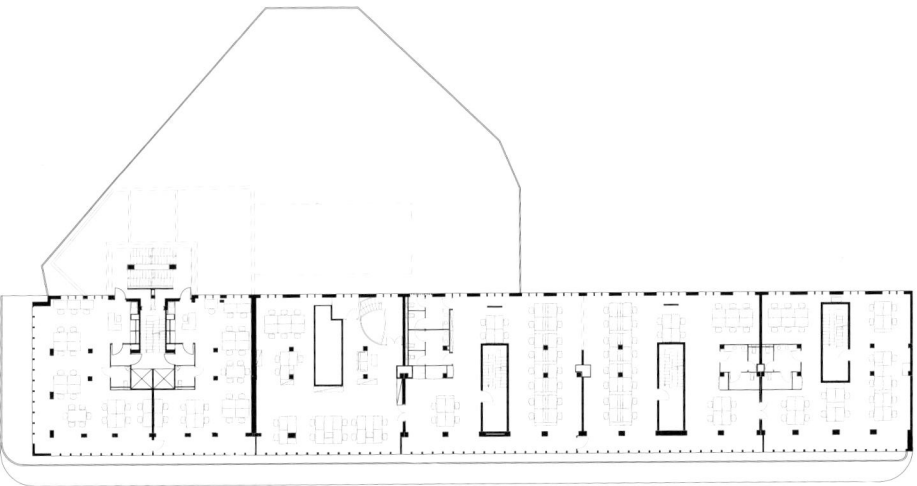

Plan R+1

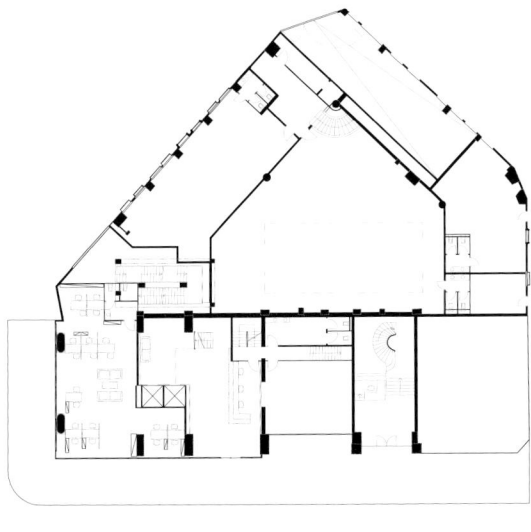

0 1   5   10

Plan du rez-de-chaussée

CAMPUS + SPORTIF

CONSTRUCTION D'UN CENTRE SPORTIF. GYMNASE, SALLE MULTISPORTS, CLUB HOUSE, HÉBERGEMENTS, PISCINE
MAÎTRE D'OUVRAGE : OFFICE CHÉRIFIEN DES PHOSPHATES
LIEU : BEN GUERIR, MAROC
SURFACE : 10 230 M^2 / BUDGET : 12 M€
LIVRAISON : 2018

Pensé comme un pôle pour sportifs de haut niveau à l'échelle régionale, ce projet intègre, sur un site unique, une grande densité de programmes et des usages très hétérogènes. Pour donner à l'ensemble une véritable identité sur un site très distendu et sans véritable repère, nous avons inscrit tous les programmes d'appui dans un mur habité. En retrait de l'alignement et des limites du terrain, cette grande structure de paysage de 350 mètres de long donne une nouvelle échelle au site. Elle fabrique un espace public d'une grande richesse renvoyant le club à sa prérogative publique. Les structures couvertes (piscines, gymnase, salle multisports et fitness) héroïques et ponctuelles, s'inscrivent le long d'une rue intérieure faisant écho à l'esplanade publique, dans une porosité qui structure l'ensemble des activités de plein air. Inscrit dans une démarche HQE, le projet met en place des dispositifs de ventilation passive qui, alliés à une production d'énergie solaire, permettent dans un climat aride et quasi-désertique de rendre l'ensemble du campus autonome.

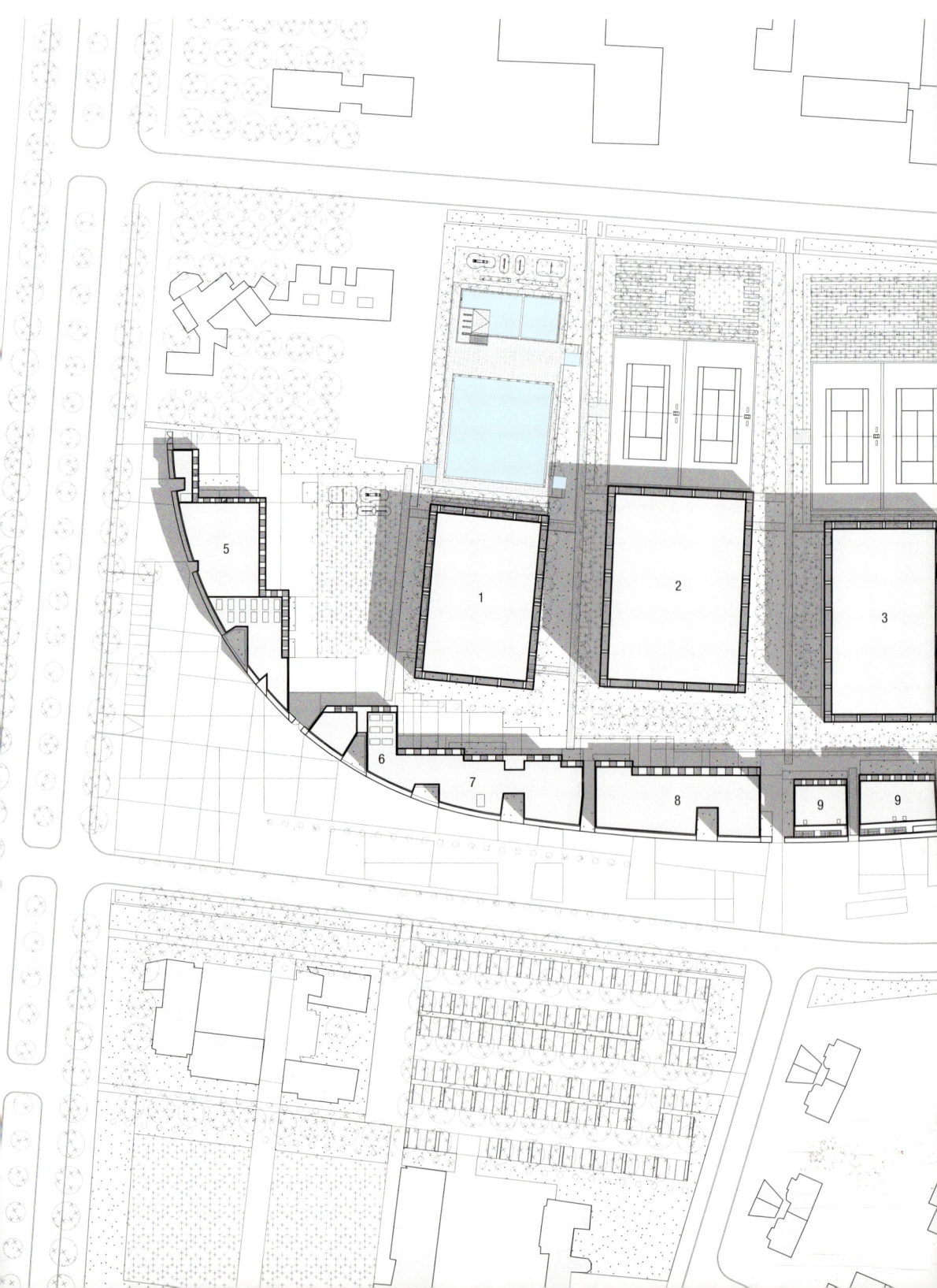

1_Piscine
2_Salle omnisports
3_Gymnase
4_Salle de fitness
5_Club house

6_Vestiaires
7_Salle polyvalente
8_Administration
9_Hébergements des sportifs

Plan masse

A
N
P

CONSTRUCTION D'UNE TOUR DE BUREAUX
POUR L'AGENCE NATIONALE DES PORTS

MAÎTRE D'OUVRAGE : AGENCE NATIONALE DES PORTS
LIEU : CASABLANCA, MAROC
SURFACE : 25 000 M^2
CONCOURS : 2015

Pour la tour de l'Agence Nationale des Ports, nous voulions réinventer le lien aujourd'hui disparu entre la ville précoloniale et le port historique. La tour est une agrégation de volumes qui s'organise autour d'un grand patio central. Elle devient un nouveau phare, une émergence aussi singulière que multiple. La figure totémique et monumentale est ancrée dans l'échelle urbaine par la fragmentation des volumes qui la constituent. Malgré sa présence forte et sa forme déterminée, la tour garde une grande flexibilité d'usage.

+99.40 m

+91.80 m   R+24

+88.00 m   R+23

+84.20 m   R+22

+80.40 m   R+21

+76.60 m   R+20

+72.80 m   R+19

+69.00 m   R+18

+65.20 m   R+17

+61.40 m   R+16

+57.60 m   R+15

+53.80 m   R+14

+50.00 m   R+13

+46.20 m   R+12

+42.40 m   R+11

+38.60 m   R+10

+34.80 m   R+9

+31.00 m   R+8

+27.20 m   R+7

+23.40 m   R+6

+19.60 m   R+5

+15.80 m   R+4

+12.00 m   R+3

+8.70 m   R+2

R+1

RDC

UNIVERSITÉ MVI

+

**CONSTRUCTION DE L'UNIVERSITÉ MOHAMMED VI,
ACCUEILLANT 15 000 ÉTUDIANTS**
MAÎTRE D'OUVRAGE : OFFICE CHÉRIFIEN DES PHOSPHATES
LIEU : BEN GUERIR, MAROC
SURFACE : 35 HA
CONCOURS : 2012

Il fallait que cette université soit représentative de la tradition marocaine. Ici nous avons pris le parti de considérer que la seule véritable tradition au Maroc était la modernité. Plutôt qu'une architecture nostalgique, nous avons constitué une taxinomie de typologies, à travers l'histoire et la géographie qui sont devenues les « briques » élémentaires d'une composition urbaine très ouverte et libre. L'ambiguïté entre un bâtiment et un tissu urbain est cultivée jusque dans la définition des circulations et l'organisation du programme. L'ensemble des « blocs » qui forment le bâtiment-ville est intériorisé, autorisant ainsi une écriture architecturale et matérielle sobre, générique et répétitive.

TYPOLOGIES DES BÂTIMENTS

Bâtiment sur cour

Bloc

Mur habité

Bâtiment unique

Cluster (Laboratoire)

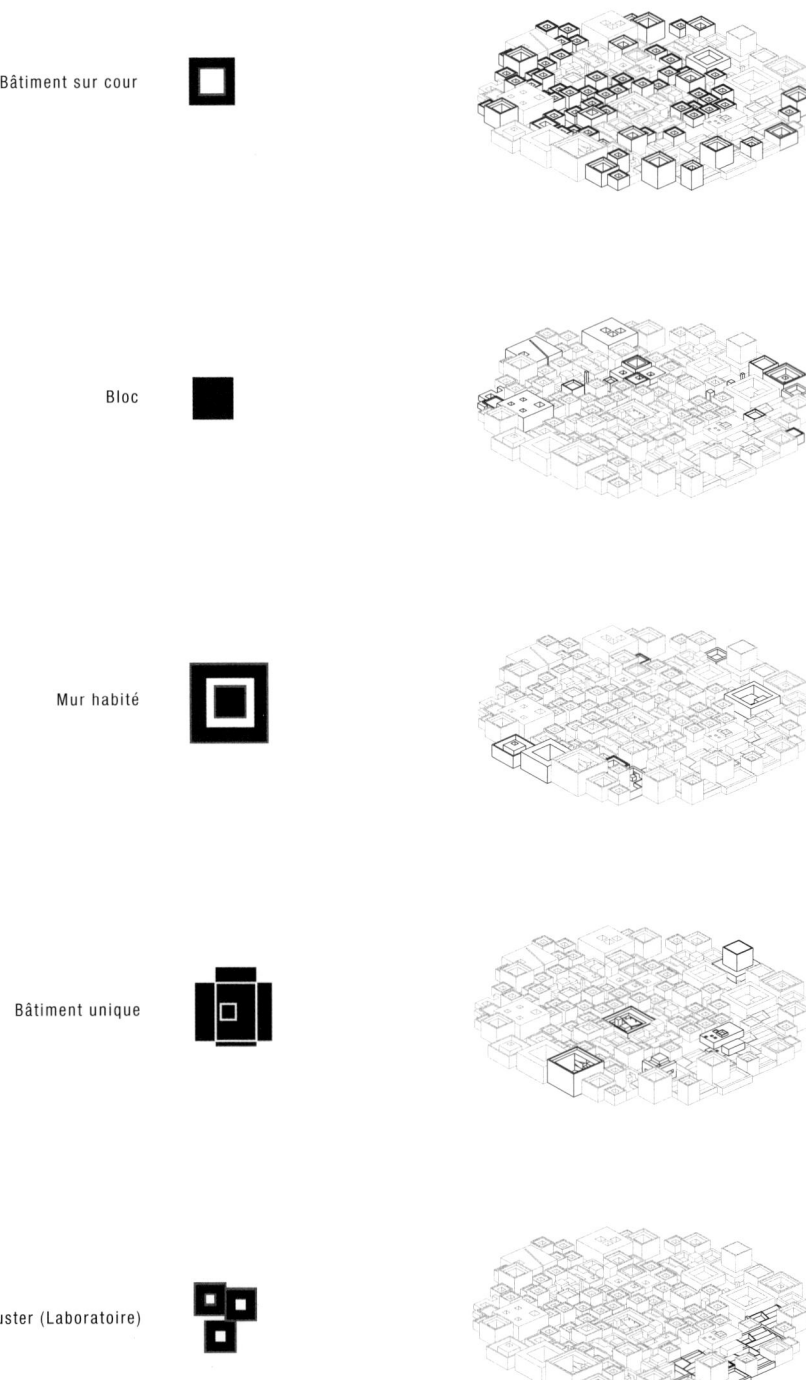

RÉPARTITION DE LA CIRCULATION

RÉPARTITION DU PROGRAMME

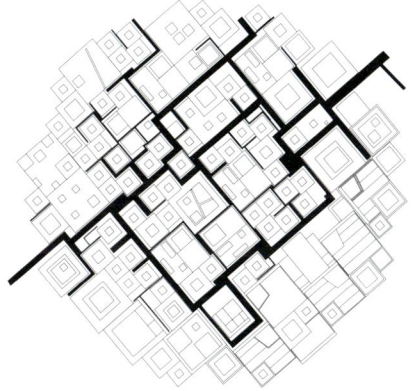

Circulation Automobile

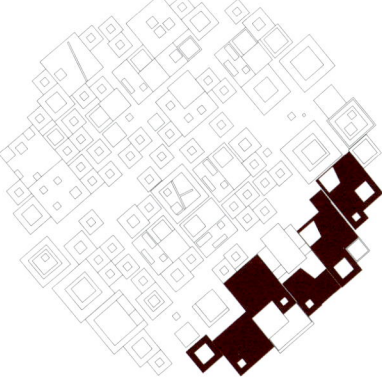

Enseignement

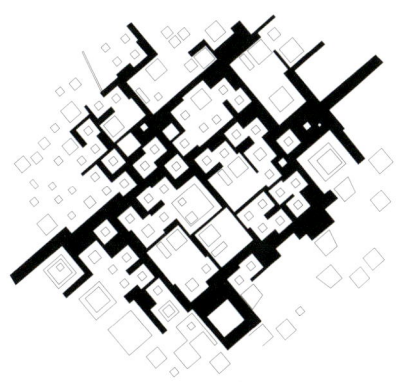

Cheminement public

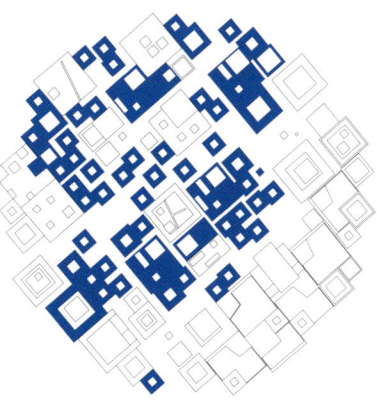

Résidences universitaires

Espaces publics piétons

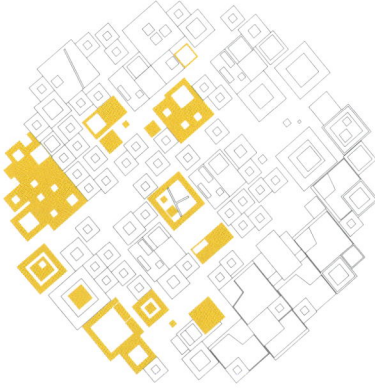

Équipements collectifs

T
F
Z

+

CONSTRUCTION D'UN IMMEUBLE DE BUREAUX
MAÎTRE D'OUVRAGE : CNIA
LIEU : TANGER, MAROC
SURFACE : 3 000 M^2 / BUDGET : 2,2 M€
LIVRAISON : 2015

Autour d'un vocabulaire architectural simple et essentiel, cet immeuble de bureaux réinvente la figure du patio tout en créant une topographie à l'échelle architecturale. A la manière d'un mur habité, les façades extérieures sont protectrices, ponctuées de fines ouvertures horizontales rythmant la façade, tandis que l'intérieur est vitré sur toute la hauteur du bâtiment. La volumétrie de l'ouvrage suggère une dynamique, poursuivant un mouvement rotatoire matérialisé par l'alternance des pleins et des vides.

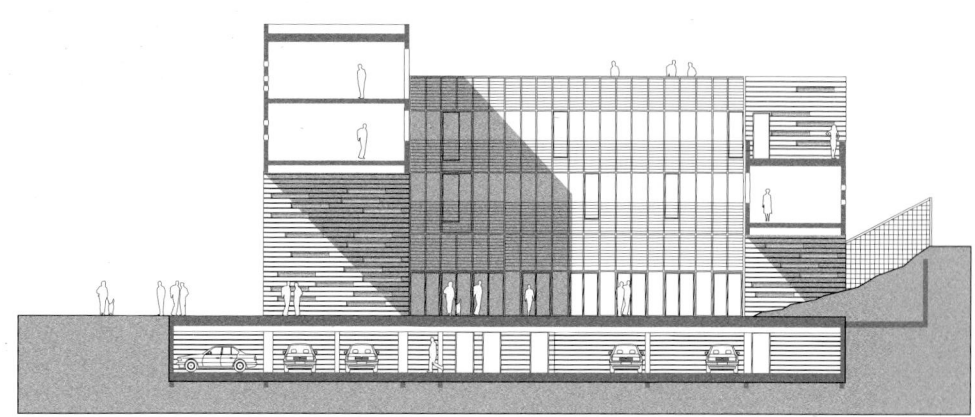

Coupe longitudinale

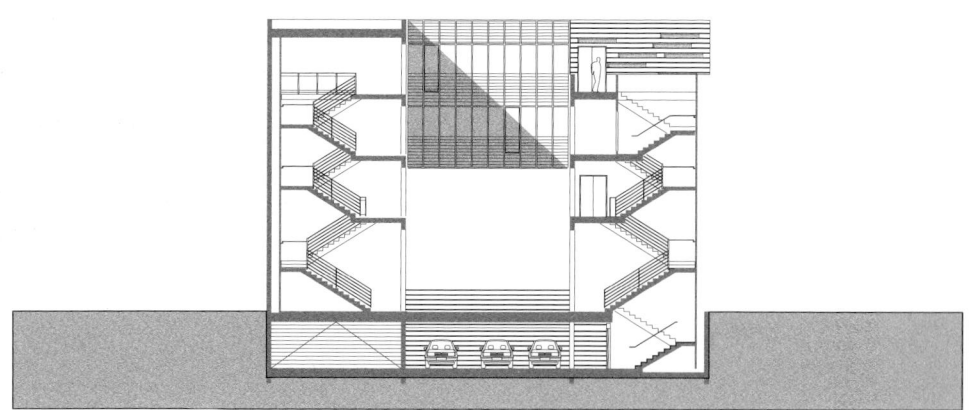

Coupe transversale

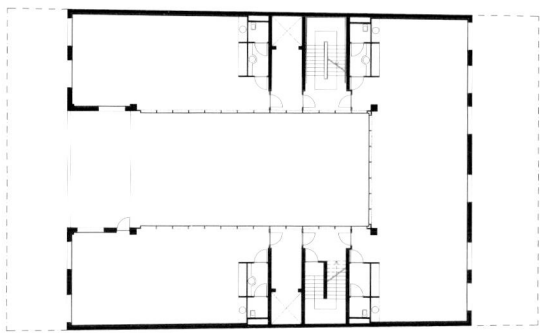

Plan R+2

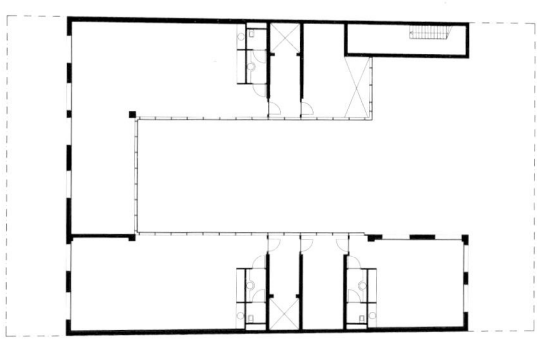

Plan R+1

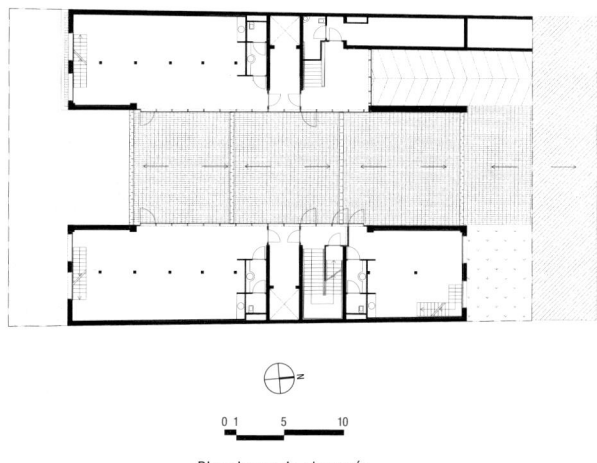

Plan du rez-de-chaussée

TAGHAZOUT +

VILLAGE TOURISTIQUE COMPRENANT COMMERCES, ÉQUIPEMENTS ET RÉSIDENCES

MAÎTRE D'OUVRAGE : SAPST
LIEU : AGADIR, MAROC
SURFACE : 25 800 M^2 / BUDGET : 7,4 M€
LIVRAISON : 2017

L'enjeu architectural du projet est de fabriquer une destination touristique inscrite dans son territoire. Conçu comme un village à la silhouette minimale, aux volumes blancs et essentiels, le projet agrège les logements autour d'espaces déambulatoires intimes cadrant sur la côte. Autour d'une même écriture, le village hiérarchise par sa morphologie les espaces publics, communs et privés. Les trois typologies de logements qui habitent le site donnent accès à des espaces verts privilégiés, associés à des vues sur la mer. Nous avons inventé ici une architecture vernaculaire critique, dans un territoire sans tradition vernaculaire.

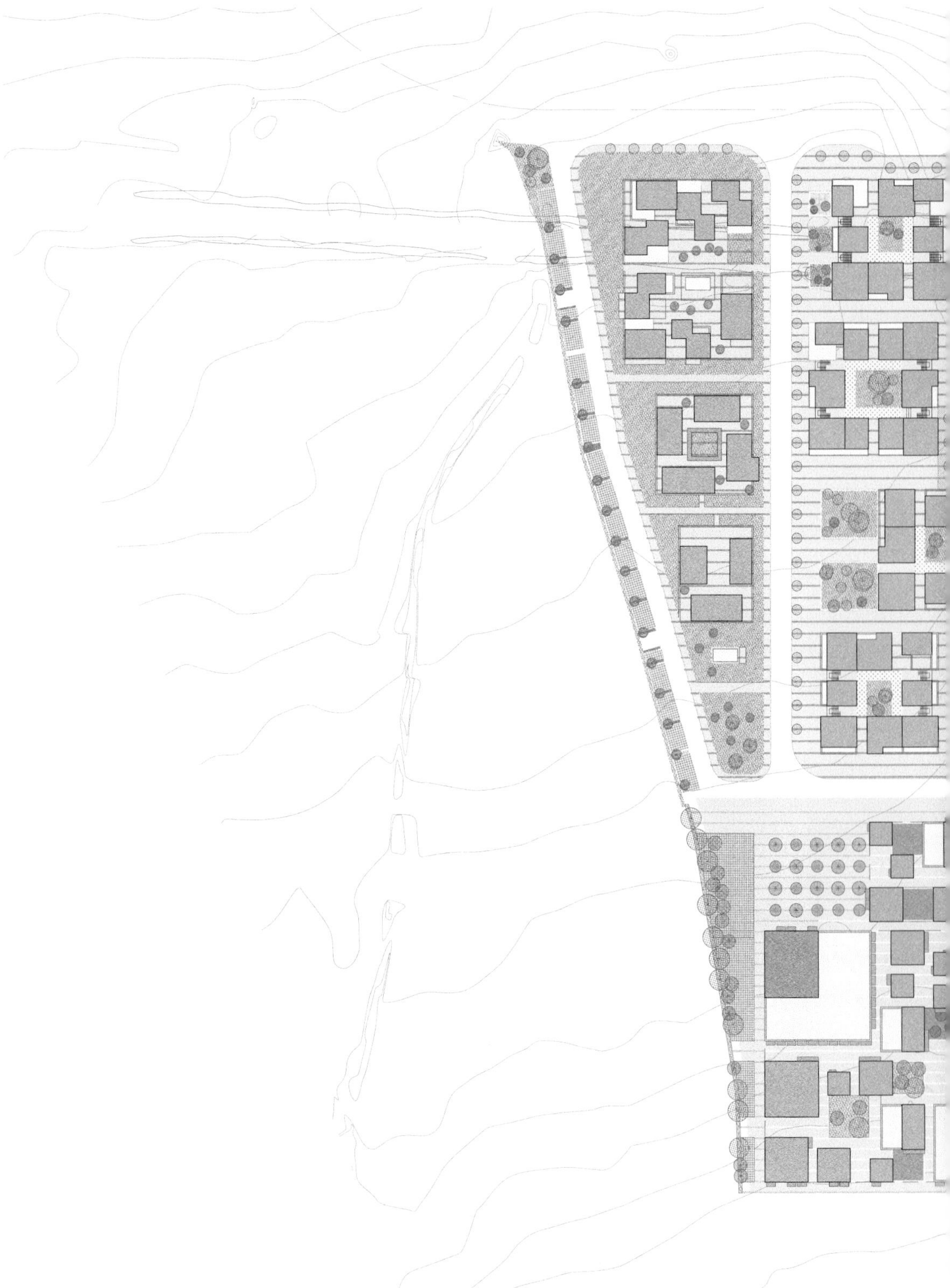

0 10   50

Plan masse

S T A D E

+

S T A D E   O U J D A

CONSTRUCTION D'UN STADE DE 40 000 PLACES
MAÎTRE D'ŒUVRE : MINISTÈRE DE L'INTÉRIEUR
LIEU : OUJDA, MAROC
CONCOURS : 2016

Inscrit dans un espace public appropriable, le stade est conçu pour réinventer la topographie de son site tout en gardant une dimension agraire, continuant le grand paysage. La lisibilité de son architecture et sa présence sculpturale se détachent de la figure générique du stade pour s'accorder la puissance de l'arène. Aussi proche de son sol que de son ciel, l'ouvrage invente une échelle aussi monumentale que discrète. La partie basse des tribunes vient creuser tandis que la partie haute se suspend, laissant entre deux une ligne d'horizon dégagée. Une colonnade porte la coque des tribunes hautes créant un jeu complexe d'ombres portées, et accélérant la perspective. Afin d'accentuer l'effet dynamique, le diamètre des colonnes se réduit à l'extérieur du bol pour finir par se lire comme de simples lignes.

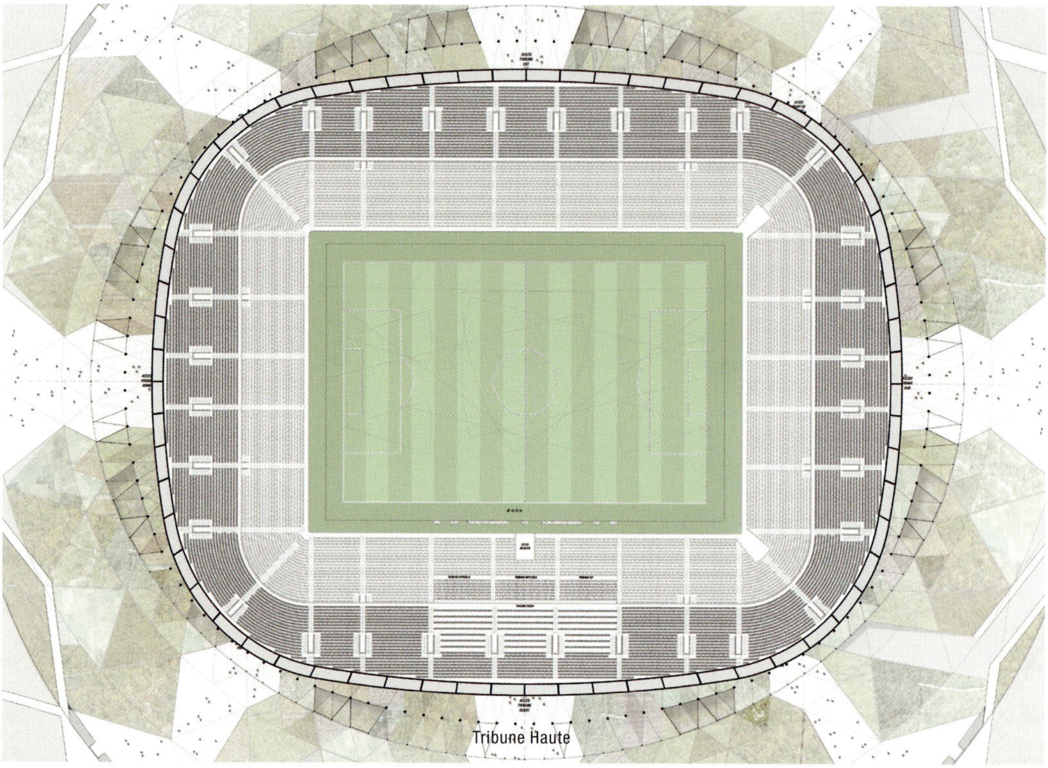

Tribune Haute

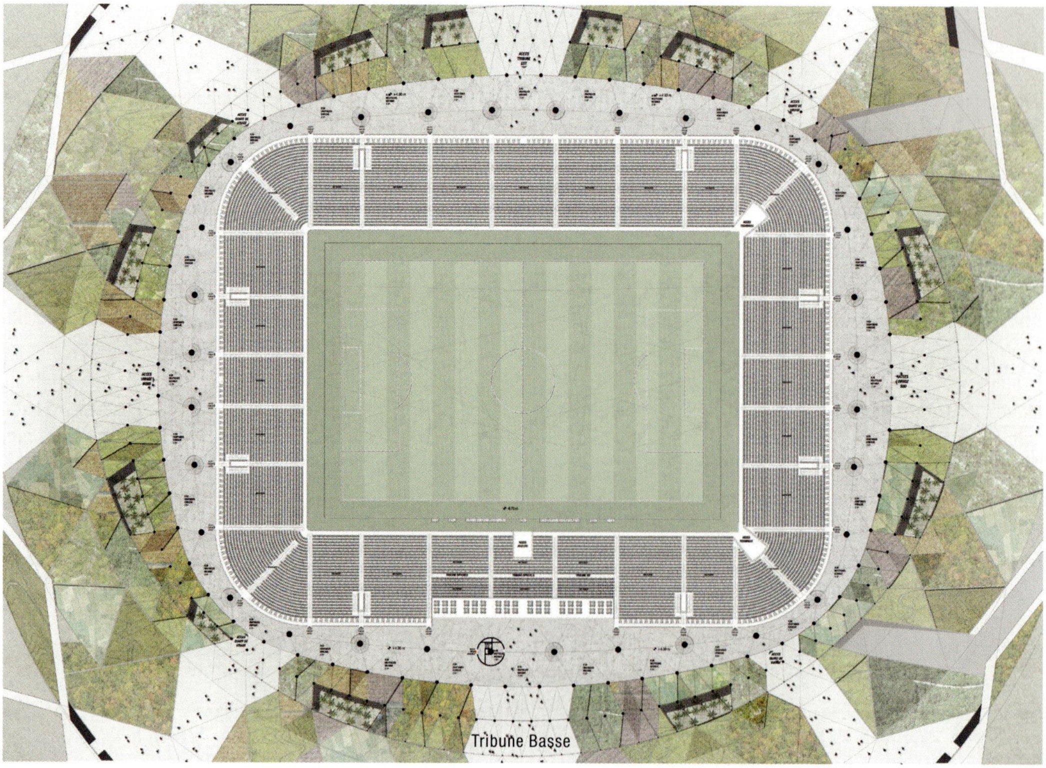

Tribune Basse

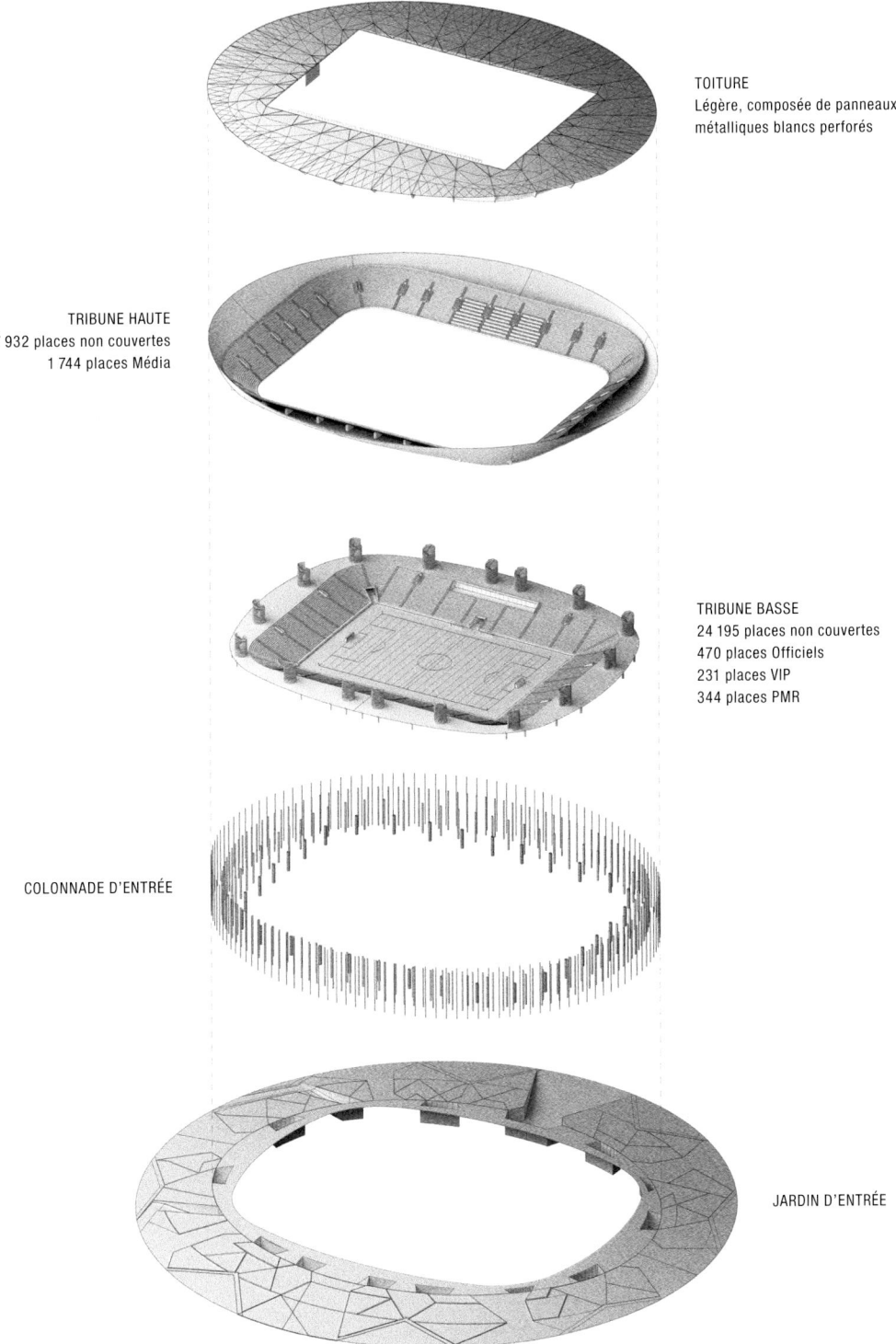

TOITURE
Légère, composée de panneaux
métalliques blancs perforés

TRIBUNE HAUTE
17 932 places non couvertes
1 744 places Média

TRIBUNE BASSE
24 195 places non couvertes
470 places Officiels
231 places VIP
344 places PMR

COLONNADE D'ENTRÉE

JARDIN D'ENTRÉE

FOODSTRADING +

RECONVERSION D'UN ENTREPÔT EN BUREAUX
MAÎTRE D'OUVRAGE : FOODSTRADING INC.
LIEU : PARIS, FRANCE
SURFACE : 600 M^2 / BUDGET : 400 000 €
LIVRAISON : 2001

Dans un entrepôt datant du XIXème siècle à proximité de la Seine, ce projet de reconversion vise à transformer cet espace industriel en bureaux optimisés pour accueillir 30 consultants. En réponse aux contraintes liées à l'espace initial, notre idée a été de dématérialiser les poteaux et de les alléger par l'apport de lumière artificielle. Les poteaux lumineux alimentent ainsi l'espace en lumière, réseaux et électricité pour chaque poste de travail. La combinaison de l'éclairage et d'écrans en maillages métalliques assure un jeu de transparence et d'opacité permettant une privatisation des espaces individuels, tout en étant dans un open space agréable.

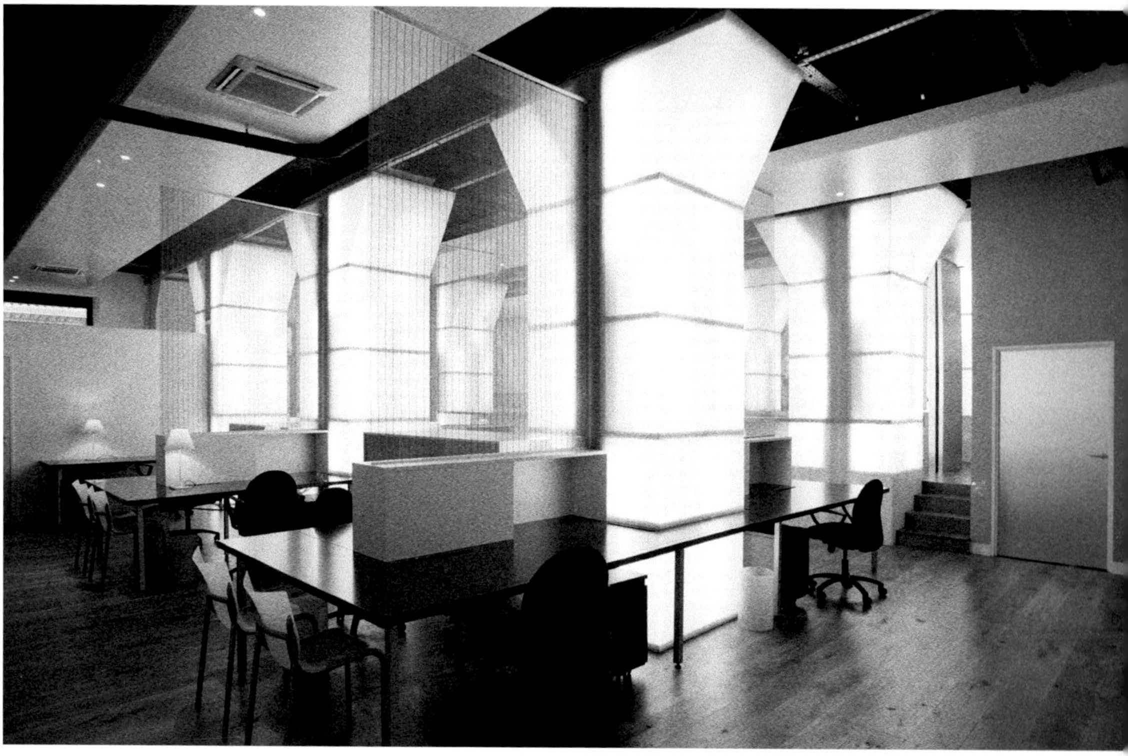

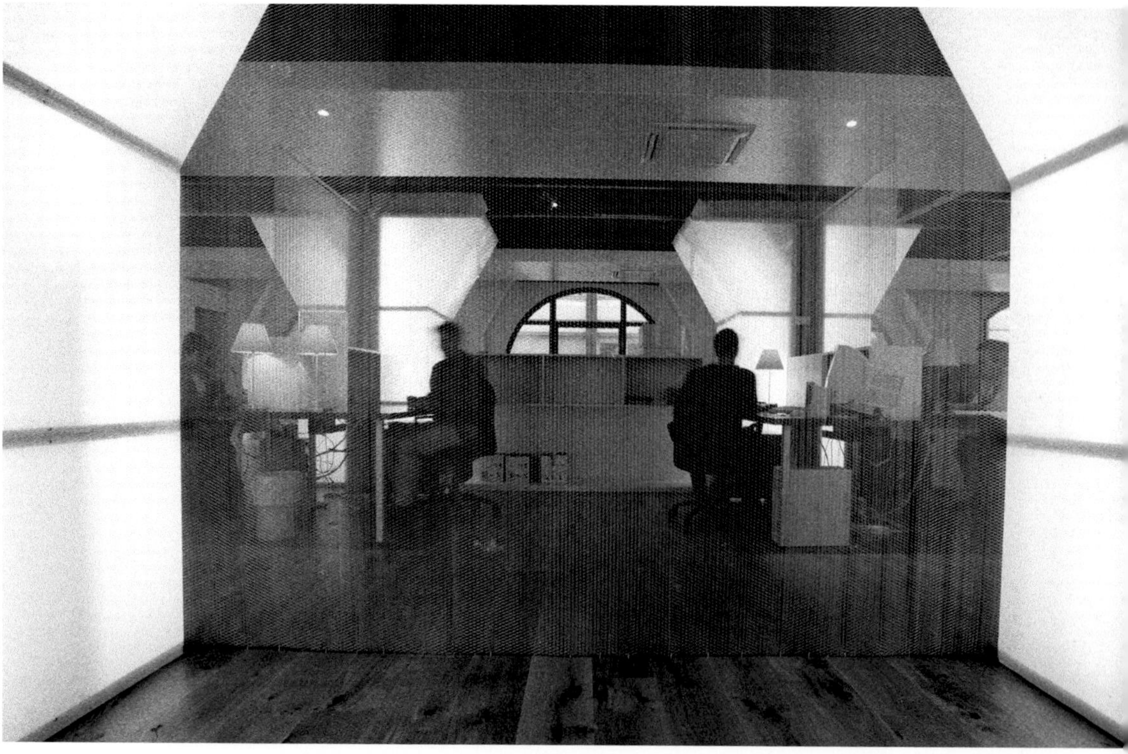

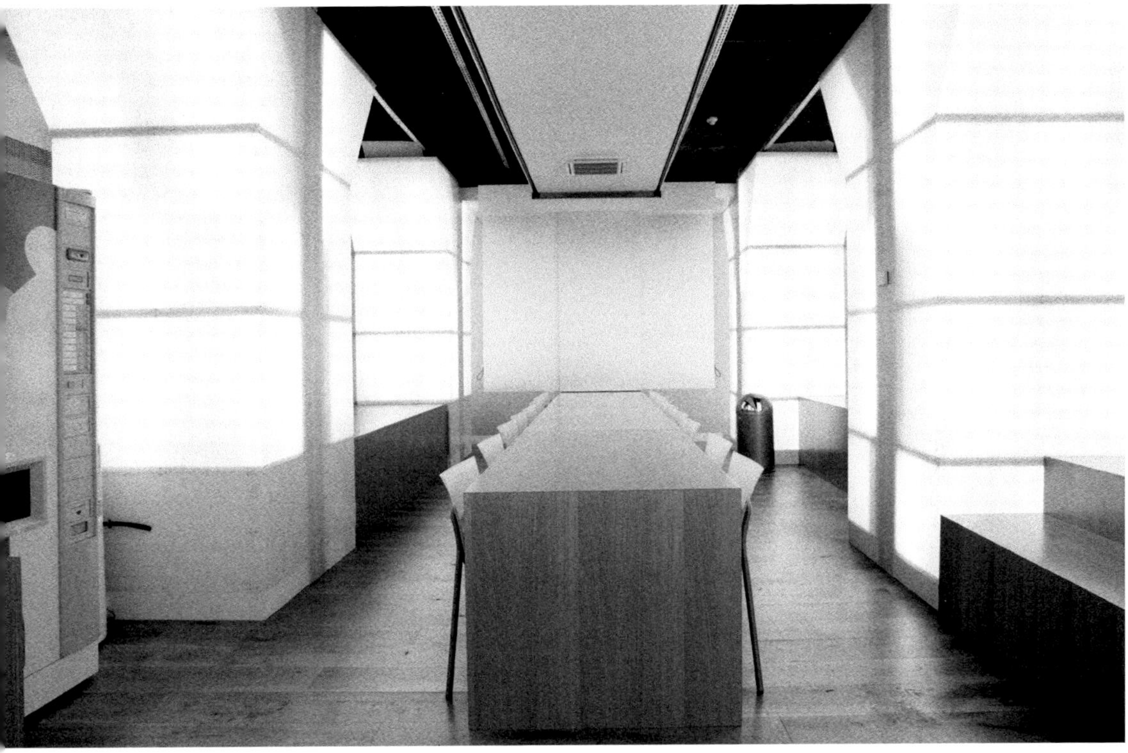

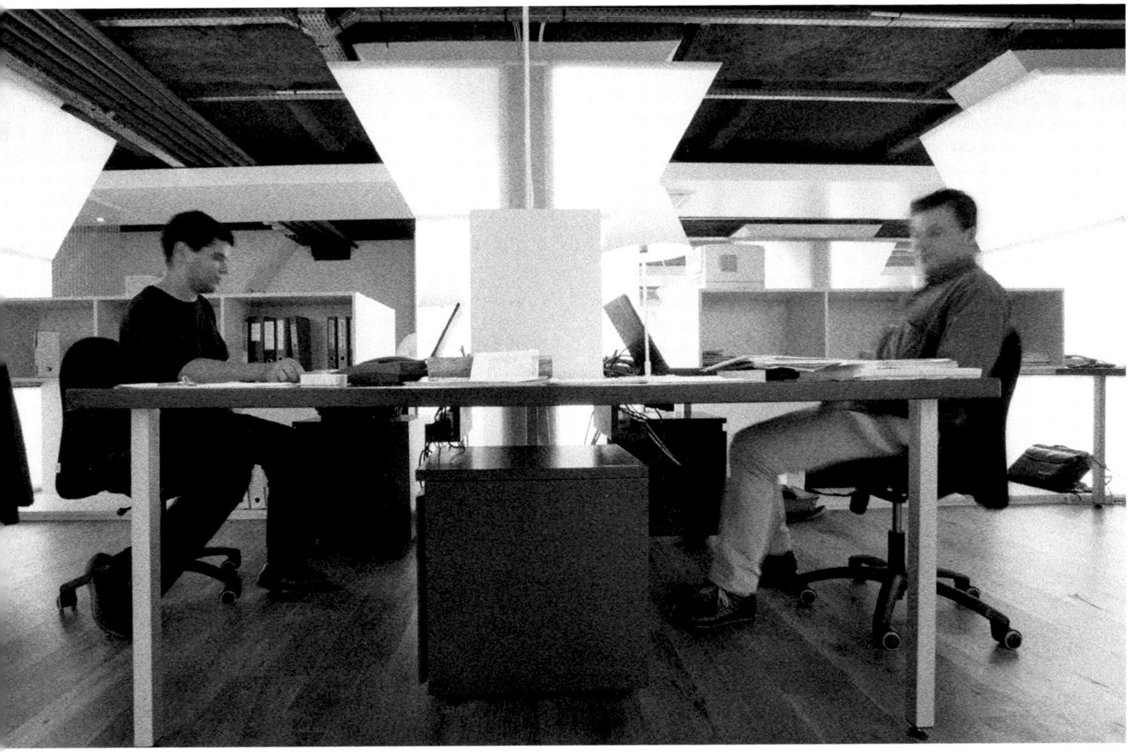

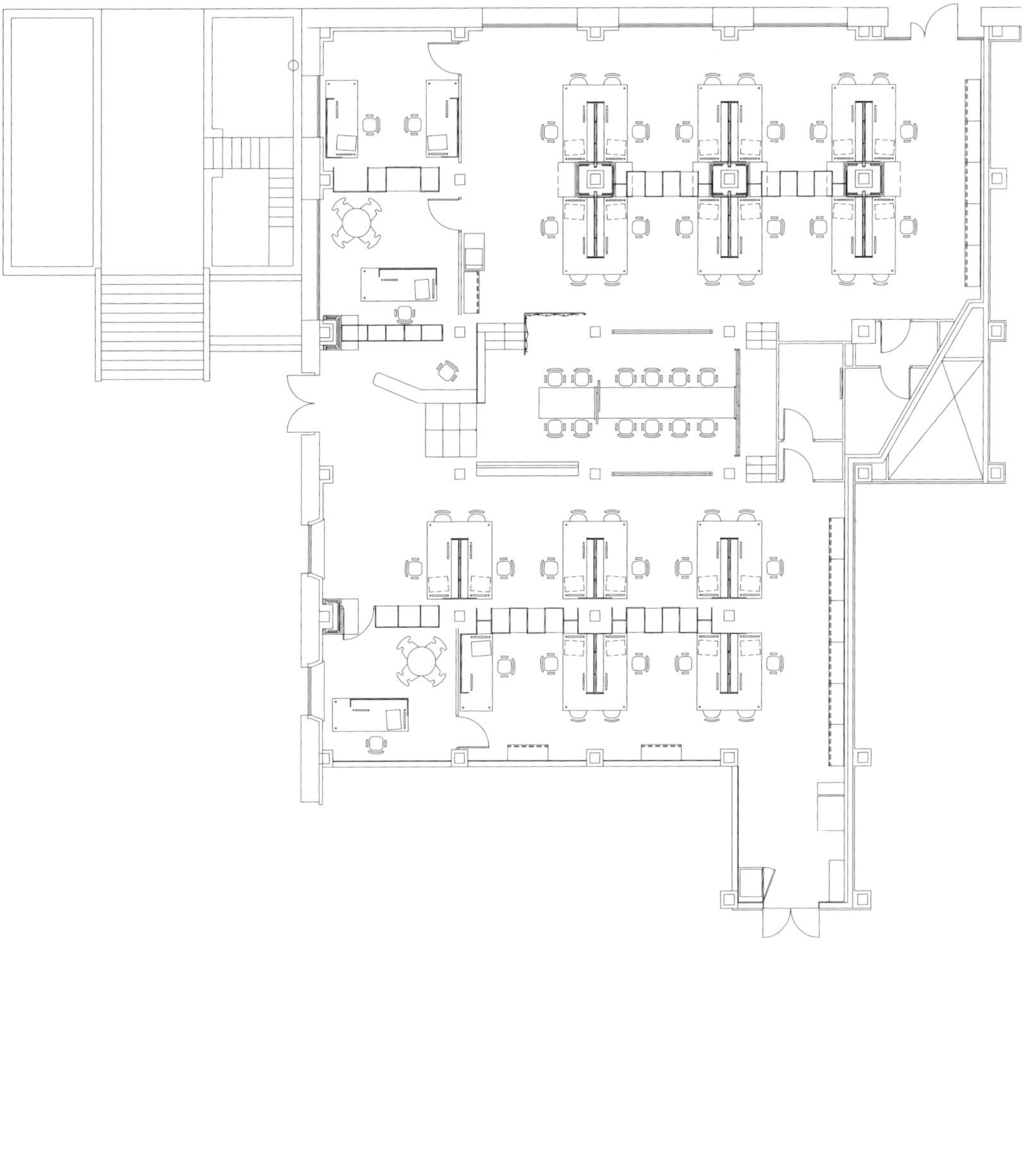

Plan du rez-de-chaussée

C C I

**CONSTRUCTION DU CENTRE DE COMPÉTENCES INDUSTRIELLES
DE LA TECHNOPOLE FOUM EL OUED**

MAÎTRE D'OUVRAGE : FONDATION PHOSBOUCRAA
LIEU : LAÂYOUNE, MAROC
SURFACE : 6 000 M^2 / BUDGET : 4,5 M€
LIVRAISON : 2018

Habituellement écrit dans un langage industriel, et traité sous la forme de campus du fait de ses fonctions disparates, le Centre de Compétences prend le parti d'agréger l'ensemble des éléments du programme dans une seule et même figure, compacte et protectrice. Les ateliers, laboratoires et auditoriums sont agencés pour créer une centralité désirable dans un site désertique sans milieu. Ce paysage intérieur est délimité, cerné sur quatre côtés par une épaisseur habitée sur trois niveaux, continus et poreux. Ce projet est une inversion de la figure du patio, son centre devient l'espace public par excellence tout en conservant les mécanismes climatiques de cette tradition architecturale.

1_Espaces de service
2_Vestiaires
3_Sanitaires
4_Magasin
5_Salle des professeurs
6_Auditorium
7_Café
8_Infirmerie

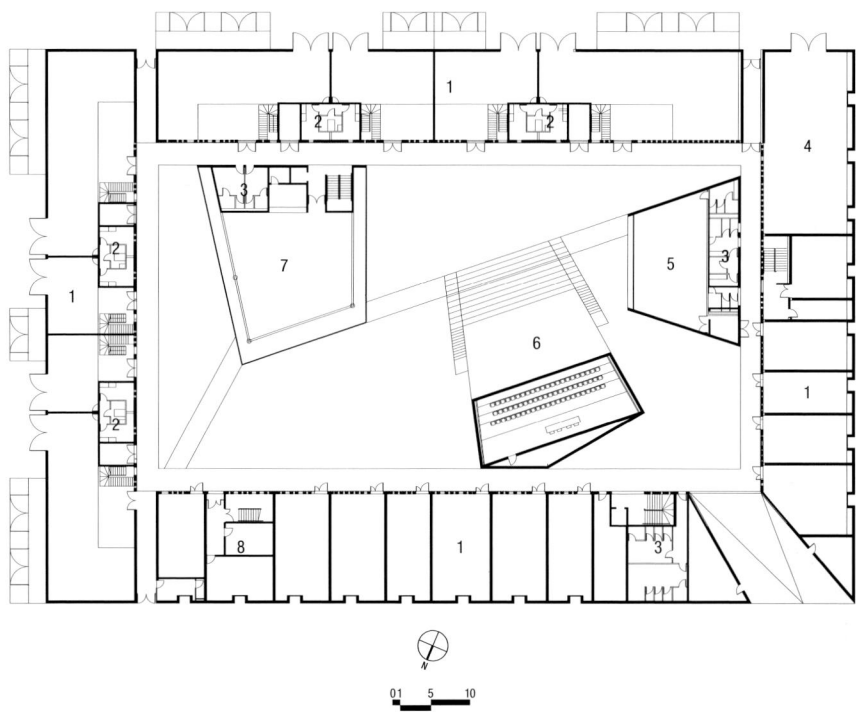

Plan du rez-de-chaussée

72_73

1_Salle de cours
2_Administration
3_Salle de conférences
4_Café

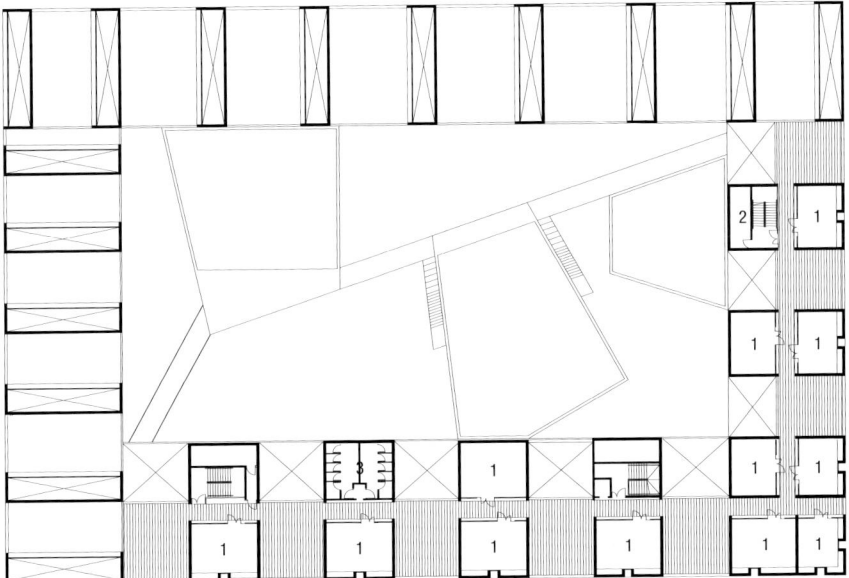

Plan R+2

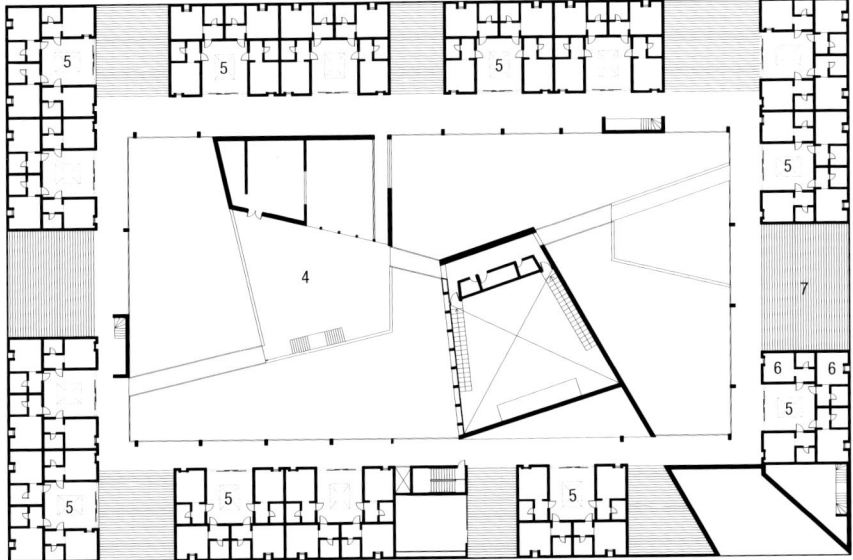

Plan R+1

TRIBUNAL DE TANGER

TRIBUNAL DE PREMIÈRE INSTANCE DE TANGER
MAÎTRE D'OUVRAGE : MINISTÈRE DE L'ÉQUIPMENT, DU TRANSPORT ET DE LA LOGISTIQUE
LIEU : TANGER, MAROC
SURFACE : 12 210 M^2
CONCOURS : 2015

La figure du tribunal est habituellement axiale, monumentale et centrée. Elle est ici détournée pour que l'axe se termine sur un jardin en soubassement venant desservir le bâtiment alloué au tribunal de première instance ainsi que celui dédié au tribunal de la famille. Faire d'un petit programme un bâtiment surdimensionné était l'une de nos ambitions. Il nous a semblé nécessaire que l'équipement puisse pleinement jouer son rôle de représentation de l'état malgré son positionnement sur un territoire d'entrée de ville, marginal et sans véritable centralité. La présence du tribunal est incarnée par l'association d'une composition verticale sur la profondeur de la parcelle pour les salles d'audience, et d'une dimension horizontale sur la largeur de la parcelle pour mettre en scène la strate des bureaux suspendus.

TRIBUNAL DE LA FAMILLE محكمة الأسرة بطنجة

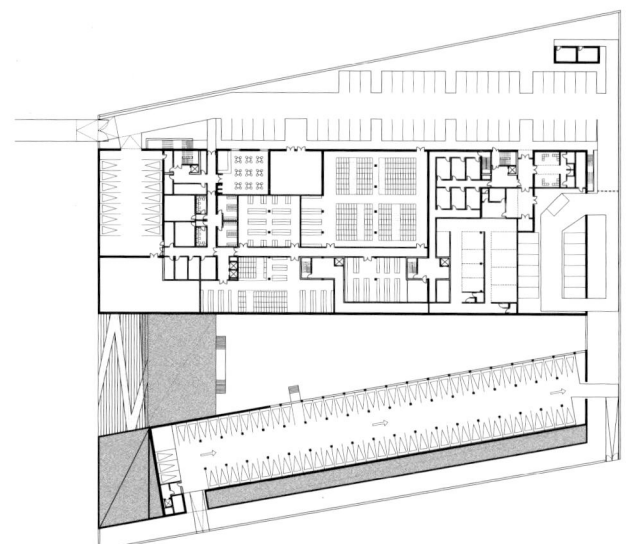

Plan du rez-de-jardin

1 5 10

Plan du rez-de-chaussée

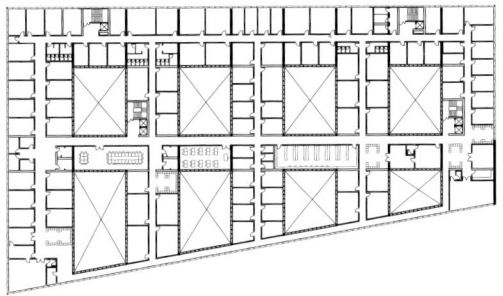

Plan R+2

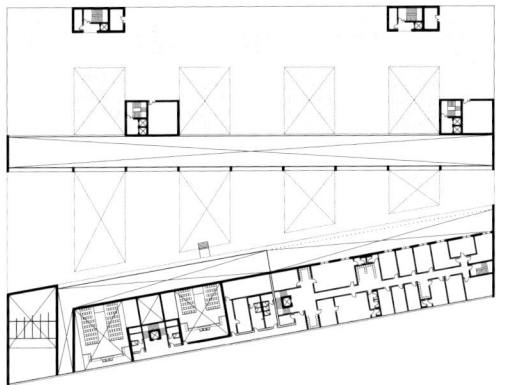

Plan R+1

BERLIET

+

SHOWROOM BERLIET

MAÎTRE D'OUVRAGE : BERLIET MAROC
LIEU : CASABLANCA, MAROC
SURFACE : 1 400 M² / BUDGET : 420 000 €
LIVRAISON : 2008

C'est en réinventant le rapport entre la structure, la façade et le paysage que nous proposons un bâtiment qui, tout en s'intégrant dans un contexte industriel, donne à l'espace un caractère commercial. La façade autoporteuse est détachée de la structure par des portiques. C'est ce décalage qui anime la perception de l'ouvrage et lui confère une légèreté et une luminosité permettant de présenter les véhicules de jour comme de nuit. La structure générale de l'édifice est constituée de six portiques en profil acier. Entre chaque portique, les verres offrent une transparence totale sur toute la longueur du bâtiment. L'enveloppe vitrée se retourne en toiture afin d'exprimer clairement une volumétrie de verre suspendue aux portiques.

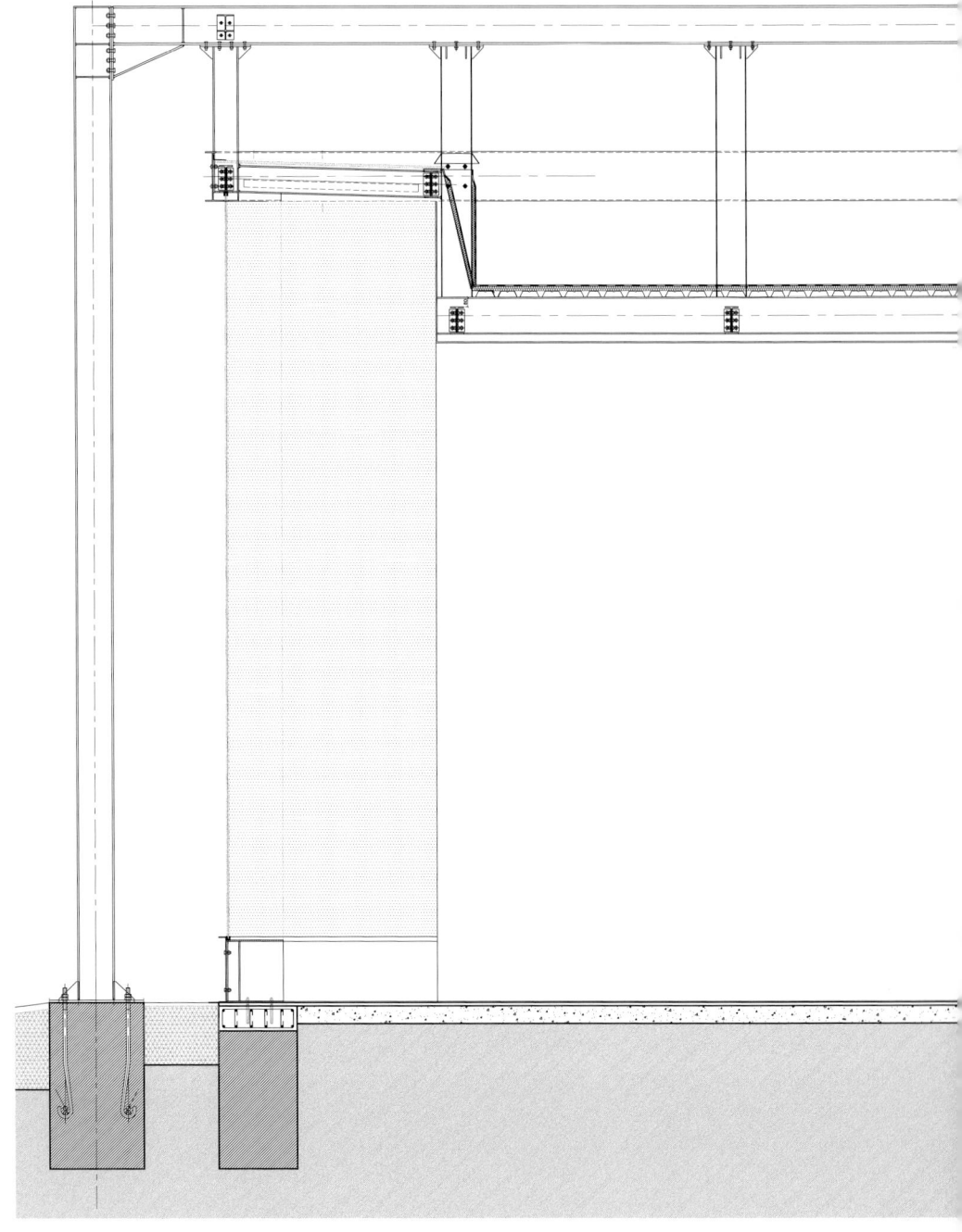

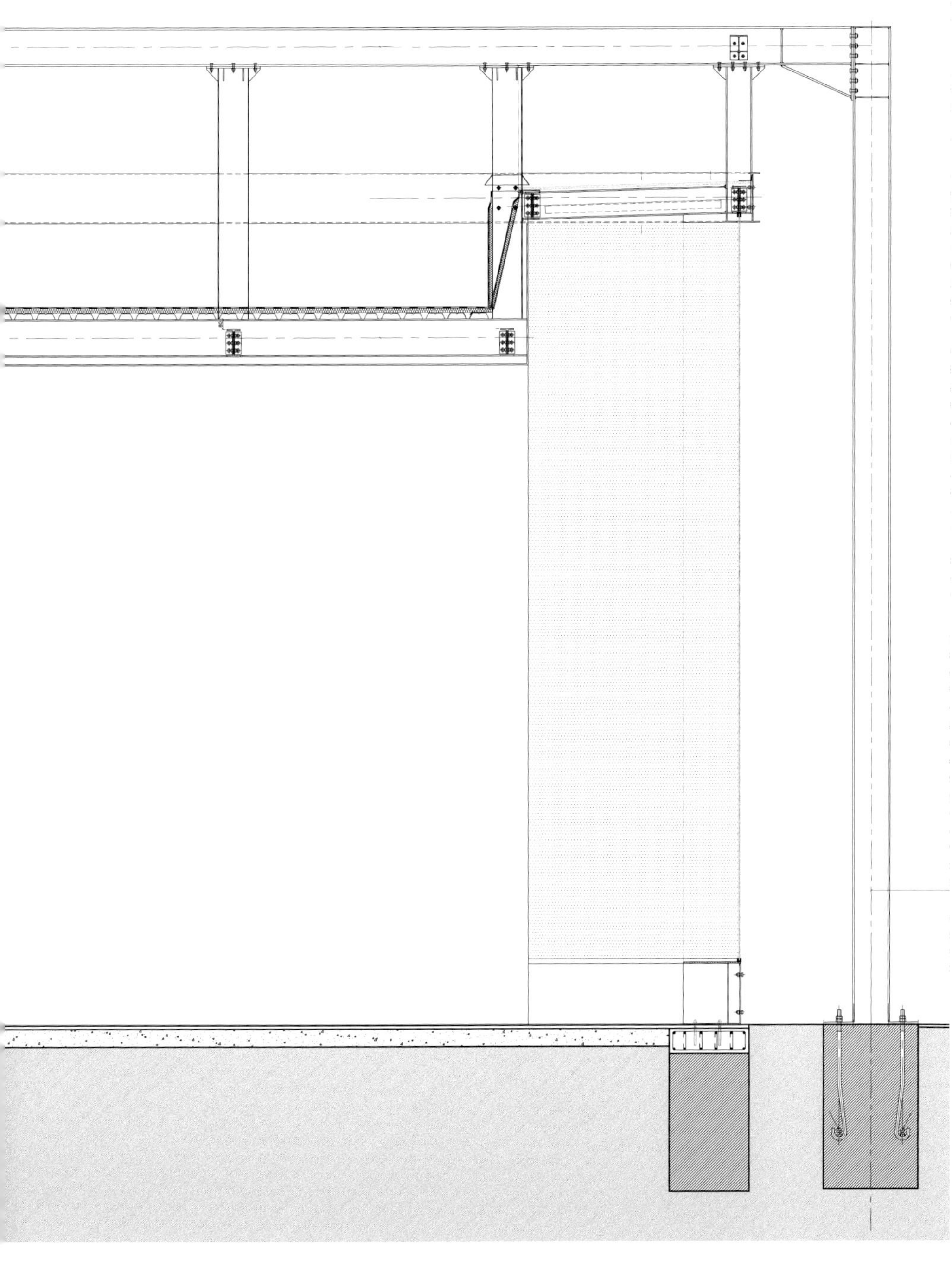

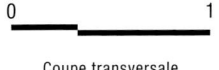

Coupe transversale

SCHOOL + BLOCK

NOUVEAU COMPLEXE SCOLAIRE DE KHOURIGBA
MAÎTRE D'ŒUVRE : OFFICE CHÉRIFIEN DES PHOSPHATES
LIEU : KHOURIGBA, MAROC
SURFACE : 6 200 M^2 / BUDGET : 4,2 M€
CONCOURS : 2016

Dans un territoire urbain, délité et détérioré, le projet crée sa limite avec l'espace public, il investit l'épaisseur de son périmètre pour y installer un programme scolaire allant de la crèche au lycée. À la fois solide et poreux, ce mur habité protège un grand parc intérieur dans lequel s'organisent tous les programmes à vocation publique, ainsi que les équipements sportifs. Ce cœur paysager vient s'étendre au-delà du contour du bâtiment, offrant au quartier un espace public de qualité tout en valorisant l'équipement. Figure linéaire et unificatrice, la façade est rythmée par une agrégation de volumes en béton, qui, tout en filtrant la lumière, permet de créer un climat agréable et tempéré.

TRIBUNAL DE DAKHLA

CONSTRUCTION DU TRIBUNAL DE PREMIÈRE INSTANCE DE DAKHLA
MAÎTRE D'OUVRAGE : MINISTÈRE DE L'ÉQUIPEMENT, DU TRANSPORT ET DE LA LOGISTIQUE
LIEU : DAKHLA, MAROC
SURFACE : 6 880 M^2
CONCOURS : 2015

Sur un site éminemment stratégique du centre-ville, le tribunal prend le parti de s'installer dans un rapport de frontalité à la place, marquant ainsi le caractère public de ce grand équipement. Le projet élabore un vocabulaire architectural interprétant la figure familière du tribunal, élégante, sobre, et monumentale. Si la nature du programme peut être interprétée comme une image d'autorité, la relation à l'espace public tend ici à en valoriser l'ouverture et la transparence. Le projet se soulève au-dessus du sol, ainsi, l'ensemble des espaces ouverts au public est installé dans un volume détaché du sol. Cette relation au site permet de faire entrer le paysage et l'esplanade sous le tribunal, et contribue à la porosité du projet.

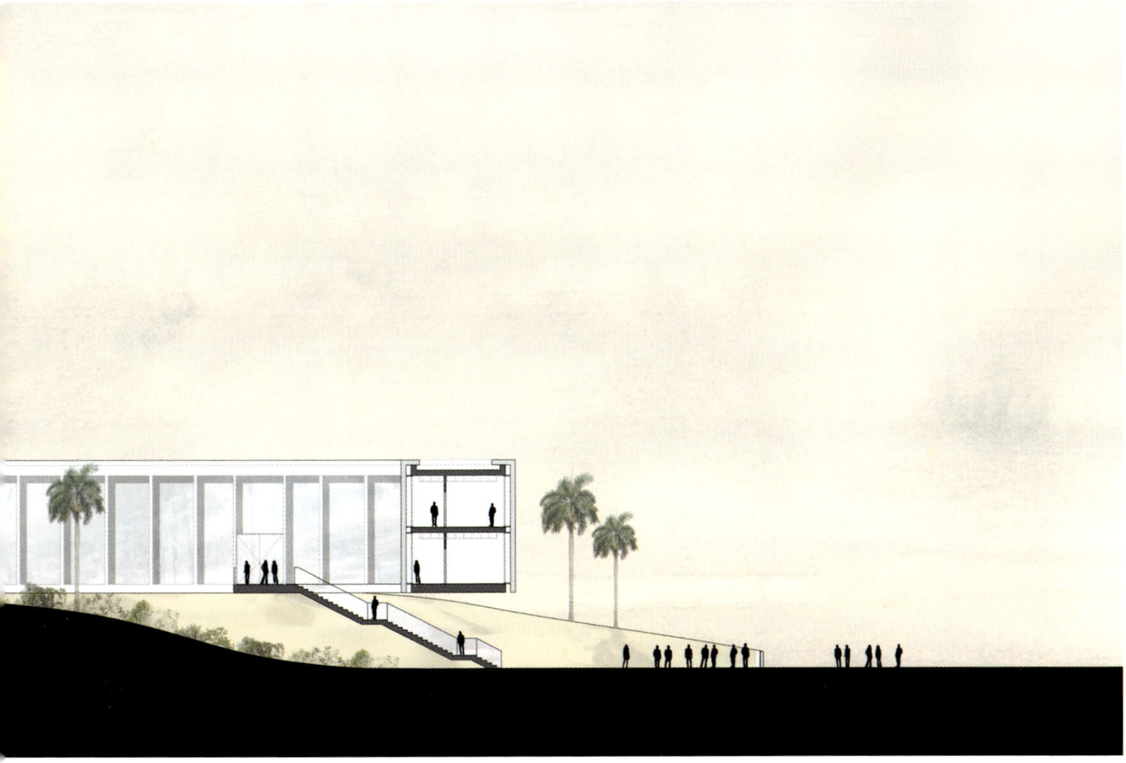

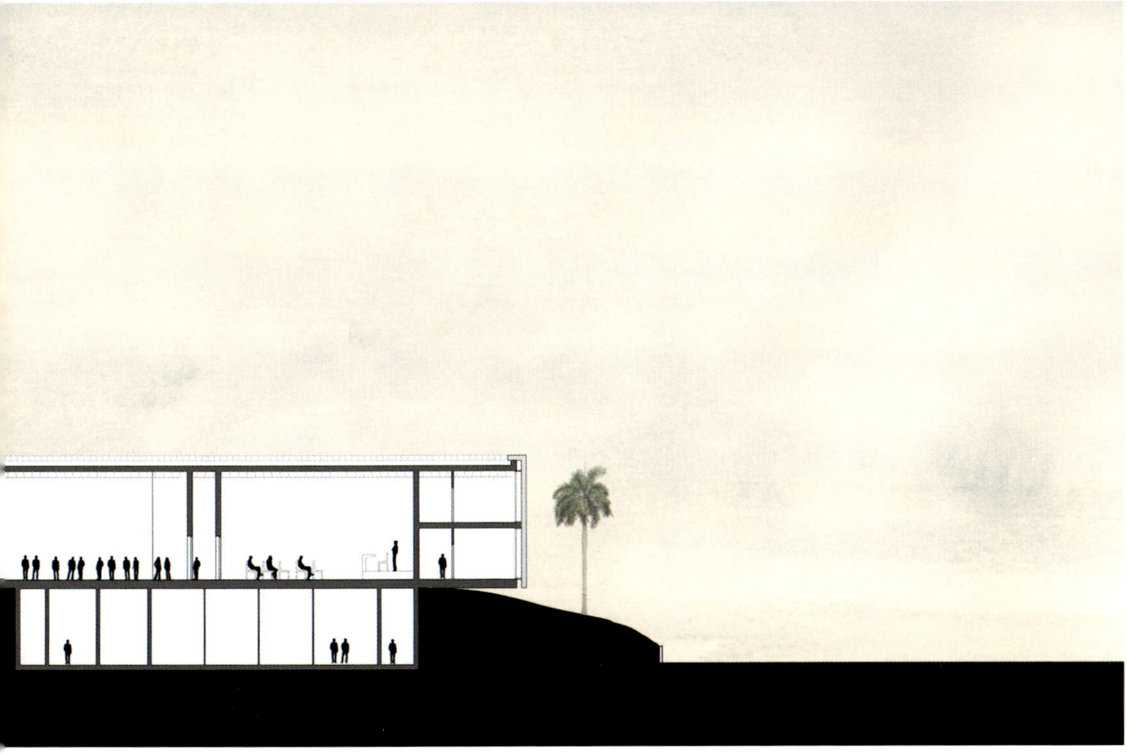

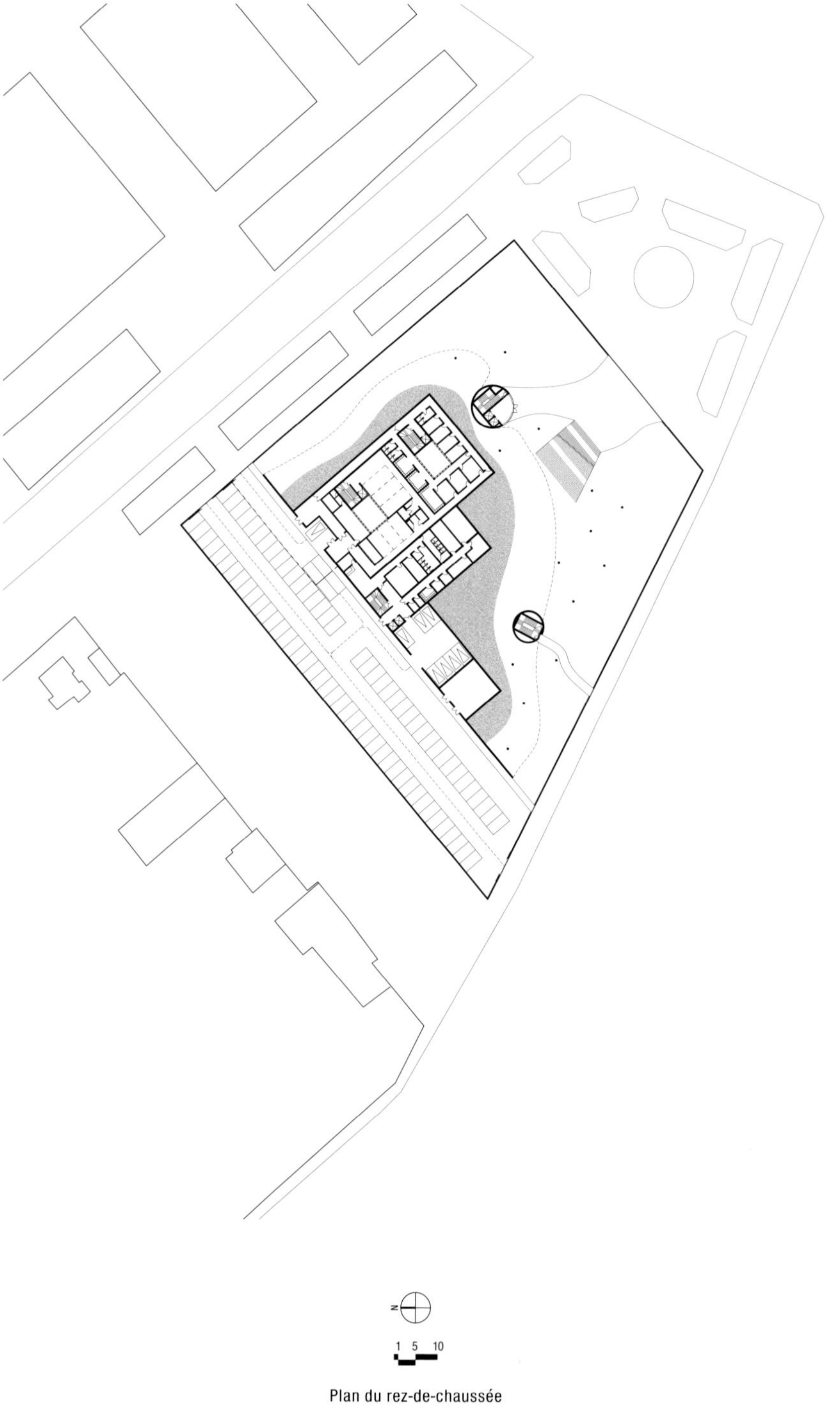

Plan du rez-de-chaussée

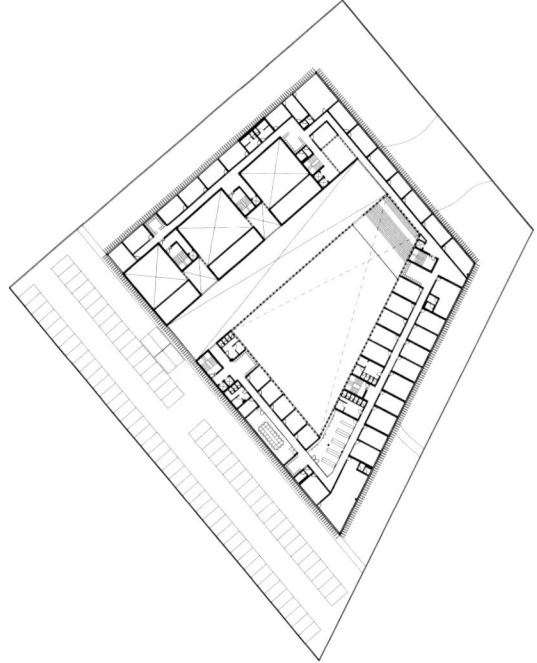

Plan R+1

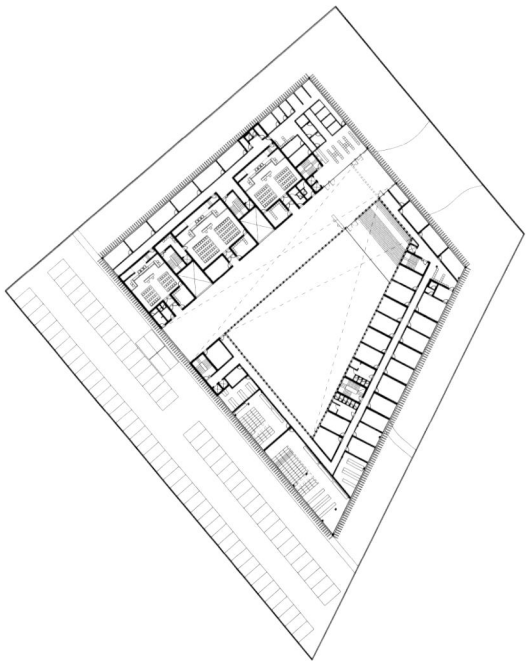

Plan du rez-de-chaussée haut

SIÈGE

SIÈGE ANCFCC

+

SIÈGE DE LA CONSERVATION FONCIÈRE
MAÎTRE D'OUVRAGE : CONSERVATION FONCIÈRE
LIEU : RABAT, MAROC
SURFACE : 46 000 M^2 / BUDGET : 12 M€
LIVRAISON : 2017

Aux portes de la ville, le projet du nouveau Siège Administratif de la Conservation Foncière et de la Gestion du Cadastre fait figure de véritable signal d'entrée dans la capitale. Au-delà d'une simple réponse au programme, il se développe à la manière d'un campus, tout en conservant une homogénéité formelle et matérielle. Un paysage de jardins en dénivelé enveloppe l'ensemble des éléments communs du programme sous un parvis (restaurant, centre de conférences, musée). Les tours de bureaux sont quant à elles réalisées sur une surface continue, constituant l'élément unificateur des masses verticales.

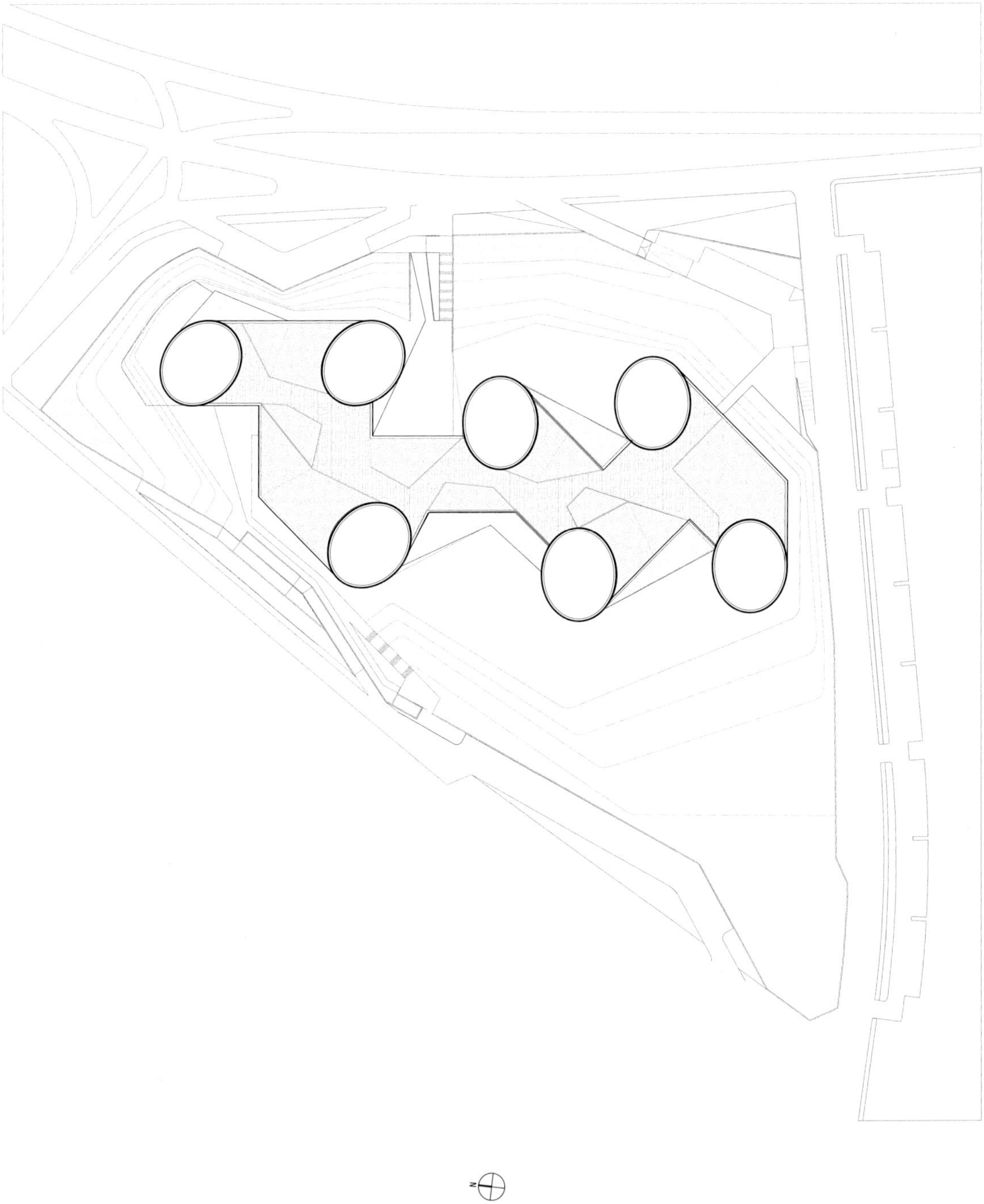

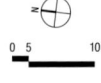

Plan masse

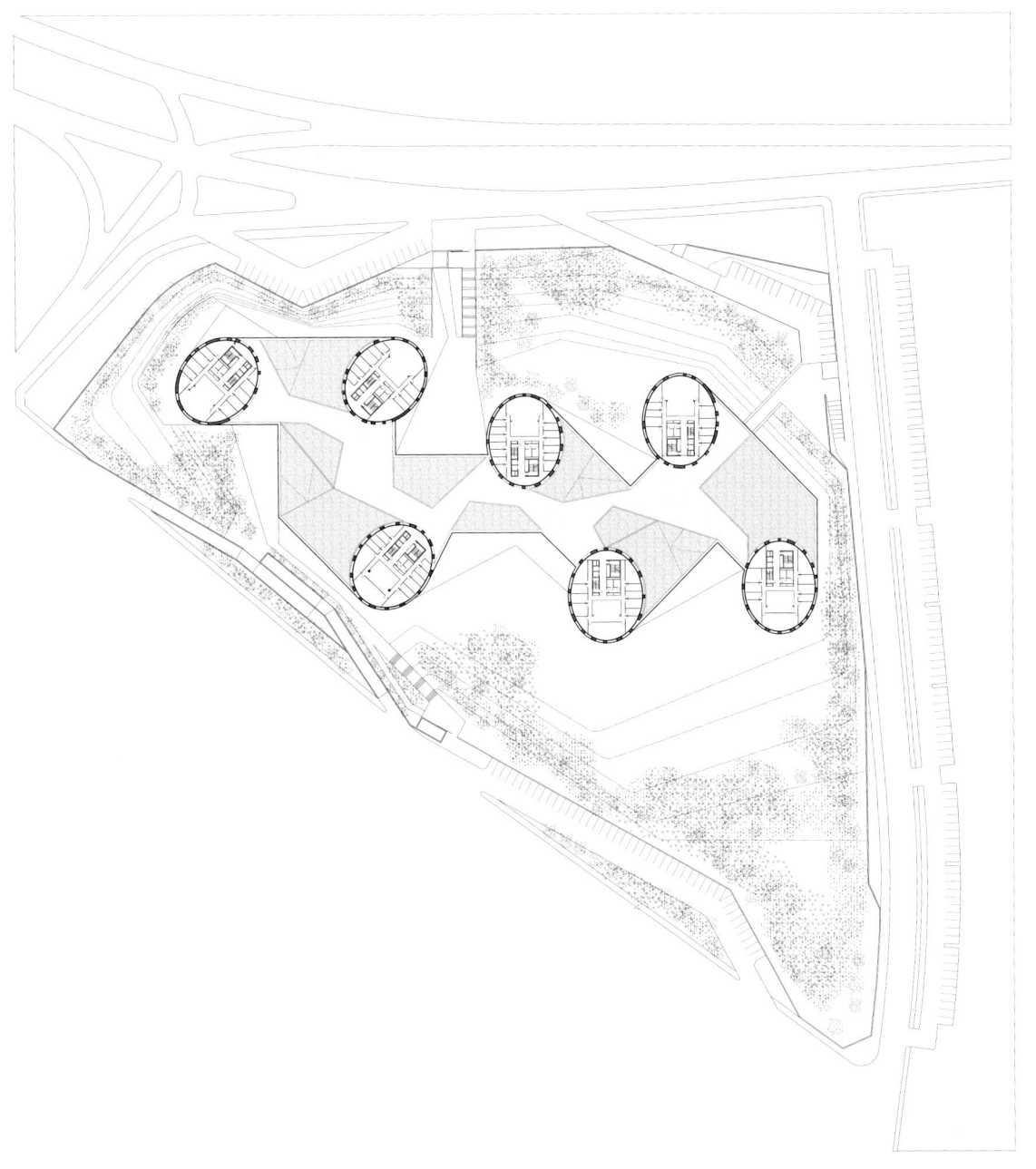

Plan du rez-de-chaussée

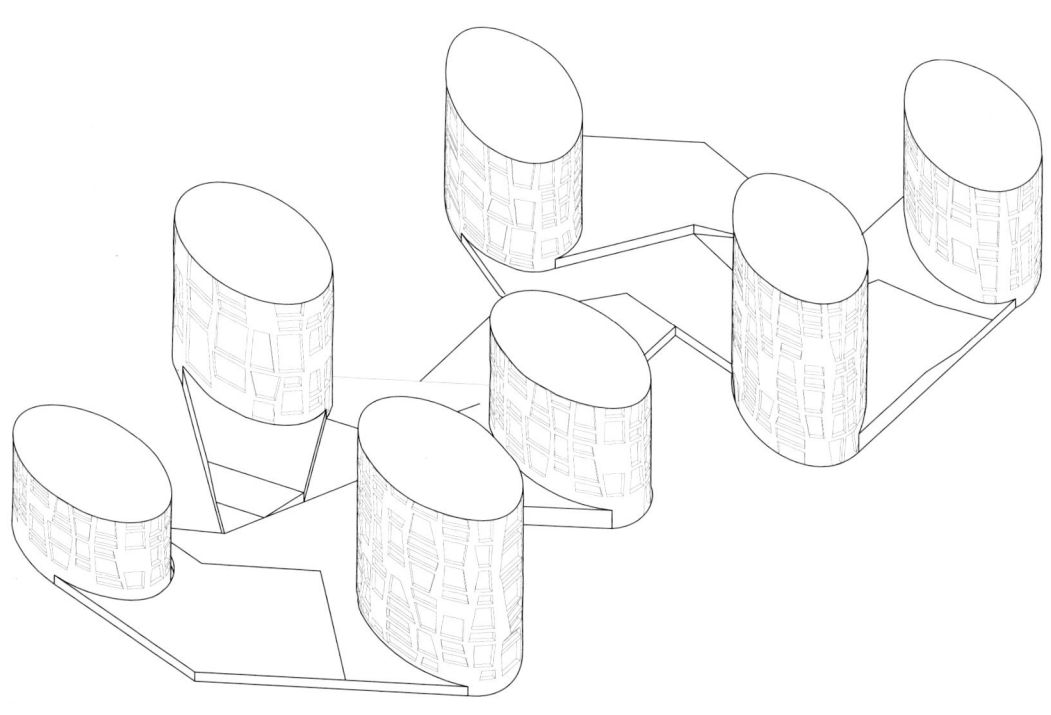

Axonométrie

CATALOGUE
+
RAISONNÉ

LYCÉE D'EXCELLENCE
Programme : Construction du lycée
d'excellence de la technopole Foum El Oued
Maître d'ouvrage : Fondation Phosboucraa
Lieu : Laâyoune, Maroc
Surface : 27 540 m^2 / Budget : 16,3 M€
Livraison : 2018

**CENTRE DE COMPÉTENCES
INDUSTRIELLES**
Programme : Construction du Centre
de Compétences Industrielles
de la Technopole Foum El Oued
Maître d'ouvrage : Fondation Phosboucraa
Lieu : Laâyoune, Maroc
Surface : 6 000 m^2 / Budget : 4,5 M€
Livraison : 2018

SILEX
Programme : Construction d'un siège
social. Immeuble de bureau,
salle de réunion, espaces d'accueil
Maître d'ouvrage : Alliances
Développement Immobilier
Lieu : Rabat, Maroc
Surface : 7 600 m^2 / Budget : 5,7 M€
Livraison : 2018

CAMPUS SPORTIF
Programme : Construction d'un centre
sportif. Gymnase, salle multisports,
club house, hébergements, piscine
Maître d'ouvrage : Office Chérifien
des Phosphates
Lieu : Ben Guerir, Maroc
Surface : 10 230 m^2 / Budget : 12 M€
Livraison : 2018

SIÈGE ANCFCC
Programme : Construction du Siège
de la Conservation Foncière
Maître d'ouvrage : Conservation Foncière
Lieu : Rabat, Maroc
Surface : 46 000 m^2 / Budget : 12 M€
Livraison : 2018

TAGHAZOUT VILLAGE
Programme : Village touristique comprenant
commerces, résidences et équipements
Maître d'ouvrage : SAPST
Lieu : Agadir, Maroc
Surface : 25 800 m^2 / Budget : 7,4 M€
Livraison : 2017

VILLAGE COP 22
Programme : Construction du village
de la COP 22
Maître d'ouvrage : Ministère de l'Énergie,
des Mines, de l'Eau et de l'Environnement
Lieu : Marrakech, Maroc
Surface : 68 300 m^2 / Budget : 45 M€
Livraison : 2016

STADE OUJDA
Programme : Construction d'un stade
de 40 000 places
Maître d'œuvre : Ministère de l'Intérieur
Lieu : Oujda, Maroc
Surface : 23 750 m^2
Concours : 2016

SCHOOL BLOCK
Programme : Construction du nouveau
complexe scolaire de Khouribga
Maître d'œuvre : Office Chérifien
des Phosphates
Lieu : Khouribga, Maroc
Surface : 6 200 m^2
Concours : 2016

TRIBUNAL DE TANGER
Programme : Construction du tribunal
de première instance de Tanger
Maître d'ouvrage : Ministère de l'Équipment,
des Transports et de la Logistique
Lieu : Tanger, Maroc
Surface : 12 210 m^2
Concours : 2015

- -

TRIBUNAL DE DAKHLA
Programme : Construction du tribunal
de première instance de Dakhla
Maître d'ouvrage : Ministère de l'Équipment,
du Transport et de la Logistique
Lieu : Dakhla, Maroc
Surface : 6 880 m^2
Concours : 2015

- -

AGENCE NATIONALE DES PORTS
Programme : Construction d'une tour de
bureaux pour l'agence nationale des ports
Maître d'ouvrage : Agence nationale des ports
Lieu : Casablanca, Maroc
Surface : 25 000 m^2
Concours : 2015

- -

TANGER FREE ZONE
Programme : Construction d'un immeuble
de bureaux
Maître d'ouvrage : CNIA
Lieu : Tanger, Maroc
Surface : 3 000 m^2 / Budget : 2,2M€
Livraison : 2015

- -

RE-TOUR
Programme : Reconversion et extension
des Résidences du Parc,
bâtiment archétype de barre des années 50
construite par Courtois
Maître d'ouvrage : CNIA
Lieu : Casablanca, Maroc
Surface : 6 800 m^2 / Budget : 3,8 M€
Livraison : 2015

- -

HÔPITAL DE LA FONDATION CZ
Programme : Extension de l'Hôpital
Universitaire Cheikh Zayed
Maître d'ouvrage : Fondation Cheikh Zayed
Lieu : Rabat, Maroc
Surface : 2 168 m^2
Date : 2012

- -

UNIVERSITÉ MOHAMMED VI
Programme : Construction de l'université
Mohammed VI, accueillant 15.000 étudiants
Maître d'ouvrage : Office Chérifien
des Phosphates
Lieu : Ben Guerir, Maroc
Surface : 35 ha
Concours : 2012

- -

GRAND STADE DE CASABLANCA
Programme : Réalisation d'un stade
olympique de 85 000 places
Maître d'ouvrage : Ville de Casablanca
Lieu : Casablanca, Maroc
Surface : 120 000 m^2
Concours : 2011

- -

MAISON DE L'ARCHITECTURE
Programme : Logements, commerces,
espaces culturels
Maître d'ouvrage : KLK - Chaima Prestige
Lieu : Tanger, Maroc
Surface : 28 129 m^2
Concours : 2015

- -

CLUB SPORTIF EL JADIDA
Programme : Club sportif des œuvres
Sociales
Maître d'ouvrage : Office Chérifien
des Phosphates
Lieu : El Jadida, Maroc
Surface : 8 000 m^2
Concours : 2011

ÎLOT CIVIQUE
Programme : Réalisation de la nouvelle
mairie
Maître d'ouvrage : Ville de Rabat
Lieu : Rabat, Maroc
Surface : 7 500 m^2
Concours : 2011

MUR-MUR KIOSQUE
Programme : Conception des kiosques
de la ville
Maître d'ouvrage : Ville de Casablanca
Lieu : Casablanca, Maroc
Concours : 2010

ADVENTICA
Programme : Réalisation du nouveau
siège social
Maître d'ouvrage : Adventica S.A.
Lieu : Casablanca, Maroc
Surface : 2 800 m^2 / Budget : 1,8 M€
Livraison : 2010

CIMR
Programme : Siège social pour la Caisse
Interprofessionnelle Marocaine de Retraites
Maître d'ouvrage : Caisse Interprofessionnelle
Marocaine de Retraites
Lieu : Casablanca, Maroc
Surface : 13 244 m^2
Concours : 2010

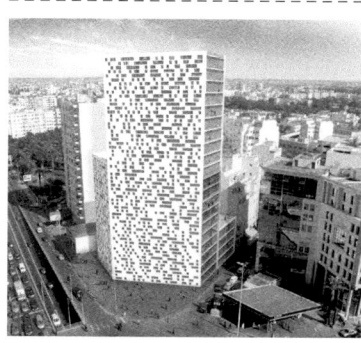

E - TOWER
Programme : Immeuble de bureaux
Maître d'ouvrage : Assurances Saada
Lieu : Casablanca, Maroc
Surface : 17 200 m^2
Date : 2010

SIÈGE GCEMI
Programme : Réalisation du nouveau
siège social
Maître d'ouvrage : GCEMI
Lieu : Casablanca, Maroc
Surface : 1 400 m^2
Date : 2010

HÔPITAL CENTRAL DE N'DJAMENA
Programme : Construction d'un hôpital
au Tchad
Maître d'ouvrage : Ministère de la Santé
Lieu : N'Djamena, Tchad
Surface : 14 700 m^2
Date : 2009

SHOWROOM BERLIET
Programme : Nouveaux showroom Berliet
Maître d'ouvrage : Berliet Maroc
Lieu : Casablanca, Maroc
Surface : 1 400 m^2 / Budget : 420 000 €
Livraison : 2008

ÈGE CNRST
ogramme : Construction du siège CNRST
aître d'ouvrage : Ministère de l'Éducation
ationale
eu : Rabat, Maroc
urface : 13 700 m^2
oncours : 2007

- -

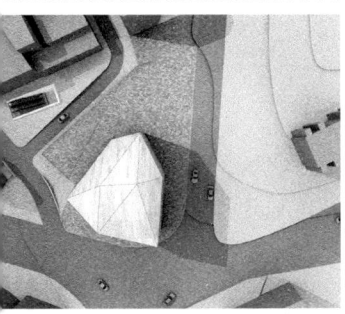

ON PASTEUR
ogramme : Études pour la construction
un immeuble de bureaux face
la porte d'Aix
aître d'ouvrage : Sogima
eu : Marseille, France
urface : 4 334 m^2
ate : 2007

- -

**YCÉE TIT MELIL HASSAN IBNOU
ABITE**
ogramme : Construction d'un lycée
enseignement général
aître d'ouvrage : Ministère de l'Éducation
ationale
eu : Casablanca, Maroc
urface : 11 355 m^2
ate : 2006

- -

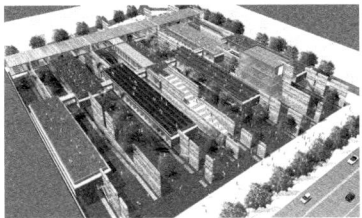

**SIÈGE DE L'INSTITUT DE LA CULTURE
AMAZIGH**
Programme : Construction du siège
de l'Institut de la Culture Amazigh
Maître d'ouvrage : IRCAM
Lieu : Rabat, Maroc
Surface : 14 300 m^2
Concours : 2004

- -

SYBA
Programme : Construction d'un centre
d'accueil pour enfants autistes
Maître d'ouvrage : Secrétariat chargé
de la Famille
Lieu : Sidi Youssef Ben Ali, Marrakech,
Maroc
Surface : 615 m^2
Date : 2004

- -

MAISON DE RETRAITE / EHPAD ORPEA
Programme : Réalisation d'habitats
pour le quatrième âge
Maître d'ouvrage : ORPEA
Lieu : Marrakech, Maroc
Surface : 16 500 m^2
Date : 2003

- -

CENTRE D'AFFAIRE RYAD
Programme : Trois immeubles des bureaux
et commerces
Maître d'ouvrage : Société Promostanding
Lieu : Rabat, Maroc
Date : 2003

- -

BOURJ AL LAQ LAQ
Programme : Construction du centre
interculturel de toutes les Jérusalem
Maître d'ouvrage : Privé
Lieu : Jérusalem, Israël
Date : 2002

- -

FOODSTRADING
Programme : Reconversion d'un entrepôt
en bureaux
Maître d'ouvrage : Foodstrading Inc.
Lieu : Paris, France
Surface : 600 m^2 / Budget : 400 000 €
Livraison : 2001

- -

ÉQUIPE

Salma Abderrahim / Alex Acemyan /
Ruben Alamo / Sumaia Alamoudi /
Silvia Albini / Alina Amiri /
Cristina Anastase / Maria Aramendia /
Lauren Bachelot / Meyriem Bachouchi /
Michelle Badr / Barbara Ballu /
Mehdi Ben Yahmed / Ali Benabdallah /
Tom Benard / Hakim Benchekroun /
Sofia Bennani / Selim Bennis /
Vera Beranova / Tommaso Bernabo Silorata /
Clara Berthet / Mehdi Besri /
Britanny Birdsong / Kaley Blackstock /
Judith Boggess / Ambroise Bonal /
Chantal Bonner / Magali Boudey /
Zakaria Bounoua / Laurent Broyon /
Alain Bruner / Rafael Calvo De Febrer /
Andrea Cattarino / Nicolas Cazali /
Sanket Chandresh Shal / Gillian Chang /
Valérie Chatelet / Karin Chen /
Safia Cherif El Ofir / Keunjung Cho /
Victoria Cho / Jennifer Currier /
Thomas Dalbarade / Christina Danton /
Ana Alexandra De Oliveira Brett /
Marc De Verneuil / Aure Delaroiere /
Patricia Deterville / Cristina Devizzi /
Gina Di Tolla / Walter Dresscher /
Cédric Druetta / Juliette Dubroca /
Eric Dumarche / Anne-Claire Dursapt /
Nils Edelmann / Rita El Fihri / Evans Kurt /
Lisa Feldmann / Ivan Fouquet /
Adriana Garwacki / Yuliya Georgieva /
Julien Gicquel / Marie-Pierre Goguet /
Kent Gould / Matt Grady / Elodie Graham /
Romuald Grall / Caterina Grosso / Jue Gu /
Jocelene Hadj / Kristina Hellhake /
Oscar Hernandez-Gomez / Min Hong /
Katarzyna Howorko / Stéphanie Hua /
Amanda Huang / Sabrina Jaffal /
Shiraz Jerbi / David Jimenez Ruiz /
Seung Jin Ham / Nathalie Jolivet /
Lauren Jones / Patrick Jones / Jo Joowon /
Randall Knight / Kelly Koomalsingh /
Gary Ku / Kim Kuy Young / Chaimae Laasel /
Monica Lagarrigue / Rhiannon Laurie /
Virginie Lauzon / Marion Le Coq /
Mark Lean / Ben Lee / Elizabeth Lee /
Christine Legat / Charlotte Leib /
Kassandra Leiva / Arielle Lemaistre /
Rafael Lemieszek Pinheiro / Han Li /
Mathias Lukas / Mona Madan /
Ayako Maetani / Kleopatra Malama /
Alba Marcos Ramirez / Emily Margulies /
Elizabeth Marrin / Ryan Mc Caffrey /

Mamoun Mechiche Alami /
Marvia Kainama / Claudia Melniciuc /
Meriem Mimoun / Robert Mohr /
Jérémy Monsimert / Heather Moore /
Benedetto Morici / Leslie Nguyen /
Moritz Nicklaus / Cezar Nicolescu /
Jean-Louis Nizon / Ceara O'Leary /
Will Oren / Emily Ottinger / Yasmine Ouafa /
Payap Pakdeelao / Matt Piker /
Becky Quintal / Caroline Rabourdin Shell /
Ashley Reed / Daniel Requesens /
Diane Rhyu / Jean-Marc Rio / Zoé Ritts /
Pedro Rodrigues / Camila Rodriguez Costa /
Anne-Sophie Roques / Costanza Rossi /
Naomi Sakamoto / Edith Saleil /
Miguel Santos / Melha Sayad /
Salim Sefrioui / Isabelle Sicault /
Daniela Silva / Mary Stuckert /
Jonathan Sturt / Lee Ann Suen /
Tyler Survant / Paula Szejnfeld Sirkis /
Taddonio Brian / Orfeo Tagiuri /
Abdelkader Touirsa / Hanna Tullis /
Saif Vagh / Philippe Vidal / Tiago Vier /
Yu Wang / Duncan White /
Maya White-Shure / Andrea Wong /
Othmane Zerouali / Liwen Zhang /
Yu Kun Zhang

- - - - - - - - - - - - - - - - - - - -

CRÉDITS

PHOTOGRAPHIES

Luc Boegly / Hakim Benchekroun /
Didier Boy de la Tour / Andrea Cattarino /
F. Lolley / Oualalou+Choi

- - - - - - - - - - - - - - - - - - - -

PERSPECTIVES

+IMGS / Agence Morph / Anouska Hempel
Design / Archirendering / Arte Factory /
A-Zuga / Borja Santurino / Cédric Hamelin /
Charles Massé / Christian Delecluse /
Dotimage / Exagon Studio /
Guillaume Hannoun / Inui / Kaupunki /
Labtop / Luxigon / Mathieu Samuel /
Michael Kaplan / Mvize / Nicolas Richelet /
Oualalou+Choi / Robota / Stéphane Moullet /
Thomas Series / Tristan Spella /
Zoé Fontaine

- - - - - - - - - - - - - - - - - - - -

PUBLICATION

Auteurs : Linna Choi, Tarik Oualalou
Direction éditoriale : Oualalou+Choi
Coordination éditoriale : Caterina Grosso
Textes et Iconographie : Hakim Benchekroun
Conception graphique : Sylvain Enguehard
Impression : Ingoprint
Éditions : Actar

- - - - - - - - - - - - - - - - - - - -

- - - - - - - - - - - - - - - - - - - -

Achevé d'imprimer à Barcelone, Espagne /
© 2017 / Actar / Oualalou+Choi /
Sylvain Enguehard

- - - - - - - - - - - - - - - - - - - -

OCCUPER LA TERRE

OCCUPER LA TERRE

À LA LIMITE DE L'HABITABLE

Toxique

L'architecte construit dans et pour un système toxique et pathogène, qui détruit nos environnements et la seule planète que nous avons. L'ensemble des acteurs de la chose bâtie est conscient d'être à la fin d'une écologie essoufflée. Étrangement pourtant, et peut-être perversement, nul ne veut rien y changer, conscient et presque fier d'être la dernière génération de cette humanité. Cet acharnement (thérapeutique) est compréhensible, tant les mutations qui deviennent nécessaires ne seront pas à la marge. Il faut repenser notre relation au monde, à nos climats et à nos tribus. Nous devons inventer un nouveau projet moderne de résistance et de survie.

Ni collaboration, ni retraite

Se soumettre aux règles que produisent nos environnements reviendrait, à nos yeux, à un acte de collaboration, une trahison nécessaire pour d'autres, mais que nous refusons. De la même façon, il nous paraîtrait lâche de s'enfermer dans une tour d'ivoire académique et se mettre en retrait du monde dans une position critique. Nous tentons d'explorer une troisième voie, une nouvelle manière de faire notre métier - ou peut-être est-ce une très vieille manière. Le projet devient une recherche incessante, par tâtonnements et hésitations, pour dégager un chemin sinueux dans un monde d'indicible complexité. Ce chemin, cette tranchée, nous la creusons au moyen de stratégies de contournement, de *guérilla*. Nous avons commencé par penser notre pratique comme une forme de résistance, aujourd'hui c'est une révolte nécessaire.

No context. No Program. No Material

Cette *guérilla* s'amorce en évacuant trois notions formatées et tellement éculées qu'elles sont devenues les béquilles d'une pensée architecturale asservie et molle. Nous ne parlons jamais de contexte. Le contexte est une licence pour simplifier les réalités complexes desquelles le projet doit émerger. Il permet une pratique mondialisée d'architectes qui n'ont plus de familiarité et d'empathie avec les lieux où ils construisent. Le contexte épelle les lieux, c'est un empilement de faits, un raccourci, il ne permet jamais de s'inscrire dans le territoire.

Nous essayons aussi d'évacuer la question du programme, qui a envahi le champ de l'architecture depuis 30 ans, en se substituant à la valeur d'usage. Fabriquer un bâtiment en fonction de son programme est la meilleure manière d'en organiser l'obsolescence, de lui retirer sa capacité à se transformer, à être subverti ou détourné. Les bâtiments programmés sont jetables, faits pour être détruits, ils se soustraient au cycle de cannibalisation qui inscrit l'architecture dans l'histoire. C'est pourtant celle-ci qui a permis de construire la Rome de la Renaissance avec les marbres du Forum, ou de transformer en mosquée Hagia Sophia, longtemps le plus grand temple de la chrétienté. Le programme fabrique des architectures jetables.

Les architectures sont des incarnations matérielles puissantes, mais la conversation contemporaine sur la matière est un aveu d'impuissance d'une réflexion qui se cantonne à une croûte de deux mètres autour du bâtiment, que l'on appelle encore façade. L'architecte devient directeur artistique d'une production dont il refuse la complexité et dans laquelle il prescrit des produits et invente des motifs. Il nous faut inventer des stratégies pour une architecture qui n'existe pas encore, tester les limites de nos pratiques et inventer de nouveaux périmètres de compétence.

Entre la terre et le ciel

L'architecture est la relation que l'homme construit entre la terre et le ciel. Elle n'est jamais posée, enterrée ou suspendue. En ce sens l'architecture ne s'inscrit pas dans les paysages, elle les fabrique. Elle constitue des mondes, invente des climats et produit des milieux. Réalisées ou pas, les architectures sont toujours des constructions. Construire est la plus humaine des activités animales, elle est affaire de nécessités, de périmètres, de territoires, d'intériorités et de constitutions de tribus. Chaque projet doit être un agencement qui installe un univers. Nous voulons rendre les architectures désirables et nécessaires, primitives et primordiales.

Construire la nature

Il est nécessaire de sortir de l'opposition nostalgique et techno-phobique entre la nature saine, originelle, pré-humaine et la ville, expression humaine de la culture et d'un arrachement à la terre. Notre nature est composite, hétérogène, changeante et habitée. La ville, la campagne, la banlieue, les déserts et les océans sont tous des territoires dans lesquels il faut sans cesse imaginer la présence humaine. Il faut parvenir à faire disparaître la géographie dans l'histoire. Construire, c'est à chaque fois chercher de nouveaux agencements qui instaurent l'humanité dans la nature. Nous pensons l'architecture, pour et en fonction de l'homme. Mais l'humanité n'est pas l'homme. Il faut bâtir pour un homme, et pour tous les hommes, mais il faut surtout inventer des constructions qui témoignent pour la vie, autrement elles ne servent à rien.

Effacer le confort

Nous voulons échapper au confort. C'est la pire des choses qui soit arrivée à l'architecture telle qu'elle est comprise et désirée. Les lieux doivent aujourd'hui tous être pratiques et confortables. C'est devenu une maxime, un canon et un droit. Ce glissement de la nécessité et des besoins vers le confort détériore la fonction de l'architecture. Le confort de la distribution et des climats intérieurs fait disparaître la relation et parfois même la conscience que nous avons de notre corps. Un corps ne doit plus se fatiguer, ne pas travailler, ne pas monter, ne pas descendre et ne rien porter. À l'échelle territoriale, la vie pavillonnaire suburbaine, épitomé de la vie pratique, détruit notre relation aux autres et l'organisation de nos tribus. En dernier lieu, c'est l'exigence pratique qui pèse le plus sur les ressources et la manière dont on imagine qu'elles devraient être préservées, renouvelées et partagées. Le droit au confort opère toujours de l'intérieur vers l'extérieur. Cela commence toujours par moi, puis ma famille, ma rue, mon quartier, ma ville, mon pays, mon continent et enfin le monde, d'une manière qui dé-ritualise l'usage de l'espace. Dans notre pratique, nous essayons justement de toujours venir de l'extérieur, de remettre en cause notre relation aux besoins et aux nécessités, de nous souvenir des rituels qui constituent les usages des lieux. Il nous faut maintenant fabriquer des architectures qui se mettent à la limite de l'habitable.

Lignes et périmètres

L'exploration des territoires est devenue pour nous une lente méditation sur la ligne et son épaisseur. Les lignes détourent les territoires, et avec eux les intériorités, les usages et les rituels qui les définissent. C'est une fonction primordiale de notre métier: tracer et organiser les territoires. Mais que se passe-t-il dans et sur la ligne? Dans son épaisseur et sur sa trace? Est-elle habitable? Désirable? Le bâtiment-ligne fait disparaître une des dimensions de l'espace et fait émerger un lieu, à la fois dedans et dehors. Quand nous colonisons l'épaisseur qui fait la limite, nous n'inscrivons plus des bâtiments dans le paysage, nous instaurons de nouveaux paysages.

Développement durable ou mutations climatiques ?

Le paradoxe infranchissable de l'architecture réside dans sa puissance de détérioration des territoires, alliée à un mythe de l'amélioration des conditions de l'habitation humaine. Pour sortir de cette impossible situation, et de la culpabilité qu'elle engendre, il est urgent de quitter la notion de développement durable. Ce dernier revient à atténuer et réduire l'impact (l'empreinte) de la construction, pour que nos conditions de vie sur Terre ne changent pas, pour que nos enfants puissent vivre comme nous. C'est un fantasme. Ces conditions changent lentement et pour longtemps. Peut-être pas encore ici et maintenant, mais déjà ailleurs et bientôt. Le développement durable est un empilement de procédures, de produits qui ne font que retarder l'inéluctable remise en cause de la nécessité de l'architecture. Nous refusons le développement durable et nous essayons au contraire d'imaginer les architectures comme des machines à dialoguer avec les climats.

———————————

SOMMAIRE +

CO-HABITATION

+

**CONSTRUCTION DE TROIS MAISONS
ET CONCEPTION D'UNE FERME COLLECTIVE**
MAÎTRE D'OUVRAGE : PRIVÉ
LIEU : MARRAKECH, MAROC
SURFACE : 2 000 M^2 / BUDGET : M 1 : 410 000 € - M 2 : 410 000 € - M 3 : 430 000 €
LIVRAISON : 2014

À travers une *case study* de trois maisons dans un territoire agricole, ce projet explore des formes nouvelles de domesticité et de cohabitation. La ligne n'étant pas une forme domestique, elle n'inclut pas, elle cerne. Face à la montagne, ces maisons habitent la même épaisseur. Les seuils entre public, commun, privé et intime, n'existent plus uniquement dans un rapport à l'avant et à l'arrière, mais se résolvent de manière graduelle le long de la ligne. Cette épaisseur partagée permet de préserver l'intimité des unités tout en les ouvrant sur le grand paysage. Aux extrémités de la ligne se trouvent les pièces à vocation privatives puis graduellement, se rapprochant du centre, sont organisés les espaces communs.

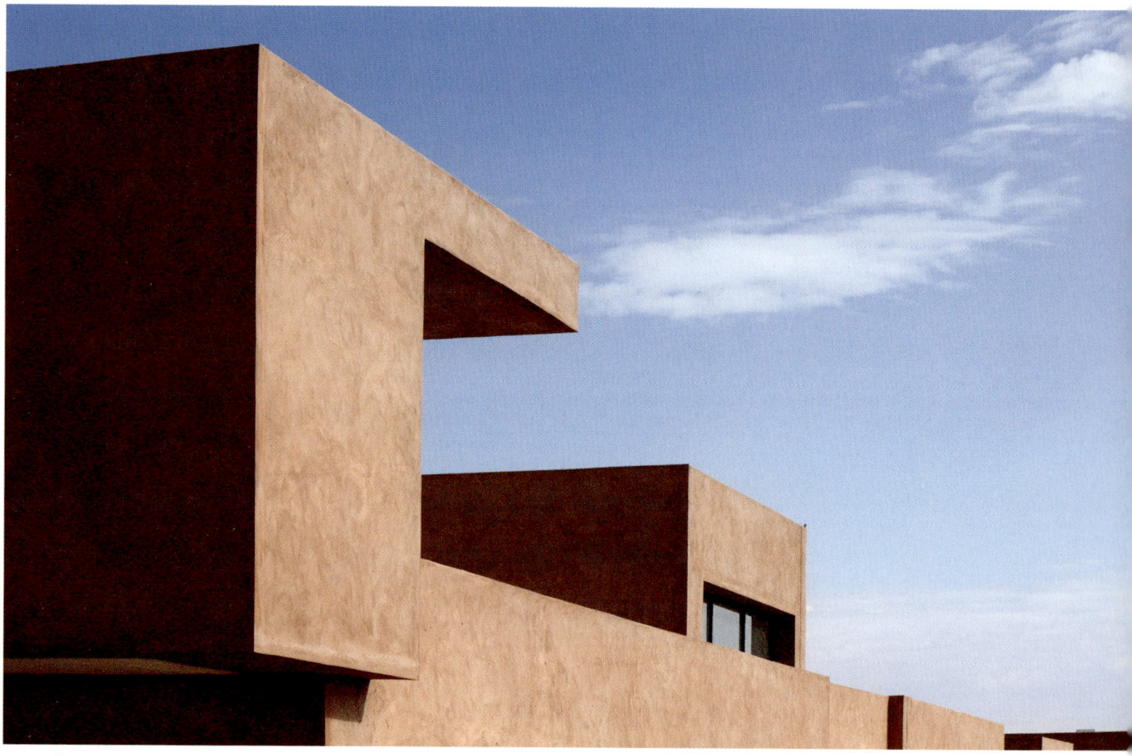

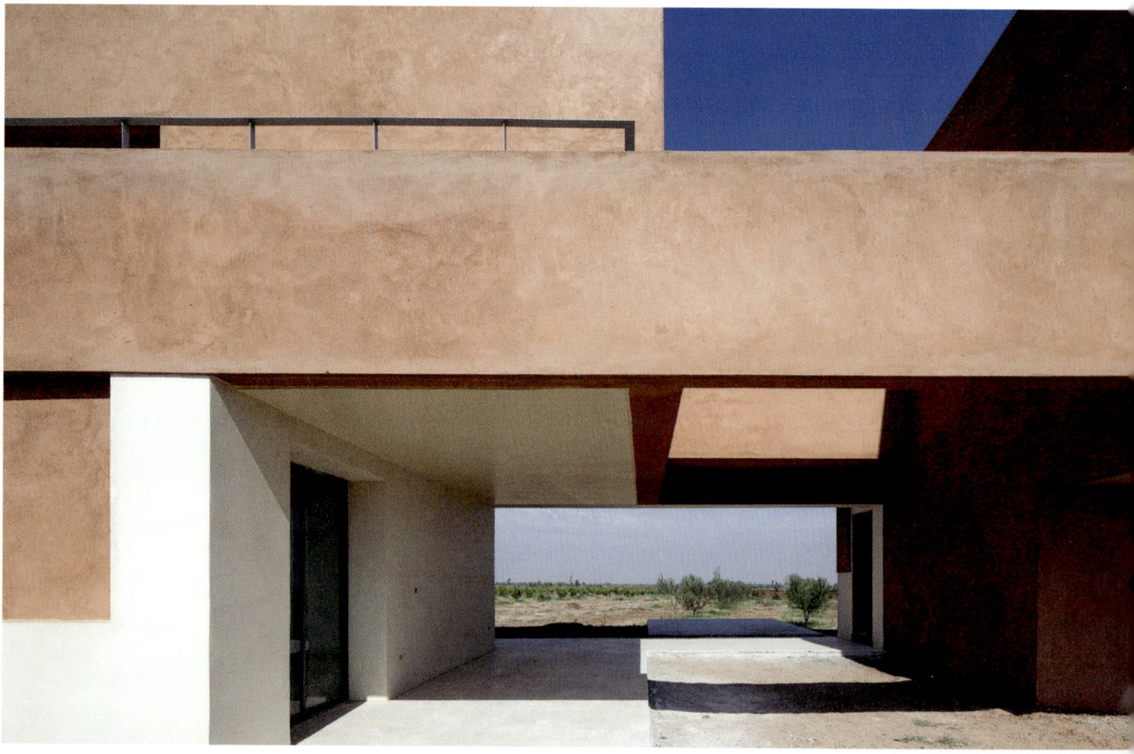

10_11

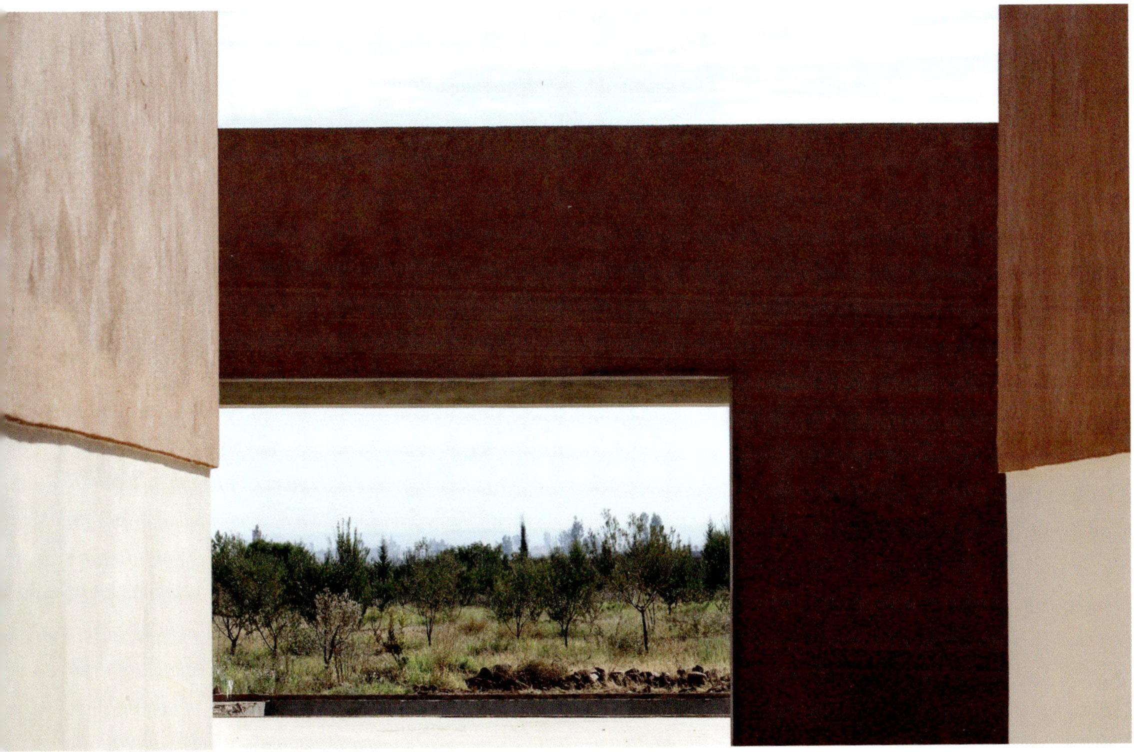

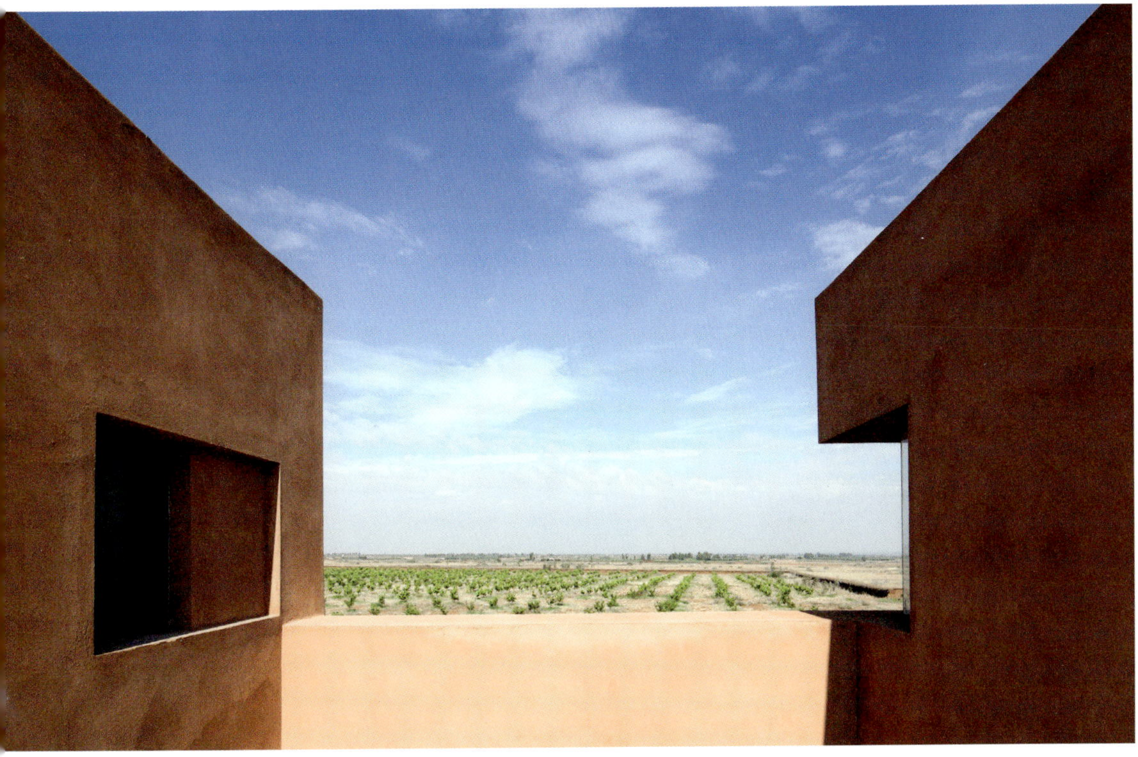

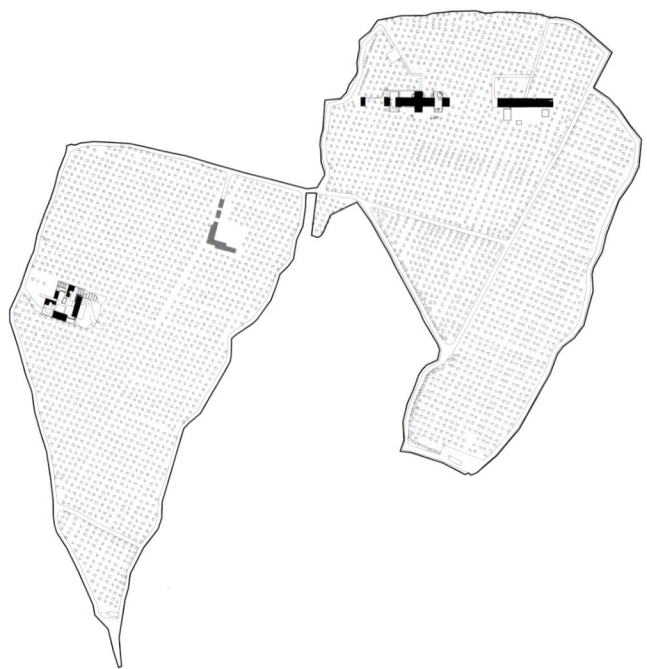

Plan de situation

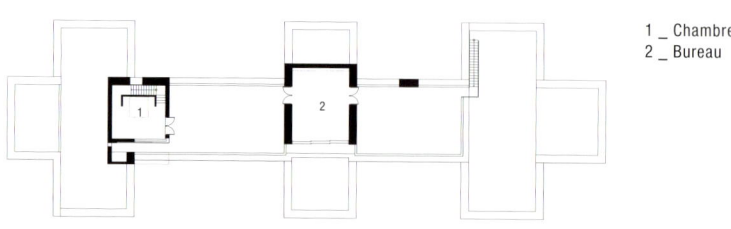

1 _ Chambre
2 _ Bureau

Maison 2 / Plan R+1

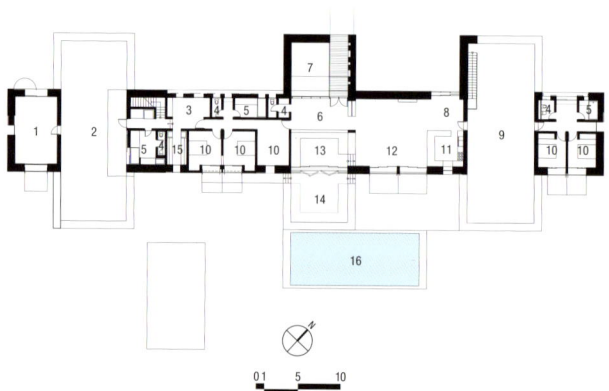

1 _ Salle de Yoga
2 _ Jardin zen
3 _ Boudoir
4 _ WC
5 _ Salle de bain
6 _ Entrée
7 _ Jardin flottant
8 _ Salle à manger
9 _ Potager
10 _ Chambre
11 _ Cuisine
12 _ Salon
13 _ Salon marocain
14 _ Salon marocain exterieur
15 _ Dressing
16 _ Piscine

0 1   5   10

Maison 2 / Plan du rez-de-chaussée

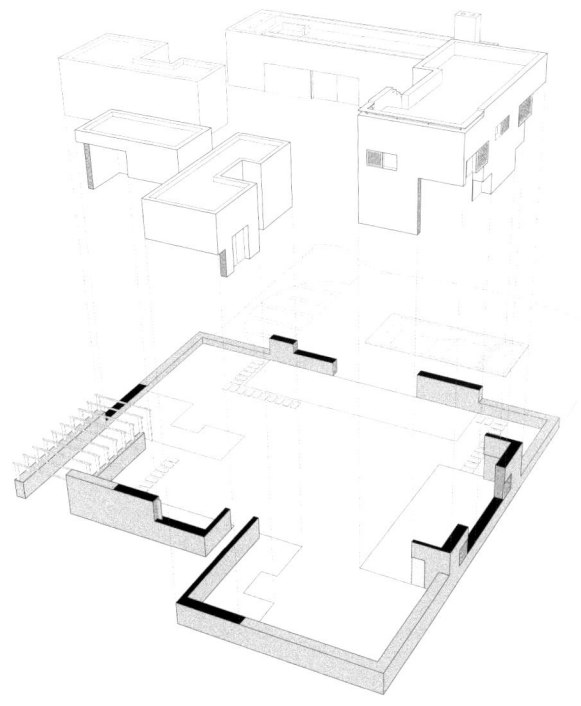

Axonométrie maison 3

1 _ Chambre
2 _ Salle de bain
3 _ WC
4 _ Salle de jeux
5 _ Bureau
6 _ Mezzanine
7 _ Terrasse

Maison 1 / Plan R+1

1 _ Séjour
2 _ Cuisine
3 _ Terrasse
4 _ WC
5 _ Entrée
6 _ Studio
7 _ Salon
8 _ Parking
9 _ Piscine

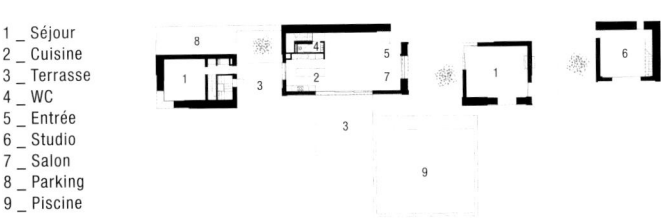

Maison 1 / Plan du rez-de-chaussée

HÔTEL
24H DU MANS

HÔTEL SUR LE CIRCUIT DES 24H DU MANS
MAÎTRE D'OUVRAGE : SOCIÉTÉ D'AMÉNAGEMENT DE MULSANNE
LIEU : MULSANNE, FRANCE
SURFACE : 2 800 M^2 / BUDGET : 3,4 M€
LIVRAISON : 2011

Au cœur du circuit des 24 heures du Mans, sur le Virage de Mulsanne, ce projet d'hôtel économique invente un nouvel urbanisme d'entrée de ville. Il s'installe comme un trait d'union entre perception de vitesse depuis l'extérieur, et lenteur de l'expérience intérieure. L'hôtel échappe ainsi à cette architecture « brandée » des enseignes commerciales d'entrée de ville, et s'érige en monument cinétique. Dans cette perspective, la multiplication d'ouvertures horizontales pervertit l'échelle et la nature du bâtiment. Ainsi, la répétition et le rythme des chambres sont illisibles de l'extérieur, procurant une lecture dynamique du bâtiment. Les fenêtres s'égrènent du sol au plafond donnant à chaque chambre un cadrage unique sur le monde extérieur.

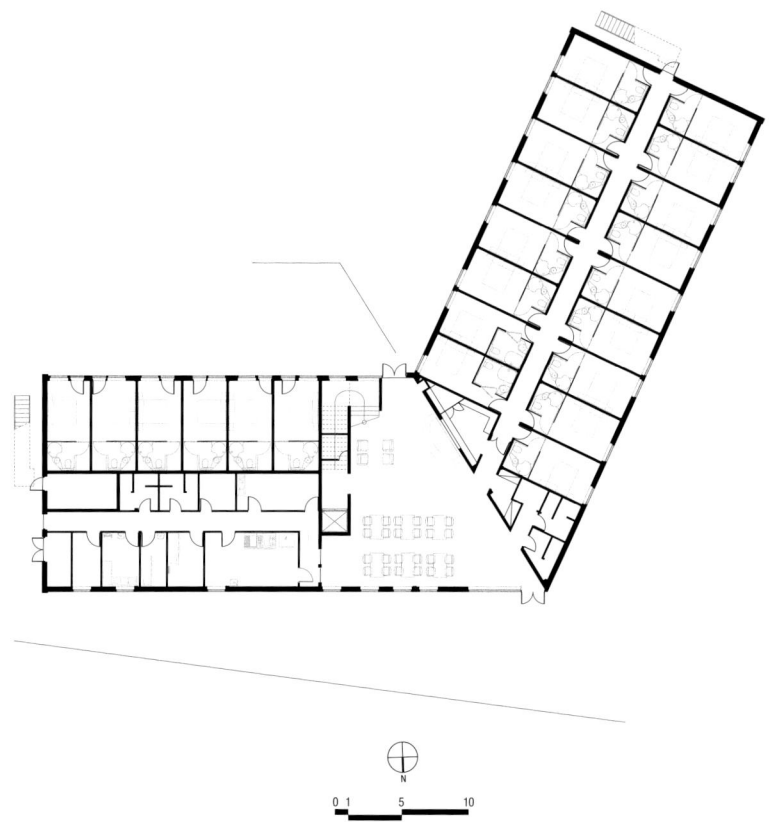

N

0 1   5   10

Plan du rez-de-chaussée

Coupe transversale

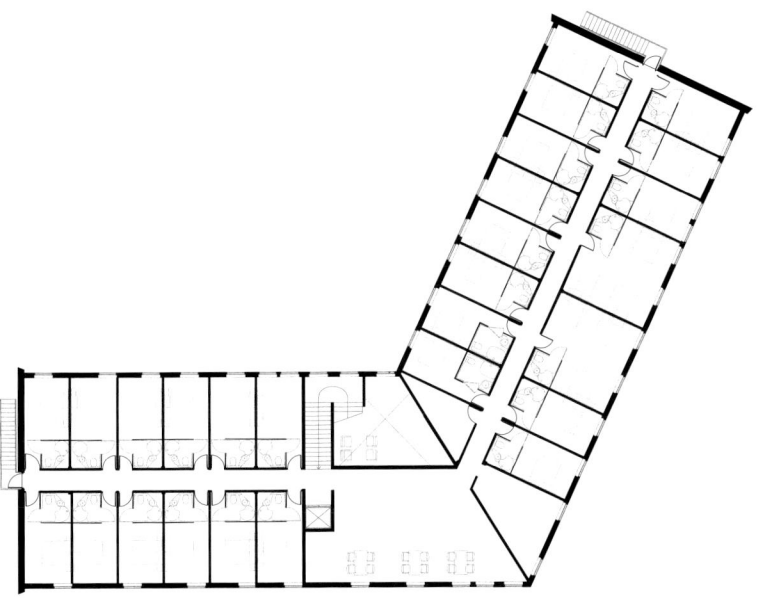

Plan R+1

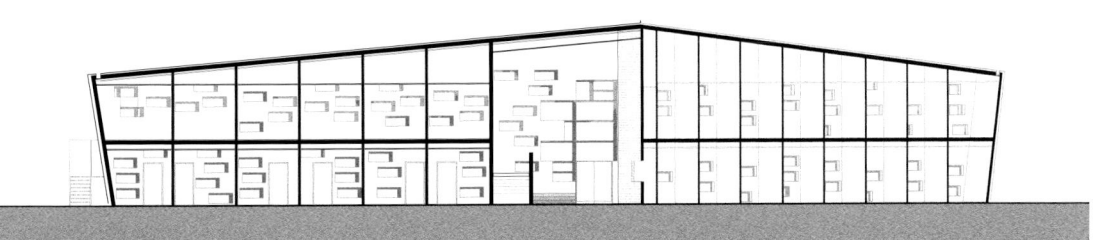

Coupe longitudinale

C U P E C O Y

+

TOUR D'HABITATION
MAÎTRE D'OUVRAGE : PRIVÉ
LIEU : SAINT-MARTIN, CARAÏBES
SURFACE : 18 000 M^2
DATE : 2014

Sur un territoire de l'entre-deux, à la limite de la séparation entre la partie française et la partie néerlandaise de Saint-Martin, la tour de Cupecoy marque de manière sculpturale le seuil de l'ambiguïté territoriale coloniale. Bâtiment le plus haut de l'île, il se métamorphose en fonction de ses degrés d'occupation, révélant l'importance du caractère temporel du logement. Lorsque la résidence est occupée, les volets projettent sur les façades un jeu complexe d'ombres et de lumières. Inoccupée la tour prend une allure totémique.

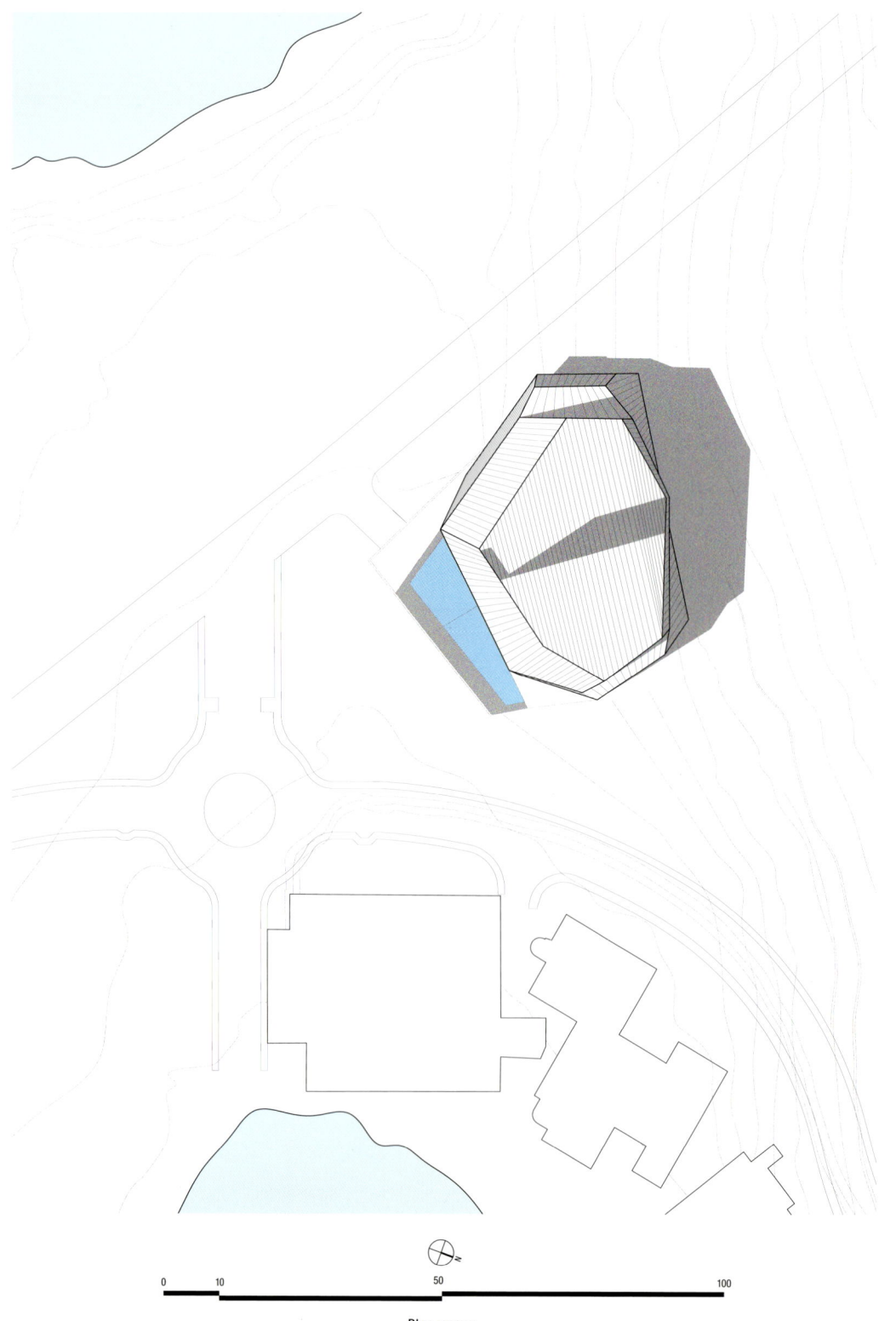

Plan masse

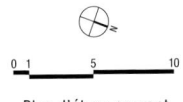

Plan d'étage courant

HÔTEL BACCARAT +

HÔTEL 5 ÉTOILES
MAÎTRE D'OUVRAGE : IMMOHOLD HOSPITALITY / STARWOOD
LIEU : RABAT, MAROC
SURFACE : 22 000 M² / BUDGET : 43 M€
LIVRAISON : 2016

Ce complexe hôtelier urbain de 136 chambres est situé dans un quartier principalement résidentiel de Rabat. En contraste avec les hôtels urbains standards, ce projet explose le bloc hôtel en plusieurs pavillons pavillons intimes, créant un ensemble d'éléments uniques au sein d'un schéma singulier. L'ensemble des pavillons introvertis est interconnecté de manière à former des patios de différentes échelles. Cette composition est une forteresse perforée, accessible depuis la rue, mais protégeant un grand jardin intérieur. L'enveloppe de l'hôtel joue sur l'opacité et la translucidité vers la rue alors qu'une dentelle de colonnades superposées offre des vues imprenables sur les jardins et les espaces intérieurs. L'articulation des volumes crée une lecture ambiguë entre échelle domestique et échelle urbaine, offrant de surprenants moments de déambulation. Le projet fabrique des ambiguïtés continues, du fragment à l'ensemble, de la masse à la dentelle, de l'ombre à la lumière.

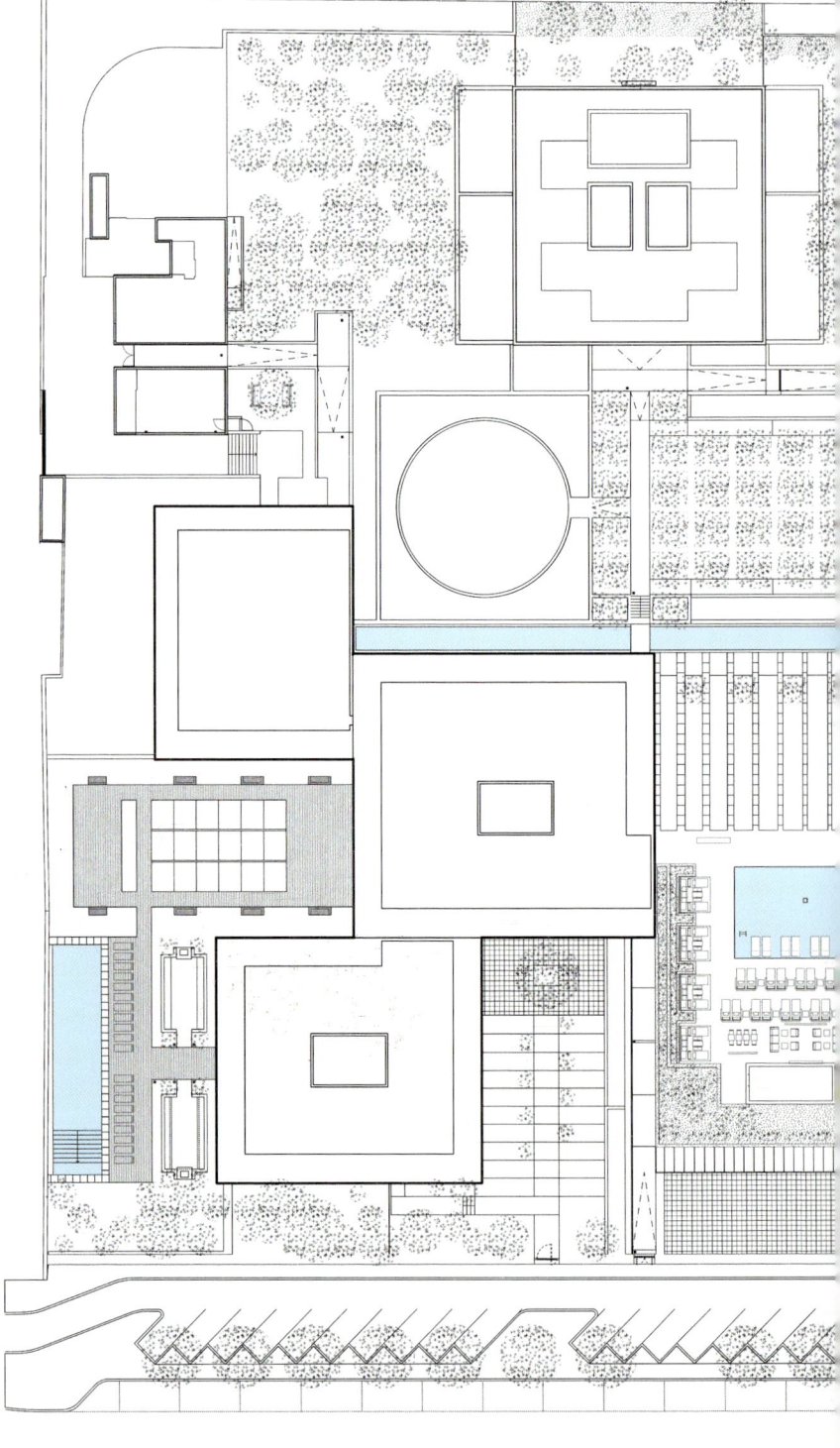

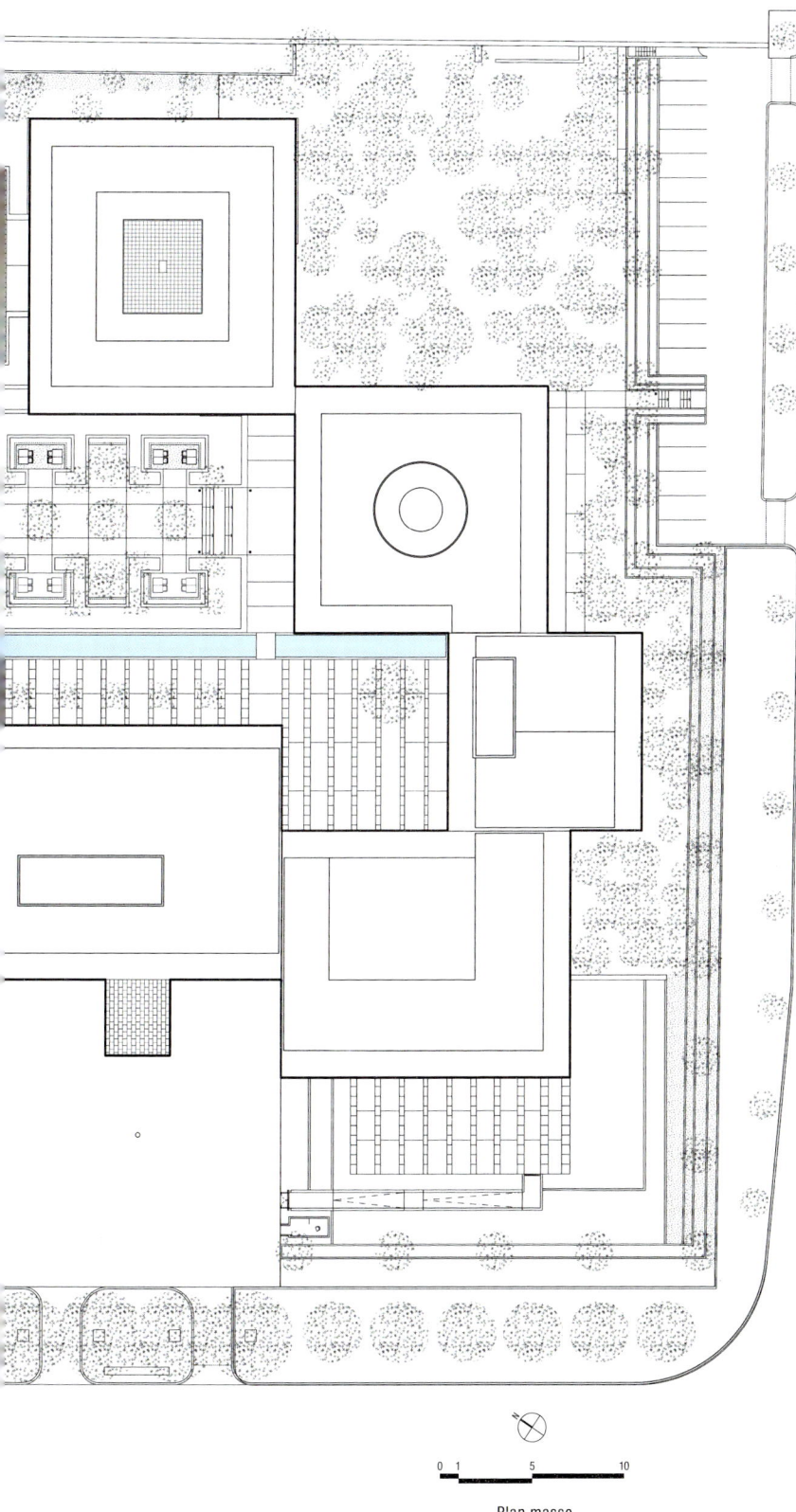

0 1   5   10

Plan masse

RÉINVENTER PARIS

LOGEMENTS ÉTUDIANTS, RÉSIDENCES PERSONNES ÂGÉES, CRÈCHE
MAÎTRE D'OUVRAGE : MAIRIE DE PARIS
LIEU : PARIS, FRANCE
SURFACE : 11 000 M^2
CONCOURS : 2015

Comment habite-t-on un territoire n'ayant pas pour vocation à être construit ? L'un des lieux proposés par la Mairie de Paris nous a poussé à élaborer de nouveaux dispositifs pour répondre à cet oxymore. Sur un site étroit, déconnecté de la rue, avec un important dénivelé et traversé par des voies de chemin de fer, ce projet utilise la mixité d'usage pour organiser la mutation du territoire. Le bâtiment est un ouvrage de franchissement, une infrastructure urbaine sur laquelle se greffent littéralement les programmes. La plateforme vient faire lien entre partie haute et partie basse du site. Elle offre ainsi au quartier une nouvelle strate d'espace public qui organise la mixité programmatique et générationnelle.

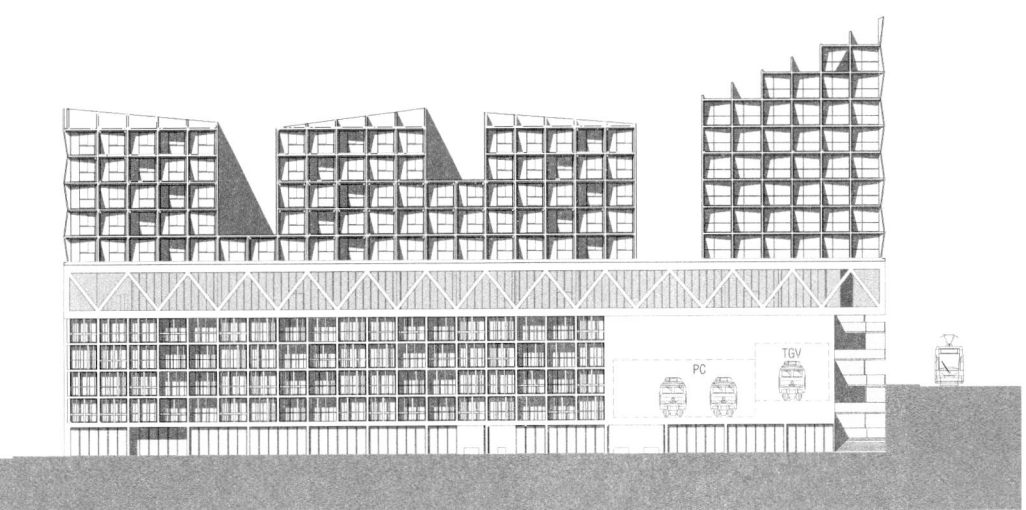

Élévation façade Sud

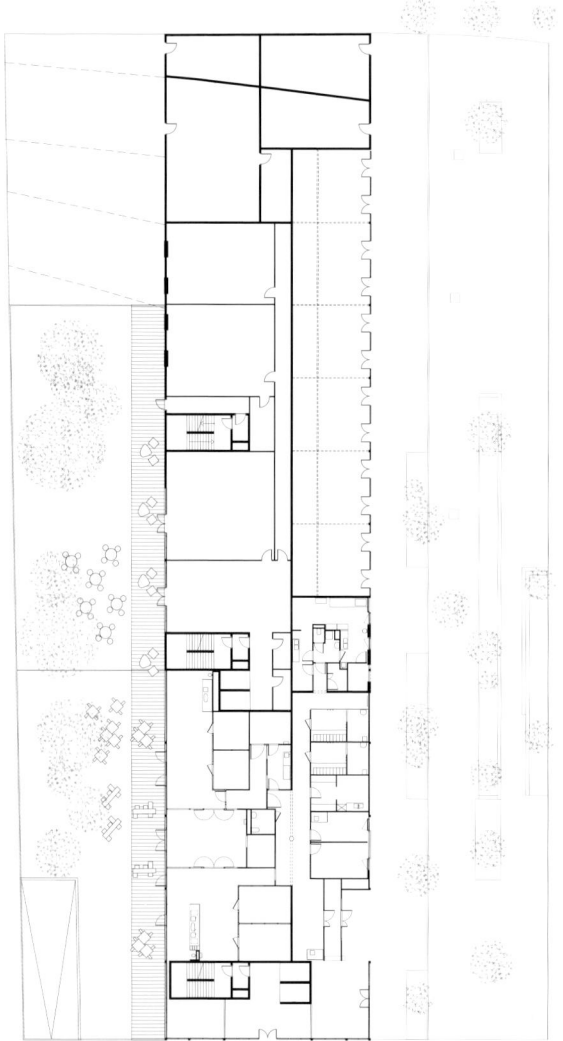

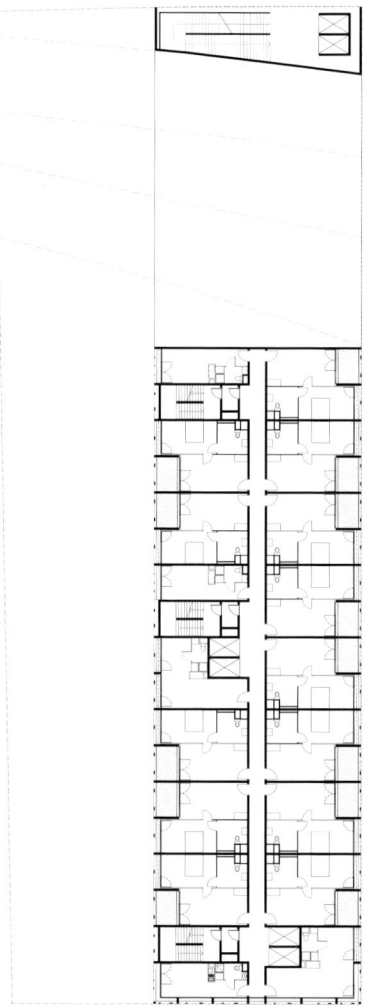

Plan du rez-de-chaussée   Plan R+1

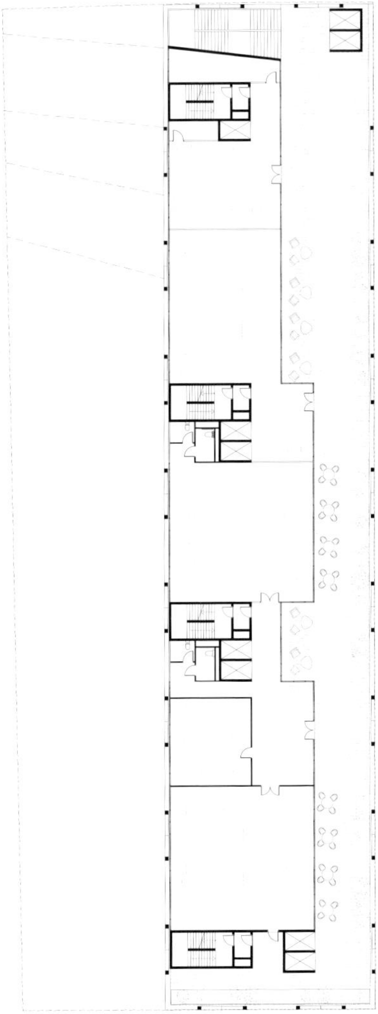

Plan R+5

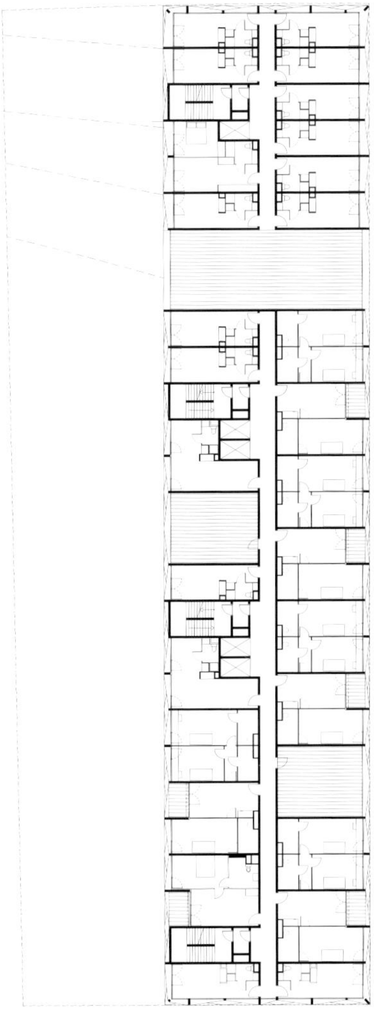

Plan R+7

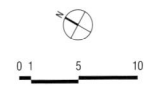

0 1   5   10

M A I S O N S   D U   Z O O   1

ÎLOTS DE 113 LOGEMENTS
MAÎTRE D'OUVRAGE : PRESTIGIA
LIEU : RABAT, MAROC
SURFACE : 28 500 M^2 / BUDGET : 17 M€
LIVRAISON : 2016

Dans la continuité de la redéfinition du projet urbain à l'emplacement de l'ancien Zoo, à l'entrée de la ville de Rabat, ce programme est la première traduction architecturale du concept de macro îlot-parc, développé par l'agence à l'échelle de l'ensemble du site. Chaque bâtiment-îlot est un morceau de parc. En ce sens, les îlots travaillent à désurbaniser le site en proposant une échelle surdimensionnée qui permet d'insérer en leur cœur des jardins plutôt que des cours. Cette polarisation d'une face urbaine et d'une face-parc laisse envisager des gabarits et des langages en continuité d'un îlot à l'autre. Cette tension entre intérieur et extérieur, jardin et périmètre urbain, donne lieu à l'invention d'expériences différentes ; rythmées et verticales sur les rues, continues et horizontales sur le parc.

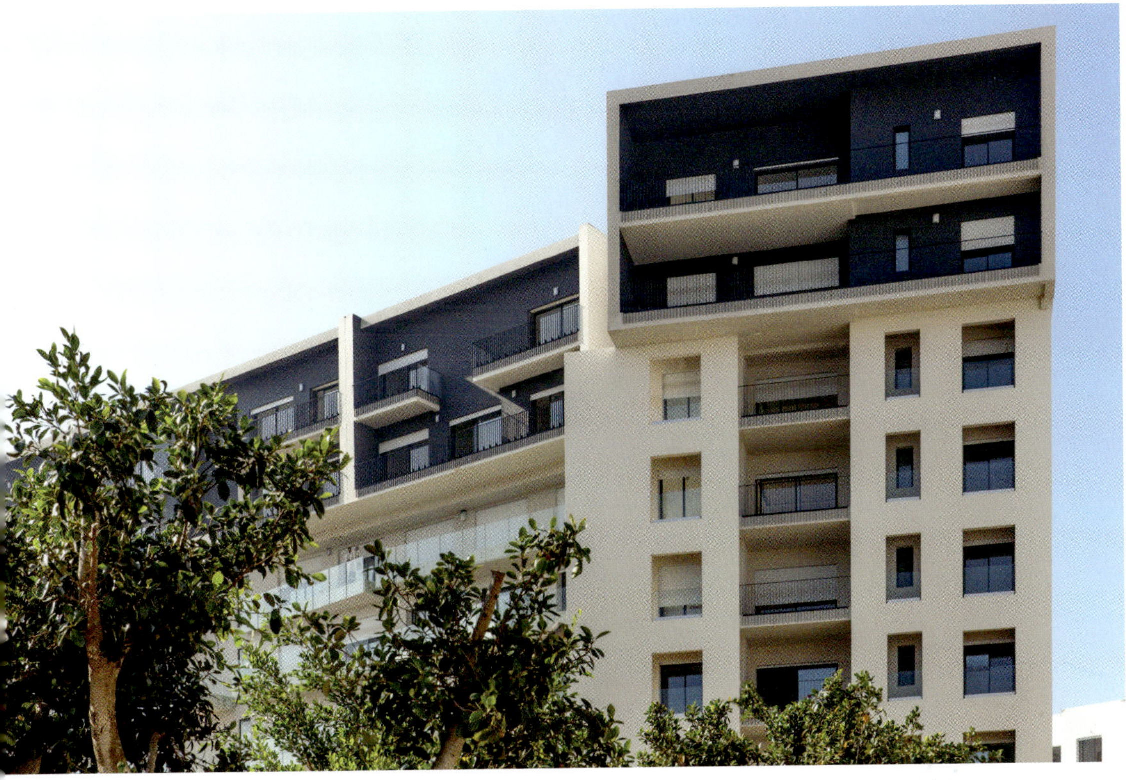

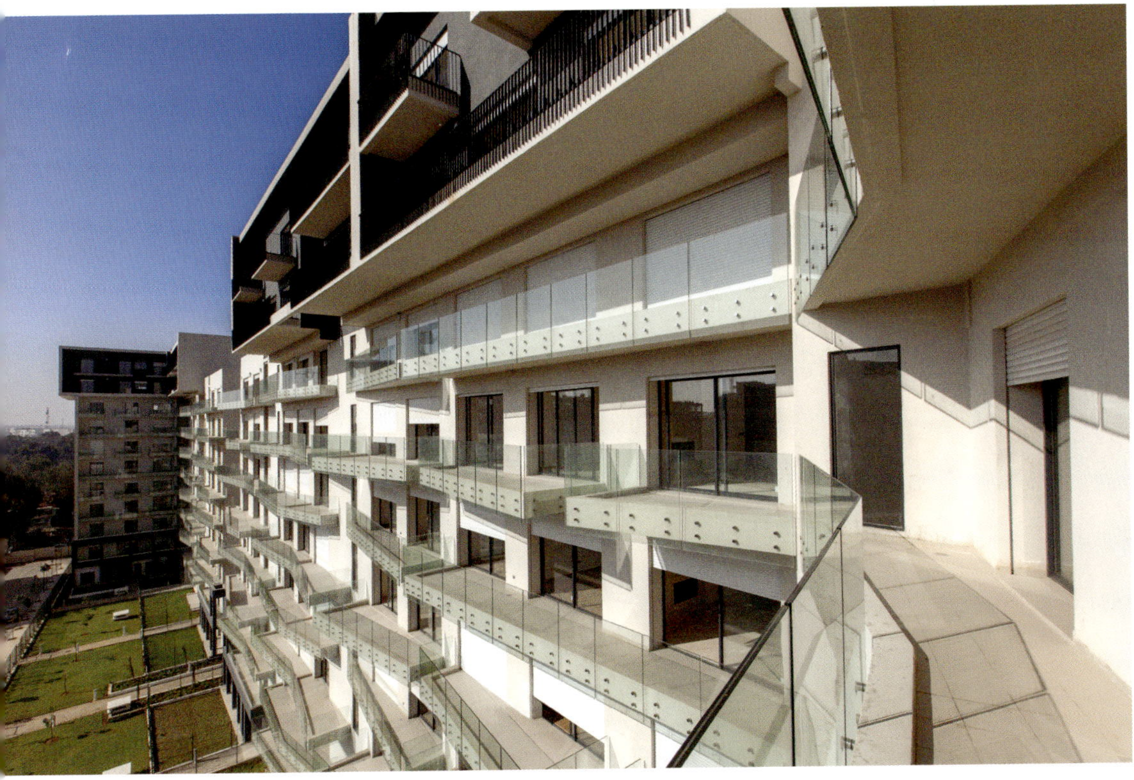

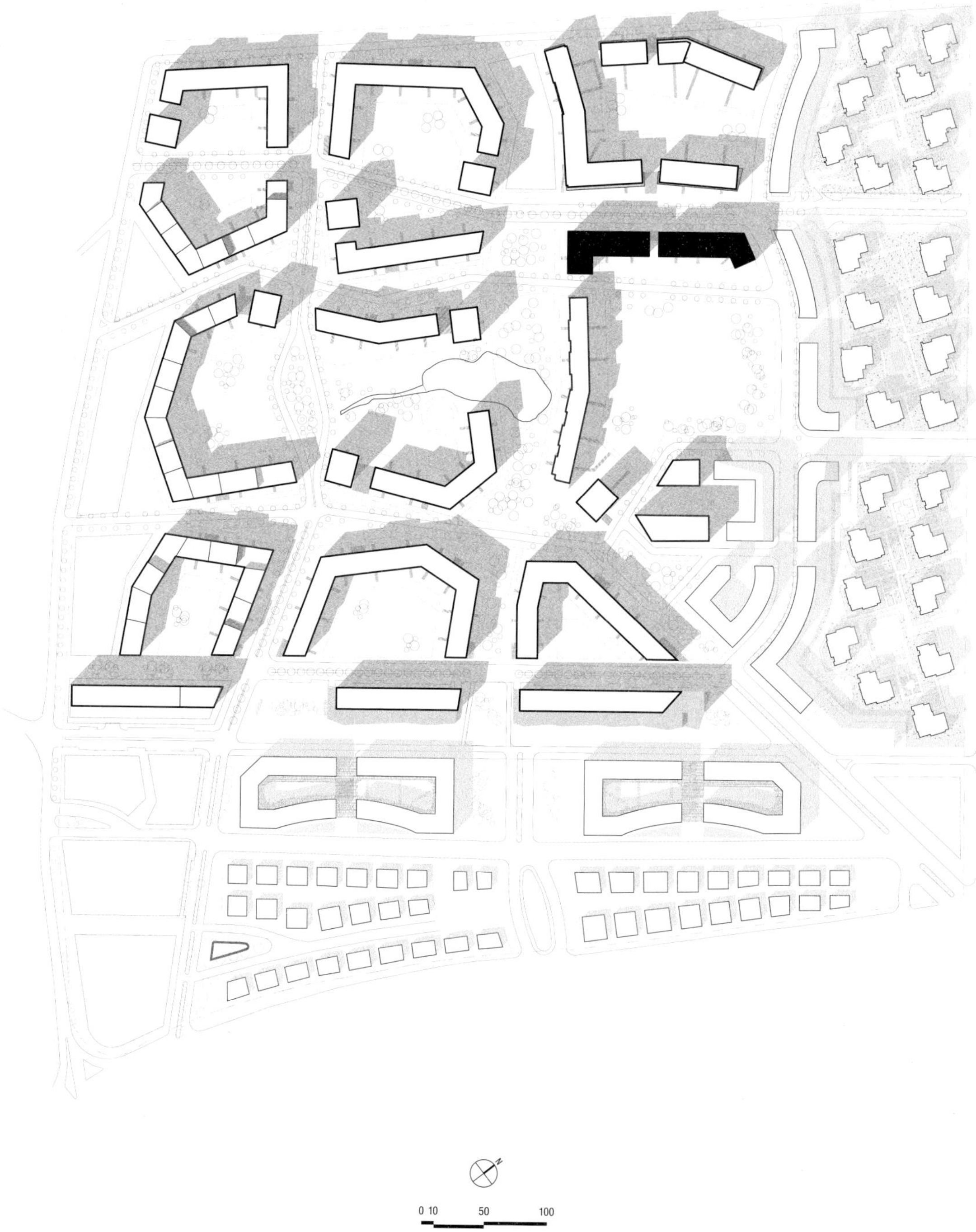

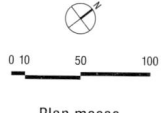

Plan masse

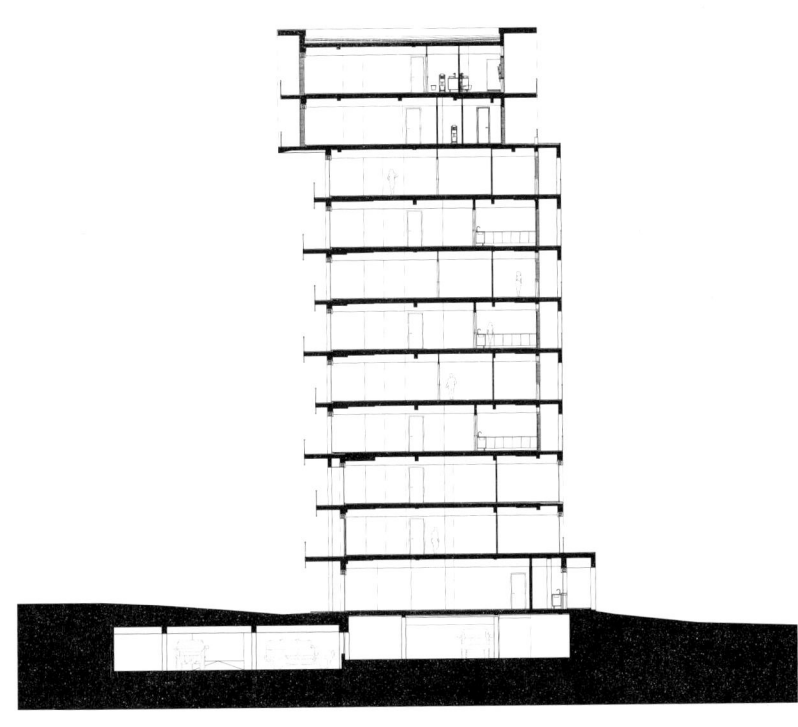

0 1   5   10

Coupe transversale

01   5   10

Plan d'étage courant

M A I S O N S + D U Z O O 2

ÎLOTS DE 94 LOGEMENTS
MAÎTRE D'OUVRAGE : PRESTIGIA
LIEU : RABAT, MAROC
SURFACE : 22 800 M^2 / BUDGET : 14 M€
LIVRAISON : 2017

Tout en conservant les mêmes éléments de langage, ce bâtiment-îlot rompt avec la continuité horizontale en créant une série d'émergences verticales décomposant la lecture de l'îlot en une série de bâtiments. Cette alternance entre structures hautes et structures basses fabrique une nouvelle morphologie tout en répondant aux exigences de densité. Les modules verticaux sont traités à la manière de fins squelettes en béton qui accentuent le découpage vertical. Une fine dentelle vient faire le lien sur l'ensemble de l'îlot effaçant la lecture horizontale des planchers. Malgré une logique de bâtiments hauts, nous avons pris le parti d'intégrer uniquement des logements traversants, accentuant de fait la porosité entre parc et rue.

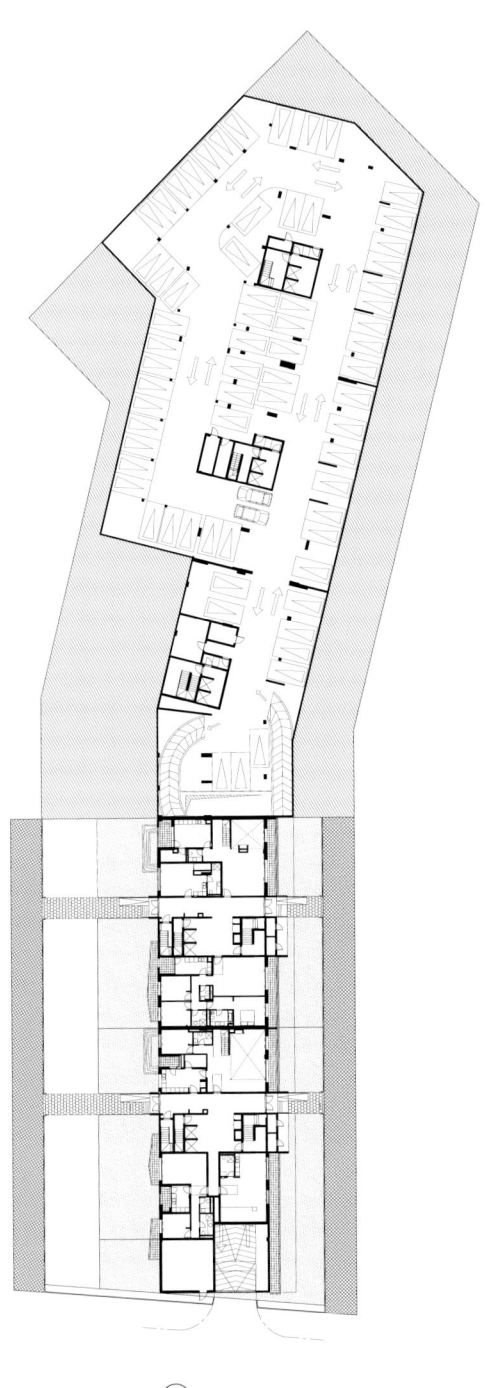

01 5 10

Plan du rez-de-chaussée

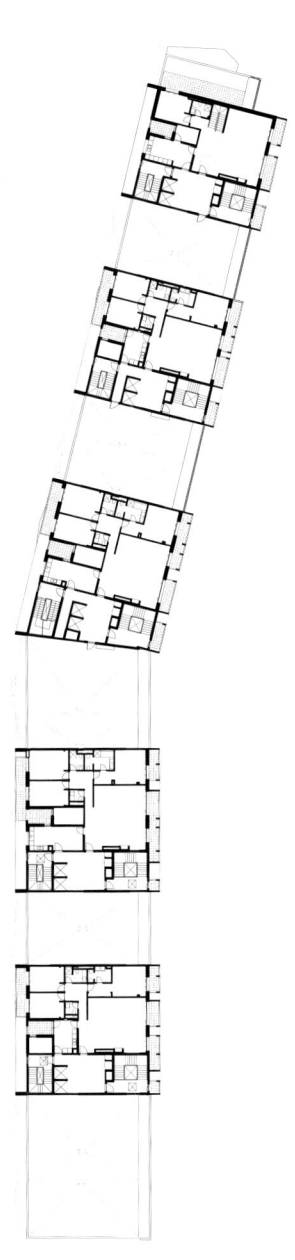

Plan du rez-de-chaussée haut

Plan R+8

HAPPY BAY

COMPLEXE HÔTELIER 5 ÉTOILES SUR L'ANSE HEUREUSE
MAÎTRE D'OUVRAGE : PRIVÉ
LIEU : SAINT-MARTIN, CARAÏBES
SURFACE : 38 000 M^2
DATE : 2010

Ce projet constitue une réflexion autour de la dilution d'un très large programme dans un territoire aux dimensions réduites sur l'île de Saint-Martin. La stratégie architecturale consiste à accentuer la forme de l'anse pour glisser dans les plis de la topographie les éléments du programme. Les 120 chambres et les 53 villas s'installent sur une multiplicité de plateformes, à différentes hauteurs. Nous avons pensé une forme d'architecture troglodyte occupant la totalité du sol et libérant le ciel et les vues. L'architecture n'est plus vue comme un élément qui s'inscrit dans le paysage, elle devient paysage. Elle installe sur l'île un territoire onirique de terrasses et de rizières, interprétant architecturalement la géographie de son site.

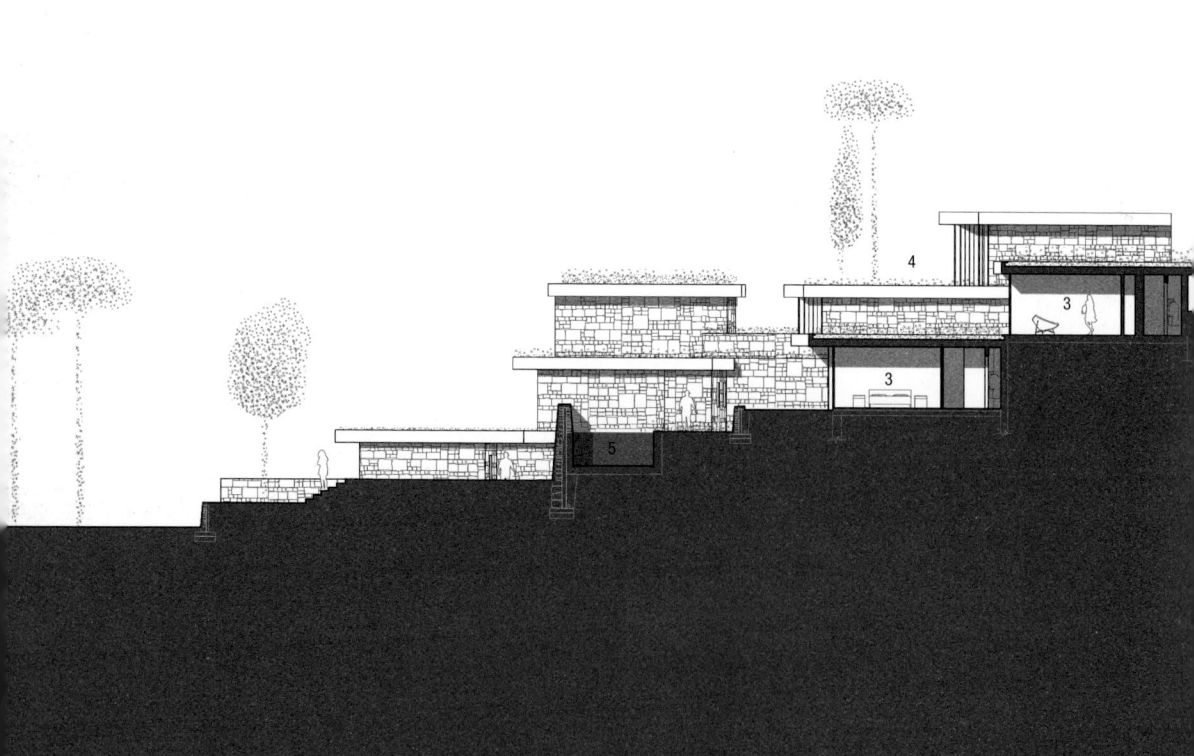

1_Voies privées
2_Chemins piétons
3_Chambre
4_Toiture végétalisée
5_Piscine

CARAVANSÉRAIL

+

HÔTEL ET VILLAS
MAÎTRE D'OUVRAGE : RAWABI
LIEU : MARRAKECH, MAROC
SURFACE : 16 300 M^2 / BUDGET : 7 M€
LIVRAISON : 2010

Une muraille face la muraille. La muraille de terre de la ville de Marrakech face à une muraille de béton brut, teintée dans la masse. Ici, le mur devient pont et porte les circulations principales de l'hôtel, marquant ainsi les limites du site. Dans la partie résidentielle, chacune des maisons est un fragment de la figure du périmètre. Elles sont toutes construites autour d'un système de murs qui ordonnancent le paysage intérieur, laissant des failles sur le monde extérieur. L'emploi nostalgique de ce béton héroïque fait sortir le bâtiment de son échelle programmatique, pour l'ancrer dans une dimension infrastructurelle.

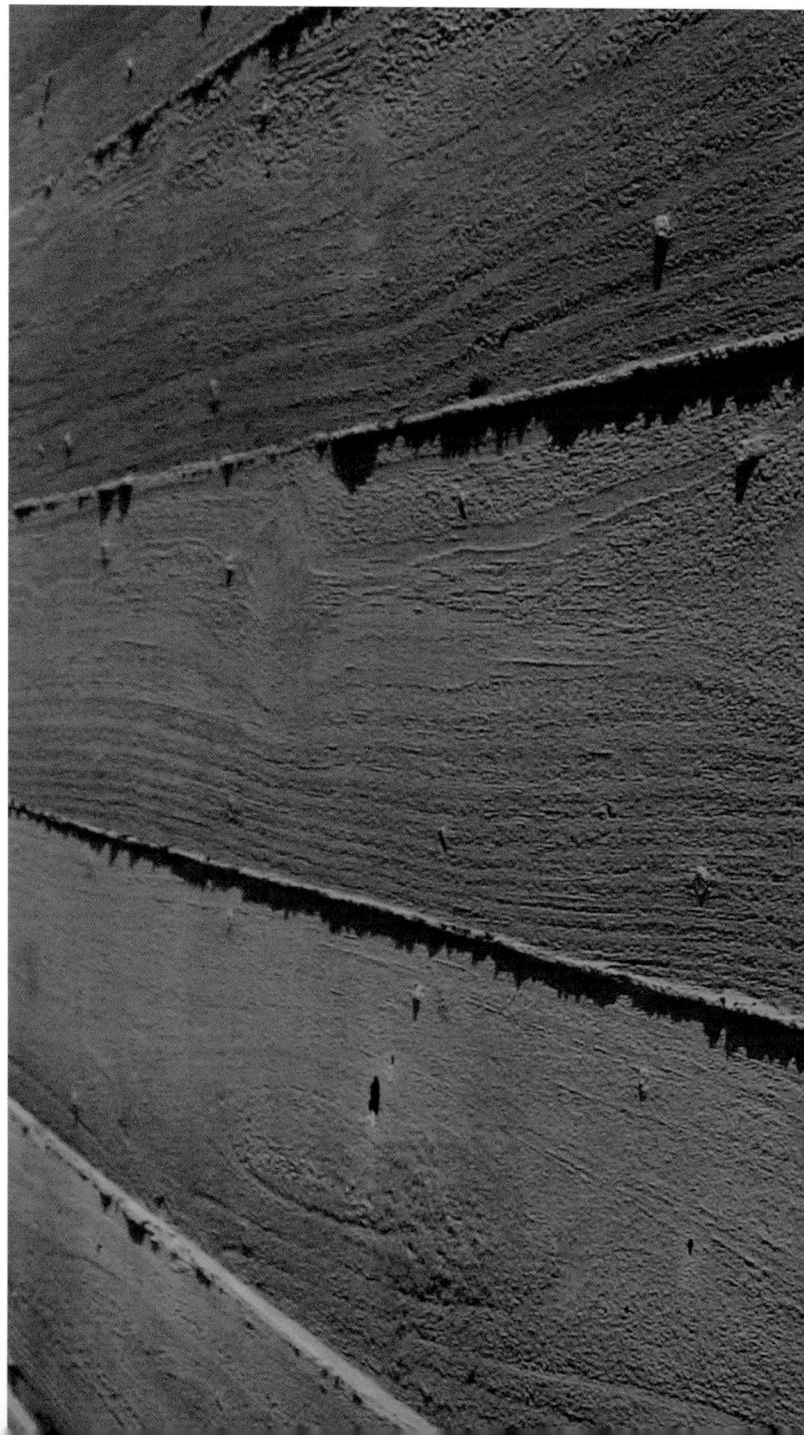

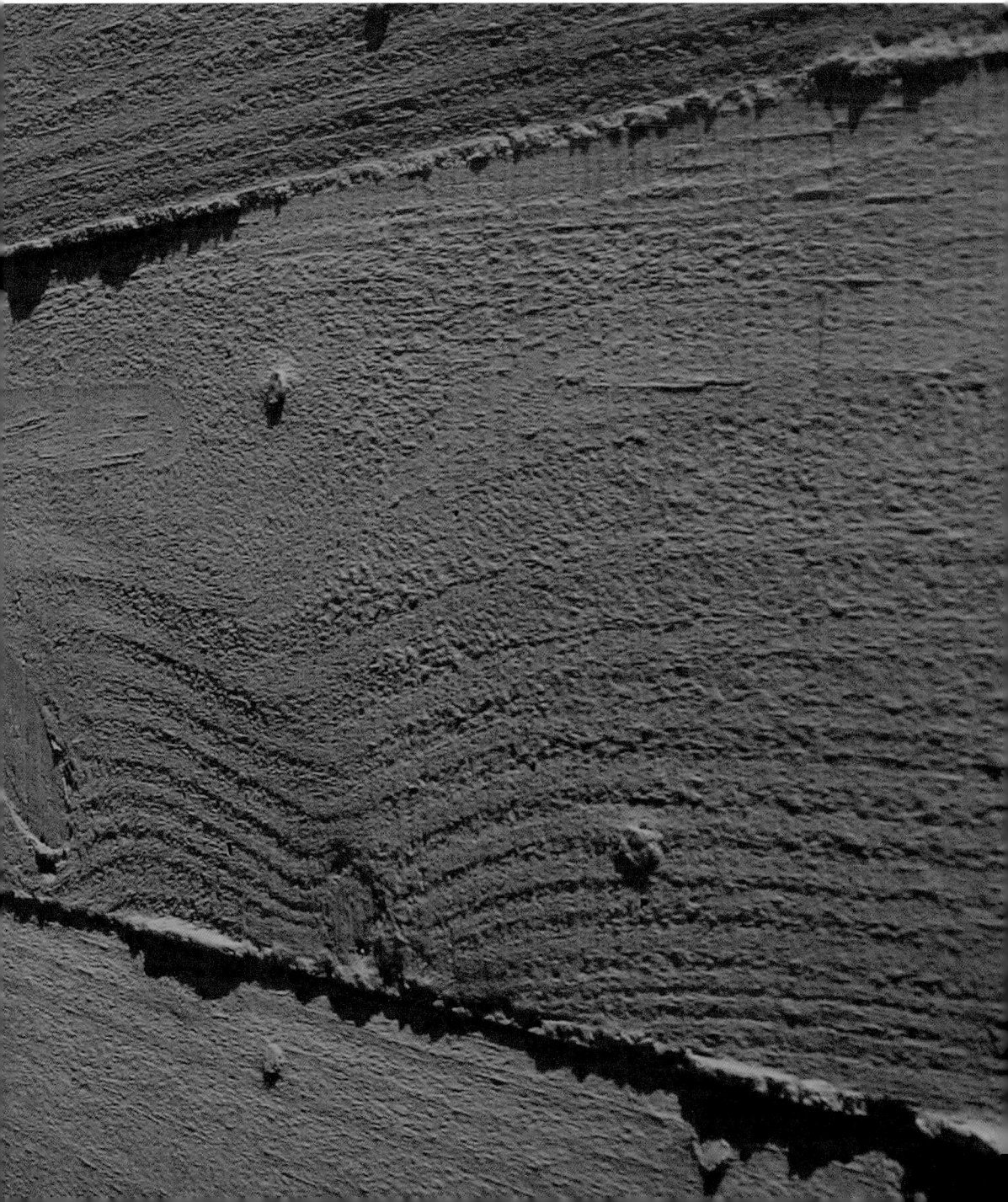

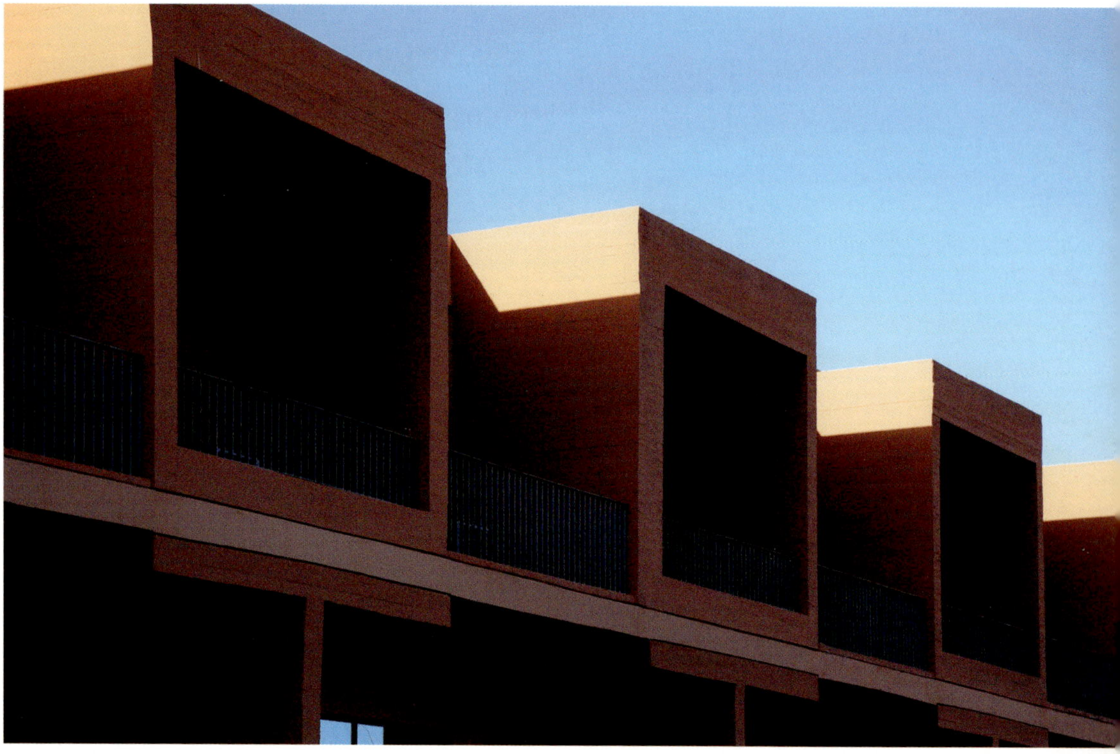

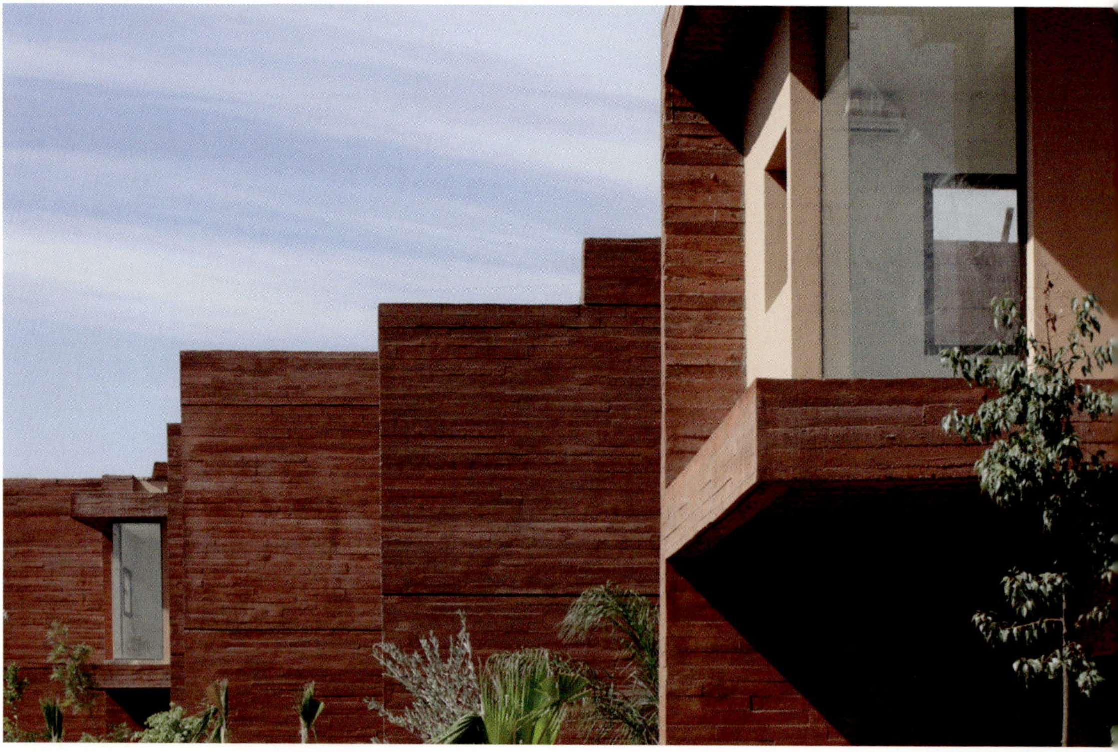

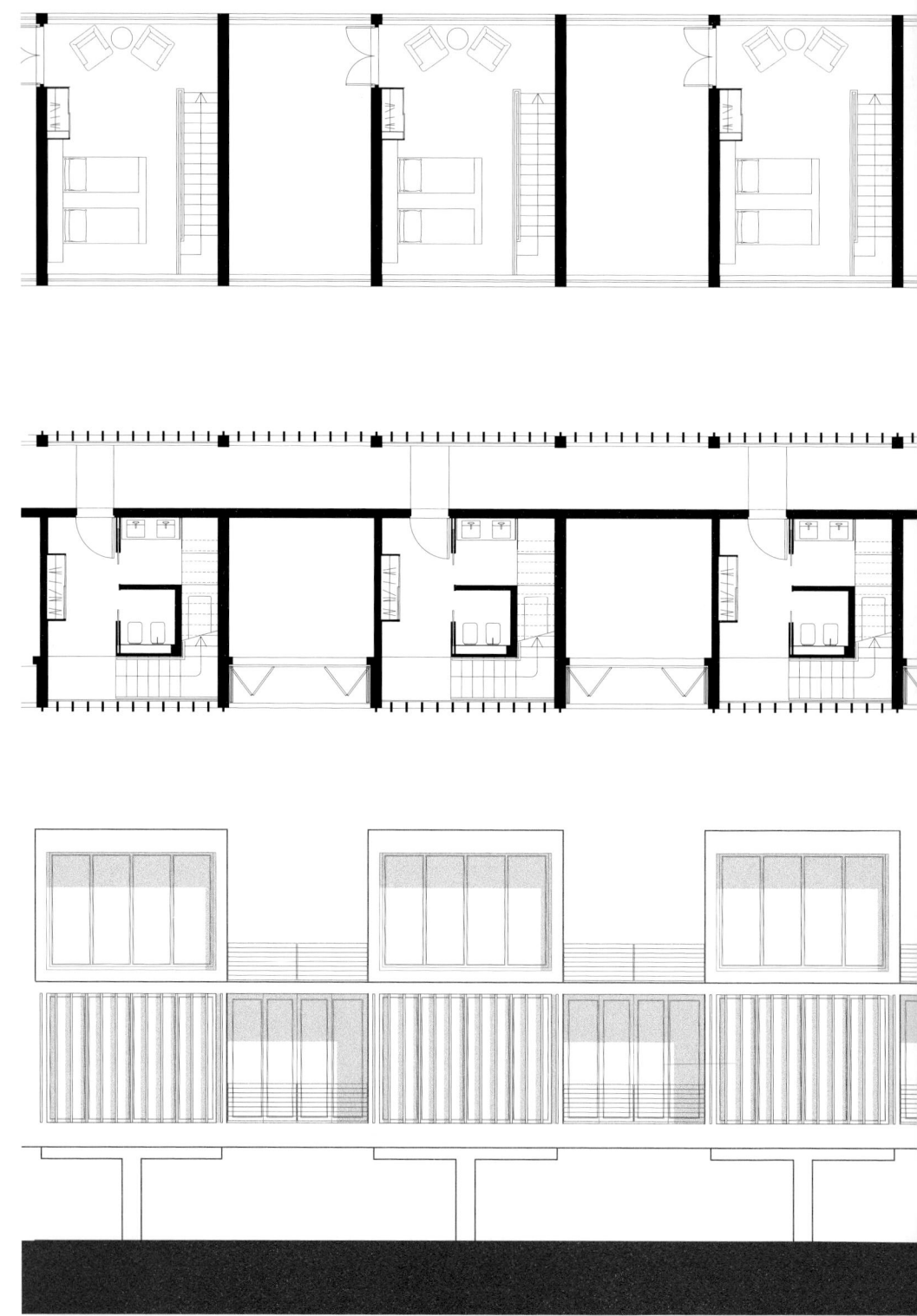

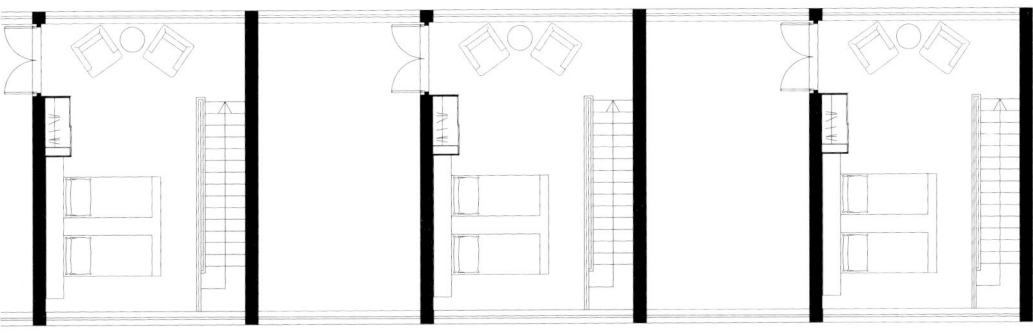

Niveau haut du pont

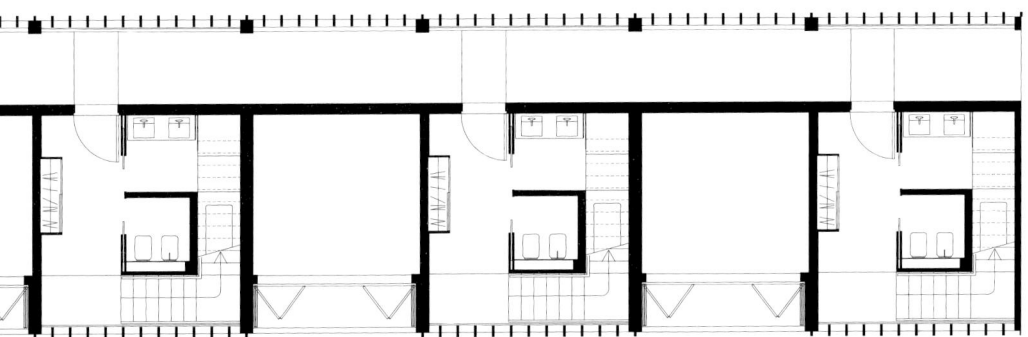

Niveau bas du pont

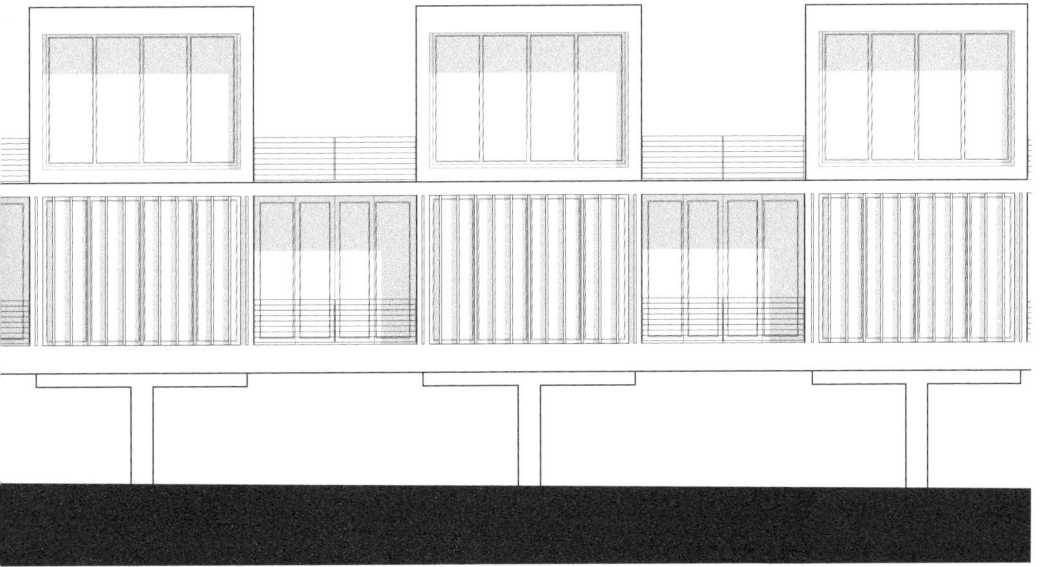

Élévation des chambres en duplex

HÔTEL

COMPLEXE TOURISTIQUE ET RÉSIDENTIEL 4 ÉTOILES
MAÎTRE D'OUVRAGE : CCIG
LIEU : CAYENNE, GUYANE FRANÇAISE
SURFACE : 26 000 M²
CONCOURS : 2010 (PROJET LAURÉAT)

+ MONTABO

La colline de Montabo est un morceau de forêt amazonienne surplombant la ville de Cayenne. Le projet est une structure en bambou qui résiste à une nature envahissante tout en l'accueillant dans son cœur et ses façades. Préservant le plus possible le sommet, le projet génère un parc paysager public sur la colline, permettant ainsi de rendre cet espace déambulatoire et piétonnier. S'attachant à la topographie, le bâtiment projette quatre avancées qui se hissent au-delà de la canopée naturelle. Les structures suspendues, flottant au-dessus d'une nature dense et humide, procurent aux occupants l'expérience unique de vivre entre ciel et cime.

Plan de situation

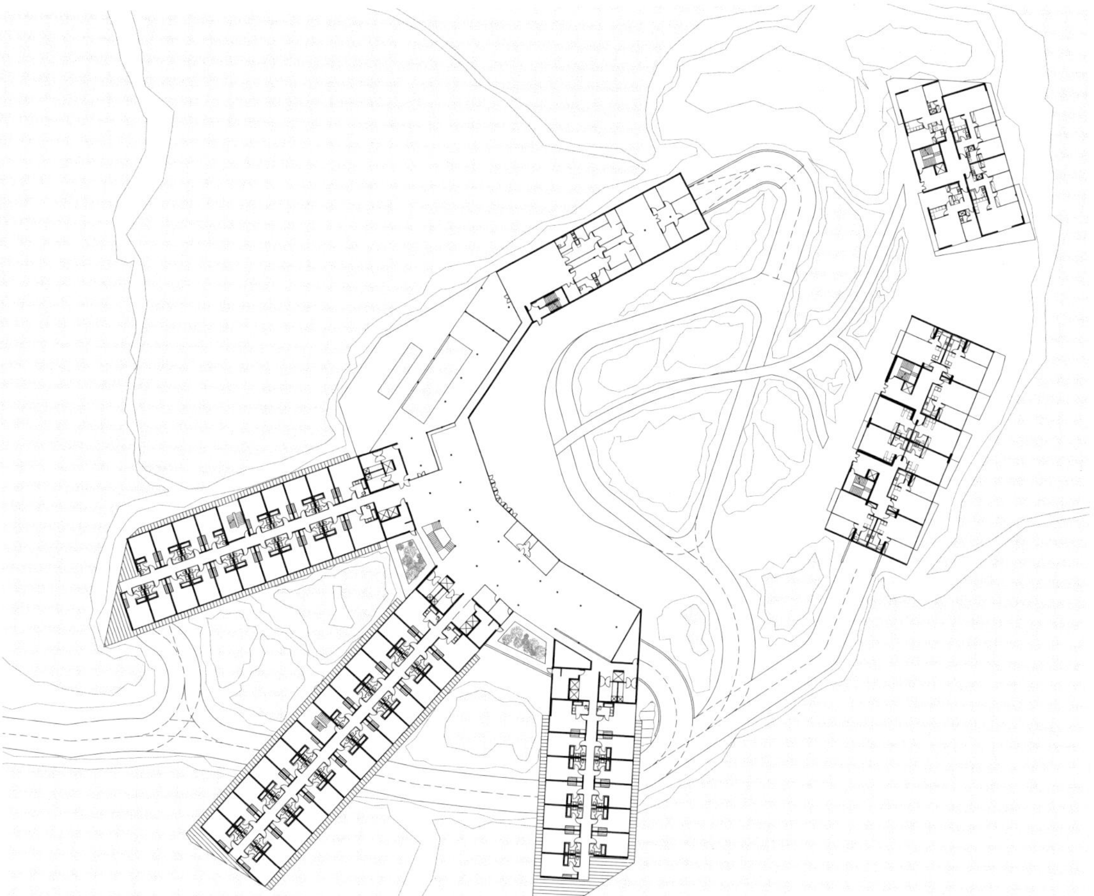

Plan d'étage courant

HÔTEL

+

BALIMA

RÉHABILITATION D'UN HÔTEL AU CŒUR DE LA VILLE
MAÎTRE D'OUVRAGE : SOCIÉTÉ IMMOBILIÈRE BALIMA
LIEU : RABAT, MAROC
SURFACE : 6 063 M^2 / BUDGET : 13 M€
LIVRAISON : 2018

L'hôtel, et surtout son espace public, ont été l'un des principaux foyers de la vie intellectuelle, artistique et politique de la capitale pendant plus de cinquante ans. L'enjeu du projet est de repenser le rapport entre le bâtiment et l'espace public sur lequel il est posé. En valorisant au rez-de-chaussée l'ensemble des programmes ouverts, et en consacrant un espace sanctuarisé à la réception, la réhabilitation redistribue les usages, offrant intimité à l'hôtellerie et ouverture de l'ensemble sur l'espace public. Son socle devient un grand équipement poreux et ouvert sur la ville, renforçant l'identité de ce patrimoine inscrit à l'inventaire mondial de l'Unesco.

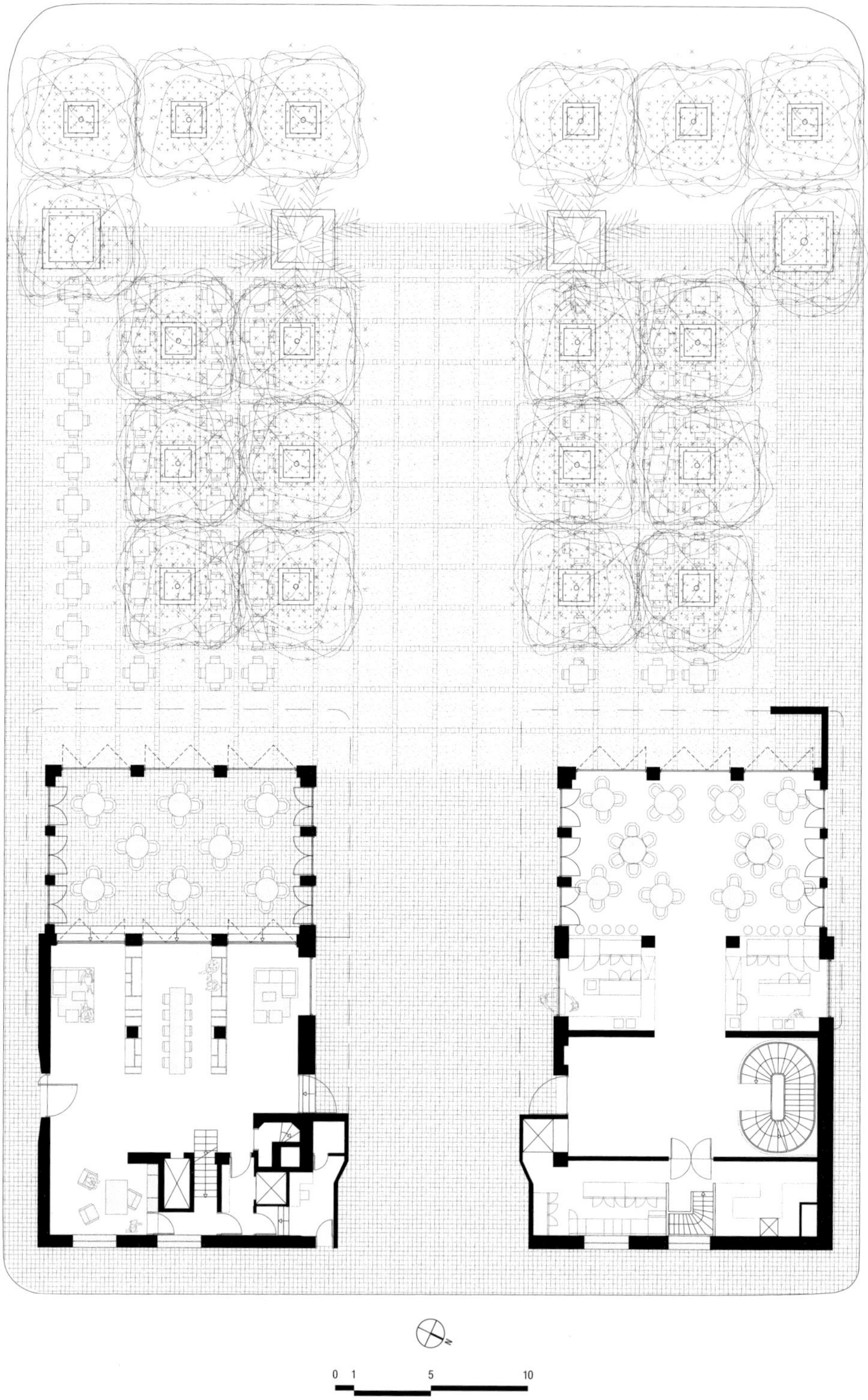

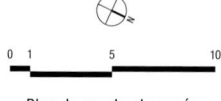

Plan du rez-de-chaussée

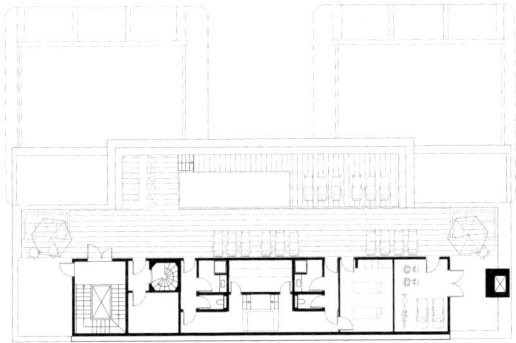

Plan R+6

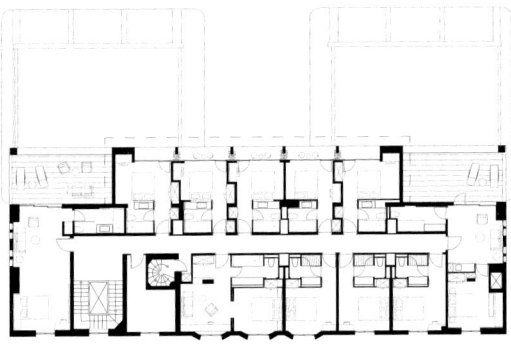

Plan R+5

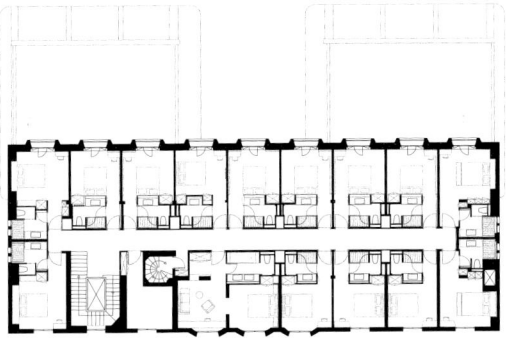

Plan R+1 à R+4

MAISON DE L'AFRIQUE

Mettre un continent dans une maison est un sujet complexe. Il ne peut se résumer à la recherche d'un dénominateur commun, dans un océan de diversité, de cultures et de traditions très différentes. Nous avons approché ce projet par deux entrées qui traversent le continent. La première est celle de la matérialité et de la matière. Sensuelle, épaisse, primitive, brutale, agrégée, la matière est en Afrique le cœur de la présence architecturale. C'est ensuite par la recherche d'une expression du rapport de chaque partie au tout, et du tout à chaque partie, que le projet raconte l'Afrique. Par superposition, agrégation, empilement, articulation, la maison est faite d'une multitude de volumes dont chacun ne porte qu'une valeur d'usage. La maison devient ainsi un village, et le village se fait maison.

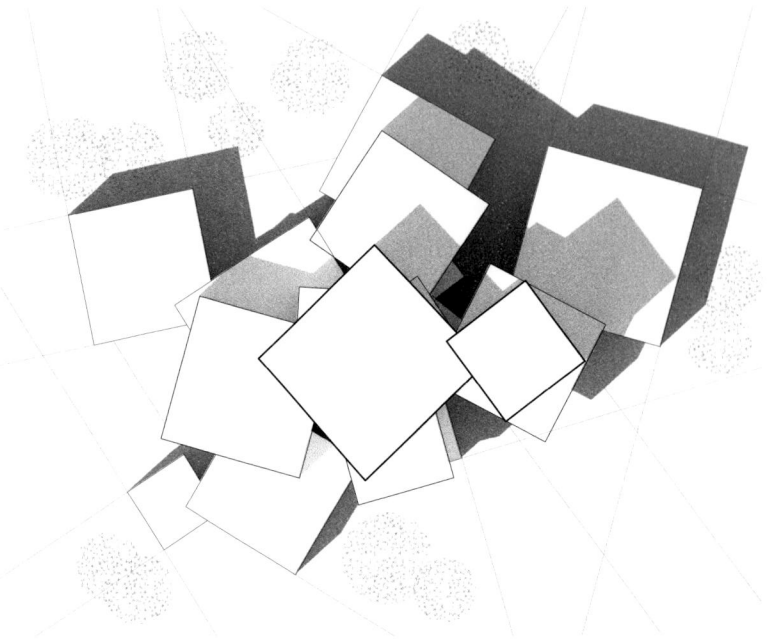

Plan masse

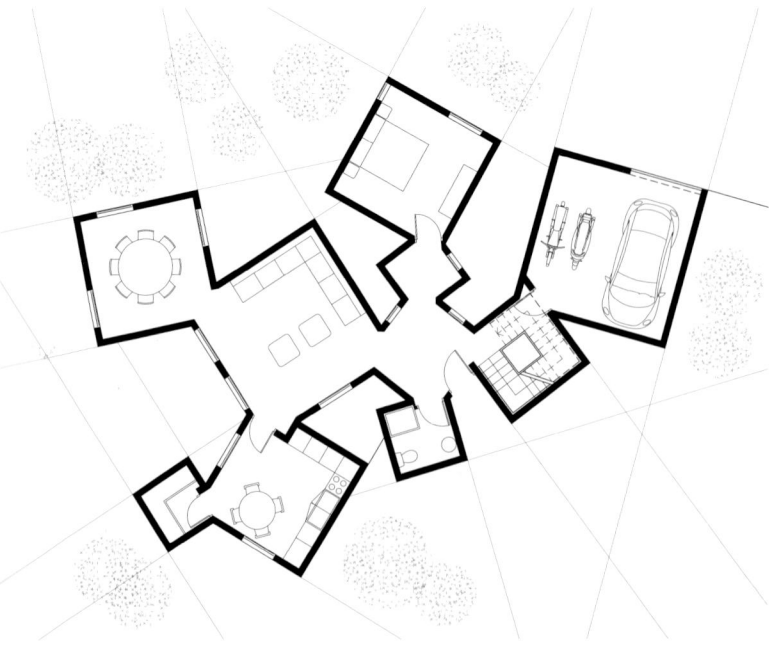

Plan du rez-de-chaussée

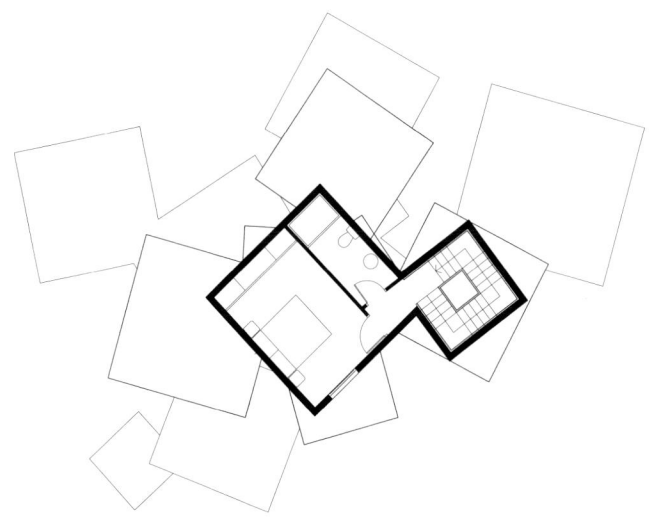

Plan R+2

Plan R+1

RADISSON TANGER

+

CONSTRUCTION D'UN HÔTEL 4 ÉTOILES ET DE RÉSIDENCES
MAÎTRE D'OUVRAGE : GROUPE LÉONARD DE VINCI / AÉRIUM
LIEU : TANGER, MAROC
SURFACE : 20 000 M^2
DATE : 2009

Conçu pour être un signal à l'échelle de la baie de Tanger, le programme interprète la topographie de son site, tirant parti du rythme qu'impose le terrain. L'emprise tranchant verticalement dans le relief est une volonté de répondre par l'architecture aux particularités paysagères d'un site extrêmement fort. L'hôtel est donc lui-même cet élément paysager : une falaise minérale et vibrante qui surplombe la baie côté nord et un porte-à-faux unique et protecteur côté sud.

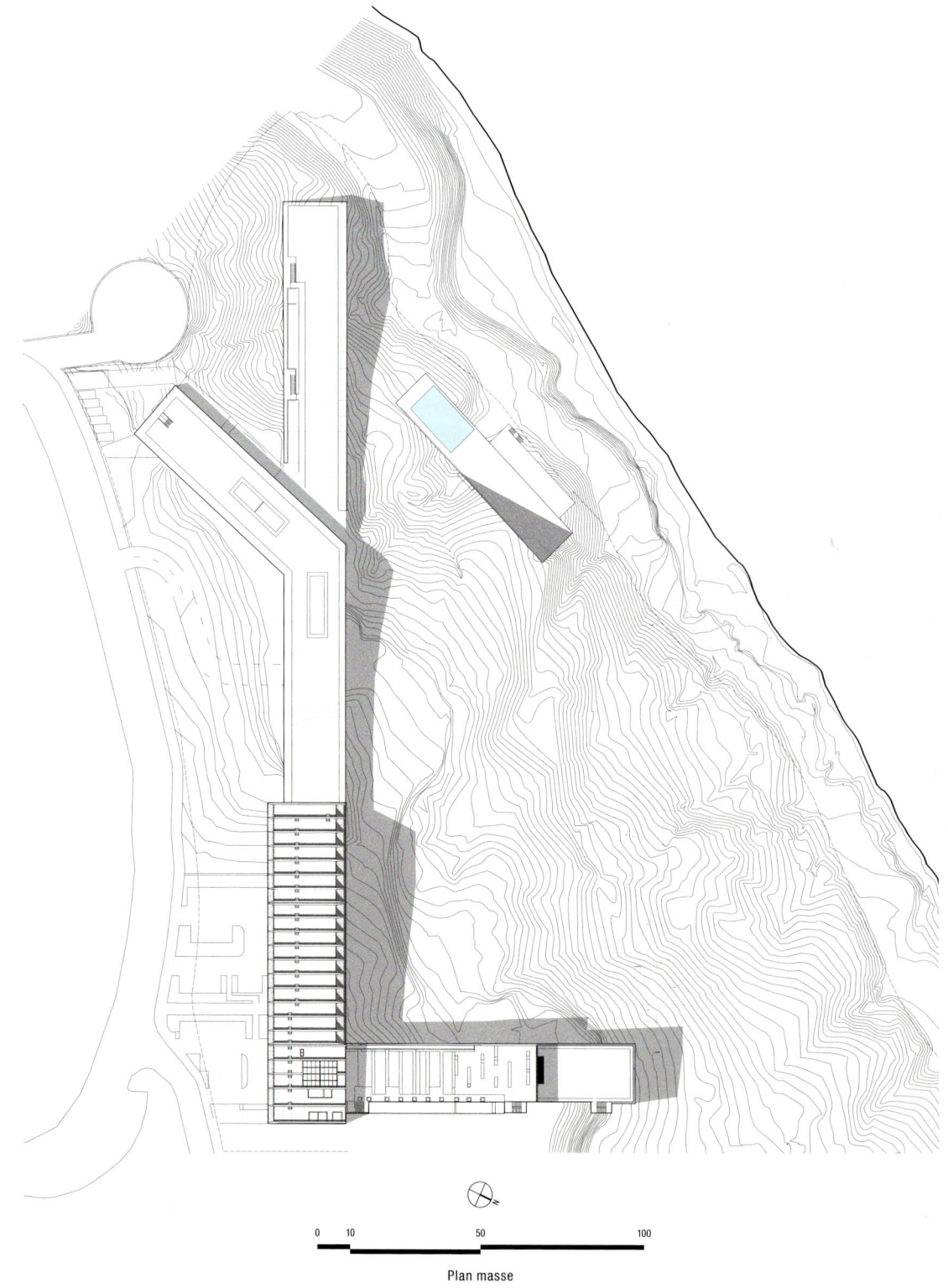

0   10   50   100

Plan masse

CATALOGUE + RAISONNÉ

HÔTEL BALIMA
Programme : Réhabilitation d'un hôtel
au cœur de la ville
Maître d'ouvrage : Société Immobilière Balima
Lieu : Rabat, Maroc
Surface : 6 063 m^2 / Budget : 13 M€
Livraison : 2018

- - - - - - - - - - - - - - - - - -

BABYLON HOUSE
Programme : Construction d'une villa
Maître d'ouvrage : Privé
Lieu : Rabat, Maroc
Surface : 1 254 m^2
Livraison : 2018

- - - - - - - - - - - - - - - - - -

MAISON DE L'AFRIQUE
Programme : Construction de la Maison
de l'Afrique dans le cadre de l'opération
« Bezannes Esperanto, les maisons des
cinq continents »
Maître d'ouvrage : Plurial
Lieu : Bezannes, France
Surface : 152 m^2 / Budget : 250 000 €
Livraison : 2017

- - - - - - - - - - - - - - - - - -

MAISONS DU ZOO 2
Programme : Îlots de 94 logements
Maître d'ouvrage : Prestigia
Lieu : Rabat, Maroc
Surface : 22 800 m^2 / Budget : 14 M€
Livraison : 2017

- - - - - - - - - - - - - - - - - -

HÔTEL BACCARAT
Programme : Création d'un hôtel 5 étoiles
Maître d'ouvrage : Immohold Hospitality /
Starwood
Lieu : Rabat, Maroc
Surface : 22 000 m^2 / Budget : 43 M€
Livraison : 2016

- - - - - - - - - - - - - - - - - -

MAISONS DU ZOO 3
Programme : Îlots de 358 logements sociaux
Maître d'ouvrage : Prestigia
Lieu : Rabat, Maroc
Surface : 52 810 m^2 / Budget : 32 M€
Livraison : 2016

- - - - - - - - - - - - - - - - - -

MAISONS DU ZOO 1
Programme : Îlots de 113 logements
Maître d'ouvrage : Prestigia
Lieu : Rabat, Maroc
Surface : 28 500 m^2 / Budget : 17 M€
Livraison : 2016

- - - - - - - - - - - - - - - - - -

RÉINVENTER PARIS
Programme : Logements étudiants,
résidences personnes âgées, crèche
Maître d'ouvrage : Mairie de Paris
Lieu : Paris, France
Surface : 11 000 m^2
Concours : 2015

- - - - - - - - - - - - - - - - - -

CO-HABITATION
Programme : Construction de trois maisons
et conception d'une ferme collective
Maître d'ouvrage : Privé
Lieu : Marrakech, Maroc
Surface : 2 000m^2
Budget : M 1 : 410 000 € / M 2 : 410 000 € /
M 3 : 430 000 €
Livraison : 2014

- - - - - - - - - - - - - - - - - -

UPECOY
Programme : Tour d'habitation
Maître d'ouvrage : Privé
Lieu : Saint-Martin, Caraïbes
Surface : 18 000 m^2
Date : 2014

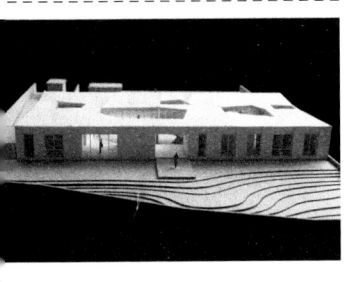

CRACKED HOUSE
Programme : Démolition d'une maison
& construction d'une villa
Maître d'ouvrage : Privé
Lieu : Rabat, Maroc
Date : 2014

HÔTEL AMILCAR CARTHAGE
Programme : Création d'un hôtel 5 étoiles
Maître d'ouvrage : Baccarat Amilcar S.A.
Lieu : Carthage, Tunisie
Surface : 12 250 m^2
Date : 2013

CLOS D'ANFA
Programme : 46 logements HQE
Maître d'ouvrage : Amundi Immobilier
Lieu : Casablanca, Maroc
Surface : 15 000 m^2
Concours : 2013

W MARRAKECH
Programme : Réhabilitation d'un hôtel 5 étoiles
Maître d'ouvrage : Logan international
Lieu : Marrakech, Maroc
Surface : 14 300 m^2
Date : 2012

MARRAKECH MARCHÉS RÉSIDENCES
Programme : Complexe résidentiel
avec commerces
Maître d'ouvrage : Immohold Hospitality
Lieu : Marrakech, Maroc
Surface : 9 289 m^2
Date : 2012

LA PINÈDE
Programme : Construction de 65 maisons
Maître d'ouvrage : SINJAB Immobilier
Lieu : Tanger, Maroc
Surface : 14 500 m^2 / Budget : 12 M€
Date : 2012

RÉSIDENCES BACCARAT
Programme: Construction de logements
Lieu: Rabat, Maroc
Surface: 17 211 m^2
Date: 2012

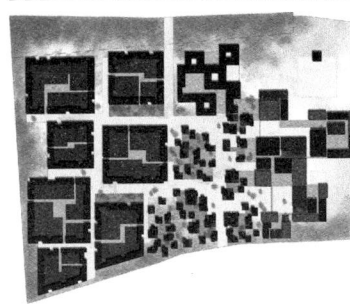

ECO-RESORT TUNISIE
Programme : Création d'un boutique hôtel,
d'un village touristique et d'un hôtel luxe
Maître d'ouvrage : Village Méditerranée
Lieu : Djerba, Tunisie
Surface : 116 110m^2
Date : 2011

VILLAS FOUR SEASONS MARRAKECH
Programme : Villas individuelles dans le cadre de la création d'un complexe hôtelier
Maître d'ouvrage : EHC Maroc / Four Seasons
Lieu : Marrakech, Maroc
Surface : 22 500 m^2
Livraison : 2011

- -

HÔTEL 24H DU MANS
Programme : Hôtel sur le Circuit des 24h du Mans
Maître d'ouvrage : Société d'Aménagement de Mulsanne
Lieu : Mulsanne, France
Surface : 2 800 m^2 / Budget : 3,4 M€
Livraison : 2011

- -

HYATT MOGADOR
Programme : Conception d'un complexe 5 étoiles, hôtel et villas
Maître d'ouvrage : AHLIF S.A.
Lieu : Essaouira, Maroc
Surface : 18 200 m^2
Date : 2011

- -

FOUR SEASONS MARRAKECH
Programme : Complexe hôtelier, villas individuelles
Maître d'ouvrage : EHC Maroc / Four Seasons
Lieu : Marrakech, Maroc
Surface : 22 500 m^2 / Budget : 7 M€
Livraison : 2011

- -

SIDI MOUMEN
Programme : Logements économiques
Maître d'ouvrage : Privé
Lieu : Casablanca, Maroc
Surface : 202 000 m^2
Date : 2011

- -

HAPPY BAY RESORT
Programme : Complexe hôtelier 5 étoiles sur l'anse heureuse
Maître d'ouvrage : Privé
Lieu : Saint-Martin, Caraïbes
Surface : 38 000 m^2
Date : 2010

- -

HÔTEL MONTABO
Programme : Complexe touristique et résidentiel 4 étoiles
Maître d'ouvrage : CCIG
Lieu : Cayenne, Guyane Française
Surface : 26 000 m^2
Concours : 2010

- -

CARAVANSÉRAIL
Programme : Hôtel et villas
Maître d'ouvrage : Rawabi
Lieu : Marrakech, Maroc
Surface : 16 300 m^2 / Budget : 7 M€
Livraison : 2010

- -

NH HÔTEL PIGALLE
Programme : Réhabilitation de 2 hôtels
Maître d'ouvrage : Losan Hôtels
Lieu : Paris, France
Surface : 2 600 m^2
Date : 2010

- -

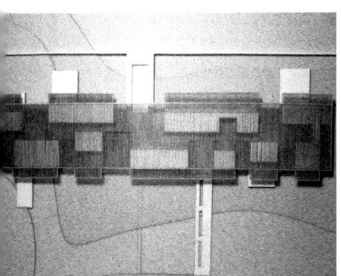

INTOON HOUSE
Programme : Construction d'une maison
privée
Maître d'ouvrage : S.A.R.L.A.
Lieu : Cabo Negro, Tétouan Maroc
Surface : 1 335 m^2
Date : 2010

- - - - - - - - - - - - - - - - - - - -

QUAI D'ORSAY
Programme : Réhabilitation d'un appartement
de prestige
Maître d'ouvrage : Privé
Lieu : Paris, France
Surface : 400 m^2
Livraison : 2010

- - - - - - - - - - - - - - - - - - - -

RADISSON TANGER
Programme : Construction d'un hôtel 4 étoiles
et de résidences
Maître d'ouvrage : Groupe Léonard de Vinci /
Aérium
Lieu : Tanger, Maroc
Surface : 20 000 m^2
Date : 2009

- - - - - - - - - - - - - - - - - - - -

PIERRE ET VACANCES
Programme : Construction d'un équipement
touristique
Maître d'ouvrage : Pierre & Vacances
Lieu : Marrakech, Maroc
Surface : 7 ha
Date : 2009

- - - - - - - - - - - - - - - - - - - -

TANGER RÉSIDENCES
Programme : Construction d'un complexe
touristique
Maître d'ouvrage : Aérium
Lieu : Tanger, Maroc
Surface : 13 000 m^2 / Budget : 7 M€
Date : 2009

- - - - - - - - - - - - - - - - - - - -

BRIDGE HOUSE
Programme : Maison individuelle
Maître d'ouvrage : Privé
Lieu : Casablanca, Maroc
Surface : 1 750 m^2 / Budget : 800 000 €
Livraison : 2009

- - - - - - - - - - - - - - - - - - - -

**SOCIÉTÉ DES BAINS DE MER
DE MARRAKECH**
Programme : Résidences touristiques 5 étoiles
Maître d'ouvrage : Groupe Léonard de Vinci
Lieu : Marrakech, Maroc
Surface : 38 000 m^2
Date : 2007

- - - - - - - - - - - - - - - - - - - -

MENARA RESORT PROJECT
Programme : Construction d'un complexe
touristique
Maître d'ouvrage : Menatlas SA
Lieu : Marrakech, Maroc
Surface : 6 ha
Date : 2007

- - - - - - - - - - - - - - - - - - - -

PREMIÈRE CLASSE RUAUDIN
Programme : Réhabilitation d'un hôtel
Maître d'ouvrage : SCI Le Castelet
Lieu : Ruaudin, France
Surface : 2 400 m^2
Date : 2007

- - - - - - - - - - - - - - - - - - - -

KYRIAD SABLÉ
Programme : Études pour la construction
d'un hôtel
Maître d'ouvrage : Société d'Aménagement
de Sablé/Sarthe
Lieu : Sablé, France
Surface : 11 500 m²
Date : 2007

LIXUS VILLAS
Programme : Construction d'une maison
individuelle
Maître d'ouvrage : Salixus
Lieu : Larache, Maroc
Surface : 290 m² / Budget : 480 000 €
Livraison : 2007

ANGLE HOUSE
Programme : Construction d'une villla
Maître d'ouvrage : Privé
Lieu : Agadir, Maroc
Livraison : 2007

RÉSIDENCE MANDRET
Programme : Construction d'une habitation
Maître d'ouvrage : Privé
Lieu : Casablanca, Maroc
Livraison : 2007

MANSOUR PALACE
Programme : Construction d'un ensemble
de résidences de luxe et commerces
Maître d'ouvrage : SA Mansour Palace
Lieu : Marrakech, Maroc
Surface : 4,43 ha
Concours : 2007

TILT HOUSE
Programme : Construction d'une maison
Maître d'ouvrage : SCI Sarthotel
Lieu : Le Mans, France
Date : 2006

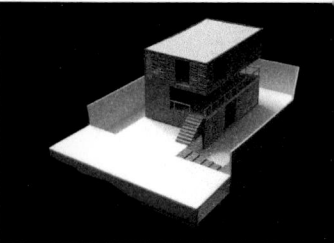

MAISON GHIZLAINE
Programme : Construction d'une maison
Maître d'ouvrage : Privé
Lieu : Casablanca, Maroc
Date : 2005

VILLA VARTANY
Programme : Réaménagement et extension
d'une maison individuelle
Maître d'ouvrage : Privé
Lieu : Mouans-Sartoux, France
Date : 2006

LAIGNÉ
Programme : Démolition d'un bâtiment
et construction de 6 logements
Maître d'ouvrage : SCI Immotel
Lieu : Laigné-en-Belin, France
Surface : 1 108 m²
Date : 2006

DUNE HOUSE
Programme : Maison Individuelle
Maître d'ouvrage : Privé
Lieu : Casablanca, Maroc
Surface : 600 m²
Date : 2005

RACK HOUSE
Programme : Construction de deux maisons
privées
Maître d'ouvrage : Privé
Lieu : Le Mans, France
Surface : 400 m^2
Date : 2005

HILTON CASABLANCA
Programme : Réalisation d'un hôtel
Maître d'ouvrage : Office National
des Aéroports
Lieu : Casablanca, Maroc
Date : 2004

NOVOTEL AGDAL
Programme : Réalisation d'un Hôtel
de 220 Chambres
Maître d'ouvrage : RISMA / Groupe Accor
Lieu : Marrakech, Maroc
Surface : 14 300 m^2
Date : 2003

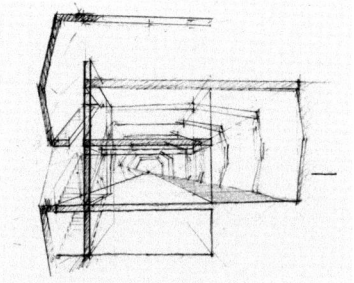

MAISON CLAUDE CHALLE
Programme : Construction d'un bâtiment
résidentiel
Maître d'ouvrage : Chall-o-Music
Lieu : Marrakech, Maroc
Surface : 1 000 m^2
Date : 2003

M'DIQ
Programme : Résidences touristiques
Maître d'ouvrage : Société Dchar Bhar
Lieu : Mdiq, Tétouan, Maroc
Date : 2003

ÉQUIPE

Salma Abderrahim / Alex Acemyan /
Ruben Alamo / Sumaia Alamoudi /
Silvia Albini / Alina Amiri /
Cristina Anastase / Maria Aramendia /
Lauren Bachelot / Meyriem Bachouchi /
Michelle Badr / Barbara Ballu /
Mehdi Ben Yahmed / Ali Benabdallah /
Tom Benard / Hakim Benchekroun /
Sofia Bennani / Selim Bennis /
Vera Beranova / Tommaso Bernabo Silorata /
Clara Berthet / Mehdi Besri /
Britanny Birdsong / Kaley Blackstock /
Judith Boggess / Ambroise Bonal /
Chantal Bonner / Magali Boudey /
Zakaria Bounoua / Laurent Broyon /
Alain Bruner / Rafael Calvo De Febrer /
Andrea Cattarino / Nicolas Cazali /
Sanket Chandresh Shal / Gillian Chang /
Valérie Chatelet / Karin Chen /
Safia Cherif El Ofir / Keunjung Cho /
Victoria Cho / Jennifer Currier /
Thomas Dalbarade / Christina Danton /
Ana Alexandra De Oliveira Brett /
Marc De Verneuil / Aure Delaroiere /
Patricia Deterville / Cristina Devizzi /
Gina Di Tolla / Walter Dresscher /
Cédric Druetta / Juliette Dubroca /
Eric Dumarche / Anne-Claire Dursapt /
Nils Edelmann / Rita El Fihri / Evans Kurt /
Lisa Feldmann / Ivan Fouquet /
Adriana Garwacki / Yuliya Georgieva /
Julien Gicquel / Marie-Pierre Goguet /
Kent Gould / Matt Grady / Elodie Graham /
Romuald Grall / Caterina Grosso / Jue Gu /
Jocelene Hadj / Kristina Hellhake /
Oscar Hernandez-Gomez / Min Hong /
Katarzyna Howorko / Stéphanie Hua /
Amanda Huang / Sabrina Jaffal /
Shiraz Jerbi / David Jimenez Ruiz /
Seung Jin Ham / Nathalie Jolivet /
Lauren Jones / Patrick Jones / Jo Joowon /
Randall Knight / Kelly Koomalsingh /
Gary Ku / Kim Kuy Young / Chaimae Laasel /
Monica Lagarrigue / Rhiannon Laurie /
Virginie Lauzon / Marion Le Coq /
Mark Lean / Ben Lee / Elizabeth Lee /
Christine Legat / Charlotte Leib /
Kassandra Leiva / Arielle Lemaistre /
Rafael Lemieszek Pinheiro / Han Li /
Mathias Lukas / Mona Madan /
Ayako Maetani / Kleopatra Malama /
Alba Marcos Ramirez / Emily Margulies /
Elizabeth Marrin / Ryan Mc Caffrey /

Mamoun Mechiche Alami /
Marvia Kainama / Claudia Melniciuc /
Meriem Mimoun / Robert Mohr /
Jérémy Monsimert / Heather Moore /
Benedetto Morici / Leslie Nguyen /
Moritz Nicklaus / Cezar Nicolescu /
Jean-Louis Nizon / Ceara O'Leary /
Will Oren / Emily Ottinger / Yasmine Ouafa /
Payap Pakdeelao / Matt Piker /
Becky Quintal / Caroline Rabourdin Shell /
Ashley Reed / Daniel Requesens /
Diane Rhyu / Jean-Marc Rio / Zoé Ritts /
Pedro Rodrigues / Camila Rodriguez Costa /
Anne-Sophie Roques / Costanza Rossi /
Naomi Sakamoto / Edith Saleil /
Miguel Santos / Melha Sayad /
Salim Sefrioui / Isabelle Sicault /
Daniela Silva / Mary Stuckert /
Jonathan Sturt / Lee Ann Suen /
Tyler Survant / Paula Szejnfeld Sirkis /
Taddonio Brian / Orfeo Tagiuri /
Abdelkader Touirsa / Hanna Tullis /
Saif Vagh / Philippe Vidal / Tiago Vier /
Yu Wang / Duncan White /
Maya White-Shure / Andrea Wong /
Othmane Zerouali / Liwen Zhang /
Yu Kun Zhang

— — — — — — — — — — — — — — — — — — — —

CRÉDITS

PHOTOGRAPHIES

Luc Boegly / Hakim Benchekroun /
David Boureau / Andrea Cattarino / DL2A /
Cédric Druetta / David Jimenez Ruiz /
Lilia Sellami / Oualalou+Choi

— — — — — — — — — — — — — — — — — — — —

PERSPECTIVES

+IMGS / Agence Morph / Anouska Hempel
Design / Archirendering / Arte Factory /
A-Zuga / Borja Santurino / Cédric Hamelin /
Charles Massé / Christian Delecluse /
Dotimage / Exagon Studio /
Guillaume Hannoun / Inui / Kaupunki /
Labtop / Luxigon / Mathieu Samuel /
Michael Kaplan / Mvize / Nicolas Richelet /
Oualalou+Choi / Robota / Stéphane Moullet /
Thomas Series / Tristan Spella /
Zoé Fontaine

— — — — — — — — — — — — — — — — — — — —

PUBLICATION

Auteurs : Linna Choi, Tarik Oualalou
Direction éditoriale : Oualalou+Choi
Coordination éditoriale : Caterina Grosso
Textes et Iconographie : Hakim Benchekroun
Conception graphique : Sylvain Enguehard
Impression : Ingoprint
Éditions : Actar

— — — — — — — — — — — — — — — — — — — —

— — — — — — — — — — — — — — — — — — — —

Achevé d'imprimer à Barcelone, Espagne /
© 2017 / Actar / Oualalou+Choi /
Sylvain Enguehard

— — — — — — — — — — — — — — — — — — — —

RÉSISTANCES CULTURELLES

FAMILIARITÉ ET ACCLIMATATION

Lenteur

L'architecture est vieille et lente. Elle a la lenteur de la vieillesse, elle continue de résister à l'accélération de l'histoire humaine. Malgré toutes les pressions qui s'exercent et les illusions digitales, elle ne sera jamais immédiate. C'est dans cette durée que tous cherchent à effacer, que la notion de projection prend sa valeur. Ce temps nécessaire pour que le projet se lève, lui permet de s'ancrer, de devenir réel. Construire est un acte violent qu'il faut faire avec douceur. Nous aimons renvoyer dos à dos la volonté d'effacement du temps du projet d'un côté, et la réduction de la durée de vie des bâtiments de l'autre. Plus ils sont faits vite, moins ils durent. Ils sont aujourd'hui uniquement déterminés par leurs programmes, leurs cycles d'amortissement financiers et fonciers. Ces produits habités deviennent jetables. Paradoxalement, plus les règlementations pour la durabilité sont déterminées, moins les bâtiments durent. Ils se refusent à la cannibalisation et aux détournements qui sont des modalités primitives de l'architecture. Vouloir faire la ville sur la ville est bien, mais il faut surtout faire l'architecture avec l'architecture. Plus la conscience collective du patrimoine s'aiguise, plus il est difficile de fabriquer le patrimoine de demain, comme si, honteusement, il fallait effacer les traces actuelles. Il nous faut changer de civilisation, non pas par nostalgie, mais pour survivre.

Durées

Nous aimons penser la lente disparition de nos bâtiments. Nous organisons leur obsolescence, nous cherchons à incarner dans la matière la conscience de la présence et de la durée. Tout en refusant de considérer l'architecture comme permanente ou jetable, nous nous intéressons à ce qu'il se passe entre ces deux conditions. Alors que le carcan règlementaire ne définit que deux modes, l'éphémère et le décennal, les installations provisoires durent de plus en plus longtemps (expositions universelles, camps de réfugiés etc.) et les constructions deviennent obsolètes de plus en plus rapidement. Nous pensons tous les projets comme temporaires mais dans une temporalité qu'il faut identifier, comprendre, dompter et utiliser. Cette variabilité des durées s'exprime pour nous autant dans les usages que dans les matières. La solution est peut-être temporaire.

Familiarité

Nous aimons construire des lieux familiers. Mais des lieux familiers qui n'ont jamais existé auparavant: la familiarité, ce n'est ni la copie de modèles éprouvés, ni le pastiche nostalgique. Elle doit au contraire toujours être nouvelle. Le projet n'est plus une seule chose, on l'autorise à être une multitude de choses agencées, emprisonnées dans une structure formelle et dans un sol. Le bâtiment n'exprime pas une idée, il ne représente pas une image et il ne raconte pas non plus une histoire. Il n'est pas là pour dégager un sens, il est là pour absorber les sens. Faire des bâtiments familiers, c'est utiliser la mémoire et l'évocation comme des structures typologiques. La juxtaposition d'évocations et les empilements de mémoires fabriquent une familière étrangeté. Pour cela, on essaye d'appartenir aux territoires et de toujours y revenir depuis l'extérieur. Cela rend évidemment la pratique mondialisée de l'architecture problématique. Les images se substituent à la mémoire et les évocations ne sont plus que des icônes. L'architecture, qui doit être un dialogue savant avec la culture, devient un monologue qui enfile uniquement des clichés identitaires simplistes, absurdes et souvent insultants. Cette familiarité que nous recherchons sans cesse devient pour nous la source d'un réalisme magique.

Acclimatation

S'il faut appartenir au territoire pour le construire, comment développe-t-on une pratique ouverte et mondialisée, hors de notre simple département? Nous n'opposons jamais le local et l'universel. Une construction est nécessairement locale et ancrée dans sa terre. Elle est autant un monde en entier qu'une toute petite partie du monde. Les anologies botaniques nées de la tradition coloniale nous permettent d'imaginer cette relation d'un monde clos comme une partie du monde. L'architecture aussi procède par essai, greffe, fertilisation, butinage, adaptation évolutive et acclimatation. Au même titre que l'Architecture Moderne européenne s'est tropicalisée, et a créé de nouvelles traditions, nous imaginons notre travail comme une succession de processus multiples d'acclimatation qui fabriquent de nouvelles conditions locales.

Ne jamais finir

Nous n'achevons jamais nos bâtiments, car finis ils sont morts nés. Nous cherchons toujours à laisser de la place dans le projet, à la fois sur un plan physique et médiumnique. C'est ce qui permet l'appropriation, les transformations et les détournements. Ces incertitudes, cette indétermination, ce moment de perte de contrôle, c'est ce qui rend les bâtiments réels, loin des clichés photographiques léchés et désincarnés. Ils doivent arrêter de nous appartenir. Au même titre que la musique s'écrit, l'architecture est un système de notation qui existe en soi, mais qui doit être joué pour devenir réel. C'est un alphabet, pas un langage. Nous nous intéressons moins à l'alphabet, à la notation, au travail de la représentation, qu'à inventer des bâtiments qui viennent avec leur propre langage.

SOMMAIRE +

MUSÉE VOLUBILIS

**CONSTRUCTION D'UN MUSÉE ARCHÉOLOGIQUE
DANS UN SITE INSCRIT AU PATRIMOINE MONDIAL DE L'UNESCO**
MAÎTRE D'OUVRAGE : MINISTÈRE DE LA CULTURE, MAROC
LIEU : SITE ARCHÉOLOGIQUE DE VOLUBILIS, MAROC
SURFACE : 4 200 M^2 / BUDGET : 6,4 M€
LIVRAISON : 2013

Site archéologique le plus important du Maroc, inscrit au Patrimoine Universel de l'Unesco, Volubilis est la ville romaine d'Afrique du Nord la mieux préservée. Inscrit dans le grand paysage de la plaine du Zerhoun, le site fait figure de moment d'histoire dans un territoire sauvegardé. Le rapport de la cité antique à son paysage fait de la visite de Volubilis une expérience unique. Construit à l'intérieur de l'enceinte romaine, le projet remplace des structures coloniales vétustes et s'implante dans la colline à la manière d'un parcours en filigrane. Tour à tour enterré puis suspendu, le projet est une trace dans le paysage. Cette ligne de 8 m d'épaisseur s'étire sur plus de 200 m, au long desquels se déroulent les programmes, dans une alternance continue de pleins et de vides. Fait de béton brut, de bois et de pierre, le bâtiment s'inscrit dans des temporalités différentes. Comme une allégorie de la ruine, la matière inscrit dans le bâtiment sa propre disparition.

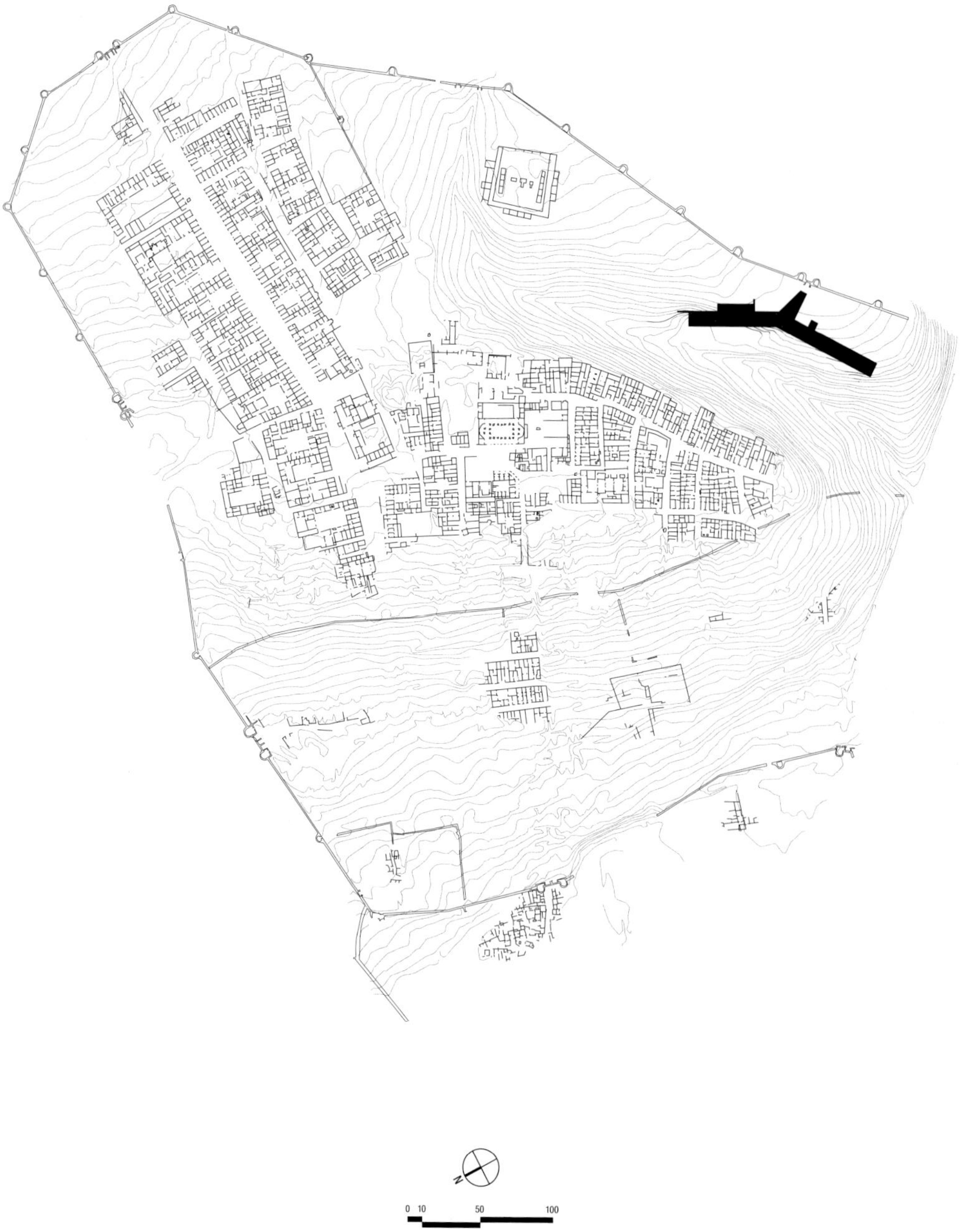

MUSÉE VOLUBILIS

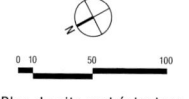

0 10   50   100

Plan du site archéologique

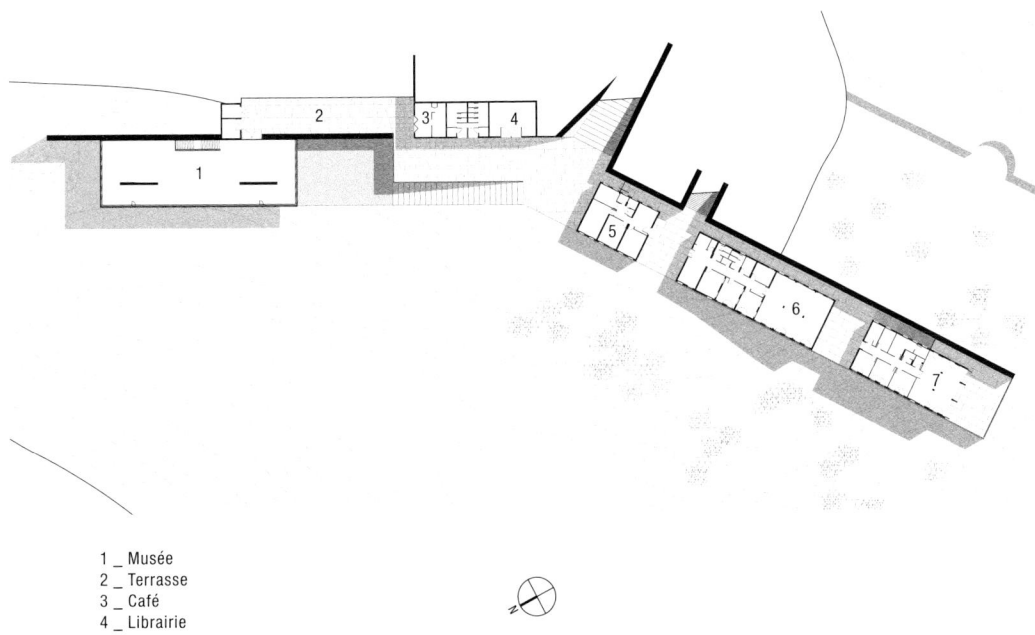

1 _ Musée
2 _ Terrasse
3 _ Café
4 _ Librairie
5 _ Administration
6 _ Conservation
7 _ Résidences

Plan du niveau haut

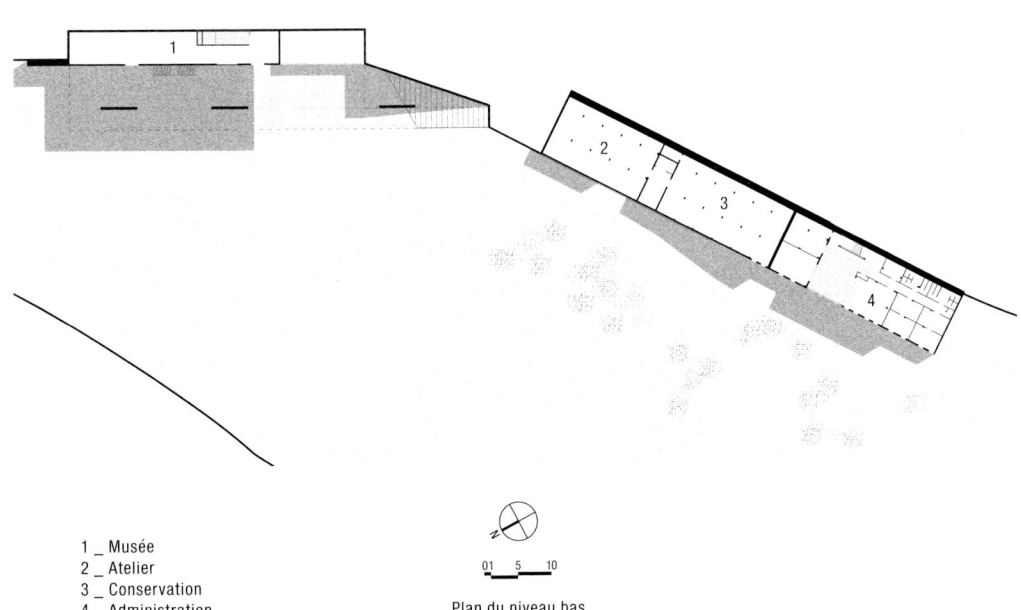

1 _ Musée
2 _ Atelier
3 _ Conservation
4 _ Administration

Plan du niveau bas

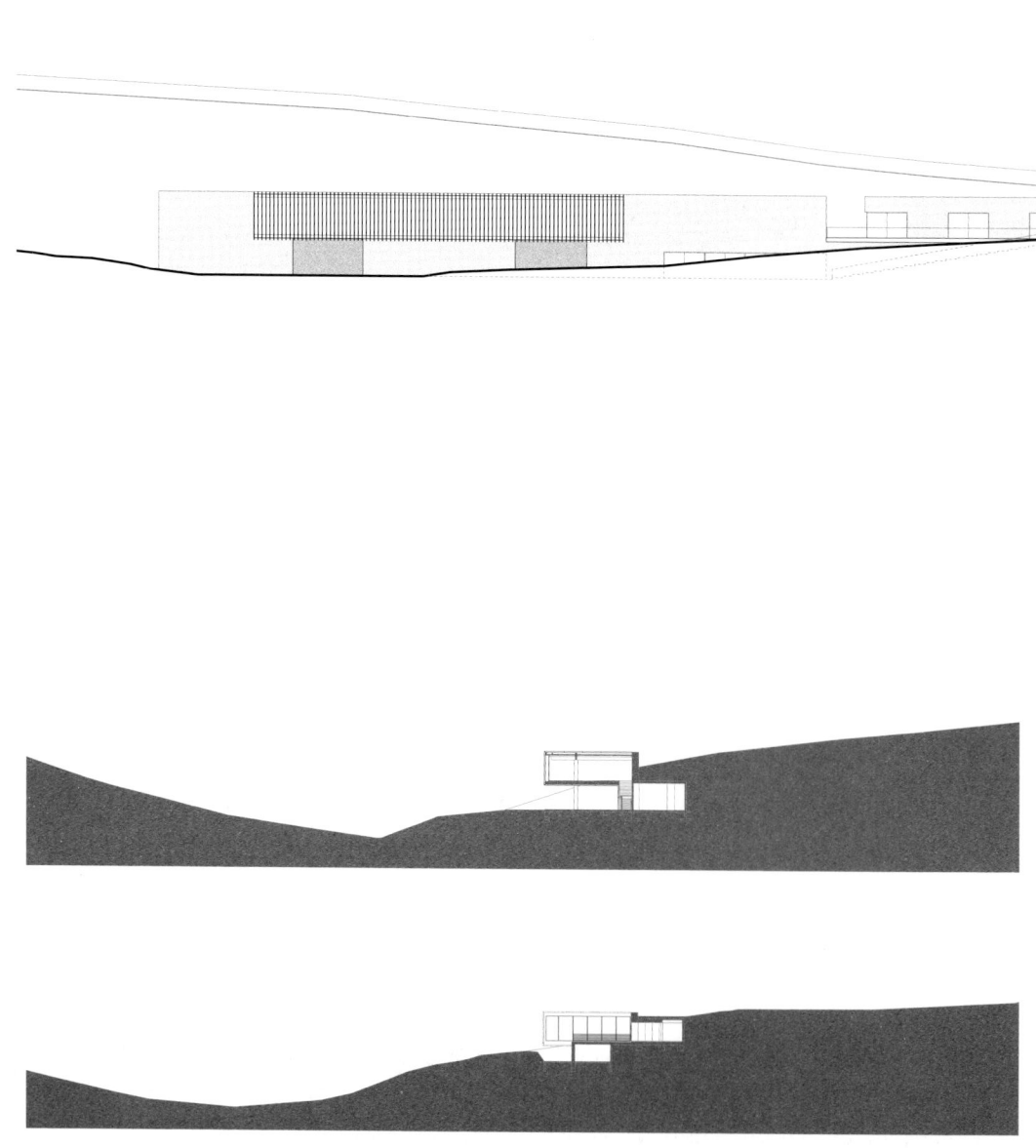

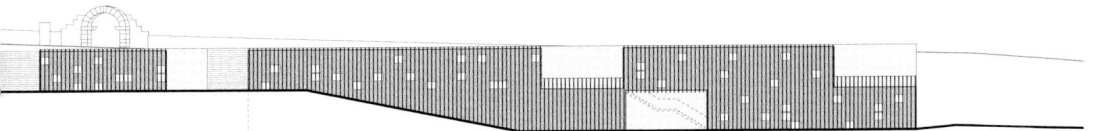

Élévation

Coupes transversales

EXPO
+
2015

CONSTRUCTION DU PAVILLON DU MAROC
DANS LE CADRE DE L'EXPOSITION UNIVERSELLE DE MILAN 2015
MAÎTRE D'OUVRAGE : MINISTÈRE DE L'AGRICULTURE, MAROC
LIEU : MILAN, ITALIE
SURFACE : 1 300 M² / BUDGET : 7,2 M€
LIVRAISON : 2015

Pour répondre au thème de l'exposition universelle « Nourrir la planète », nous avons considéré que la contribution du Maroc devait porter sur la notion de *ruralité*, comme méditation sur l'équilibre entre la ressource, le territoire, la rareté et la matière. Le pavillon, entièrement construit en terre crue, s'inscrit dans l'ensemble de ces rituels. Nous avons dû acclimater et réinventer les méthodes de construction traditionnelles pour permettre la réalisation de cet ouvrage dans des conditions climatiques radicalement différentes. Un dialogue s'est alors installé avec les cultures constructives en terre du nord de l'Italie. L'expérience du pavillon du Maroc devait être la plus juste et la plus réelle possible, la moins déconnectée, la moins aseptisée. Le bâtiment crée son propre climat sans être conditionné, l'inertie seule de la terre atténue les températures. Le pavillon organise dans sa longueur une traversée géographique du territoire, du détroit et de la méditerranée jusqu'au désert du grand sud.

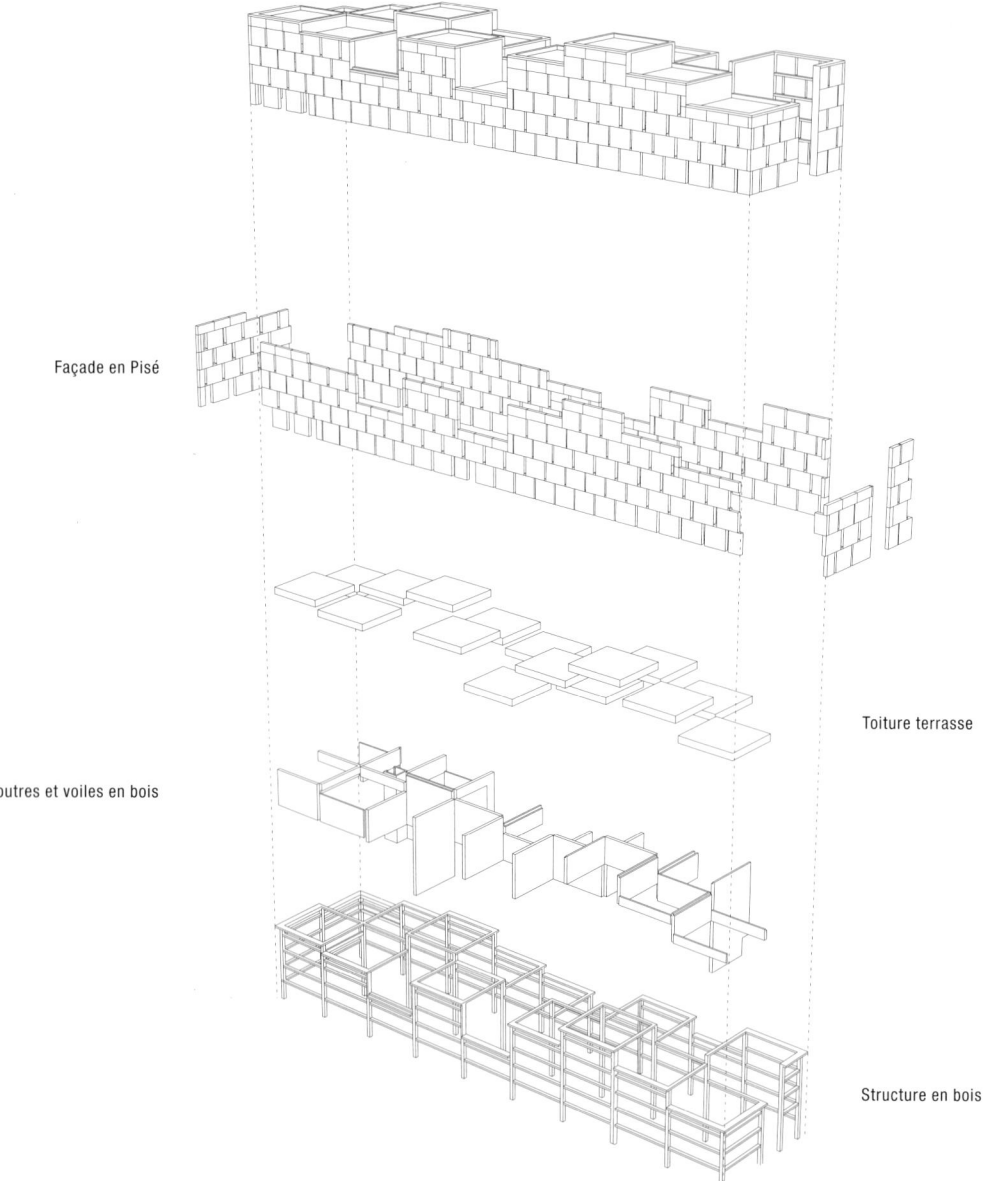

Façade en Pisé

Toiture terrasse

Poutres et voiles en bois

Structure en bois

Axonométrie éclatée

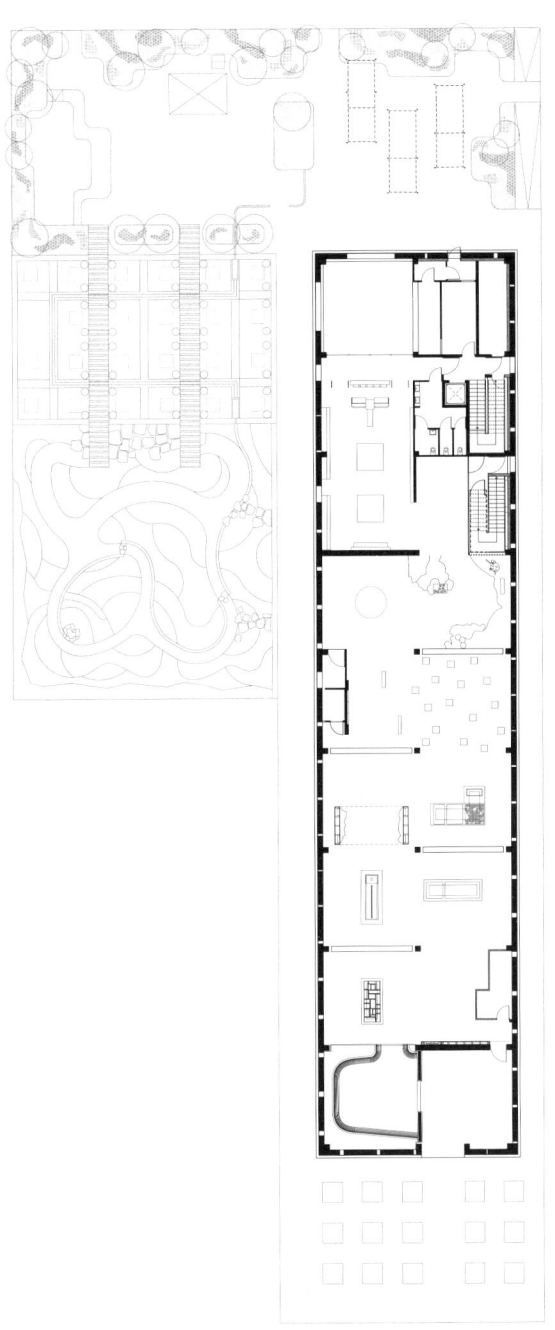

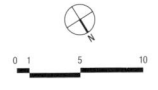

Plan du rez-de-chaussée

BIENNALE DE VENISE

PREMIER PAVILLON DU MAROC POUR LA BIENNALE D'ARCHITECTURE DE VENISE
MAÎTRE D'OUVRAGE : AMBASSADE DU MAROC À ROME
LIEU : VENISE, ITALIE
SURFACE : 200 M^2 / BUDGET : 800 000 €
LIVRAISON : 2014

Appelé *Fundamental(ism)s*, en clin d'œil au thème général proposé par Rem Koolhaas, le projet analyse les fondamentaux de la pratique architecturale des cent dernières années. Le pavillon du Maroc est une exploration de ce que le territoire a appelé comme démarches uniques et radicales. Au-delà de son statut de terre d'accueil, le Maroc a surtout été un véritable laboratoire pour le Projet Moderne. Outre des conditions historiques très particulières qui ont permis cette émergence, le génie marocain est aussi d'avoir absorbé, digéré et enfin métabolisé le Projet Moderne. Pour raconter cette aventure, l'installation met en tension une trajectoire historique de l'aventure de l'habitat urbain avec une réflexion contemporaine sur le désert. L'expérience du pavillon, dans lequel les projets sont présentés sur des stèles qui émergent d'un parterre de sable, doit être celle d'un ralentissement, d'une pose dans la frénésie de l'exposition. Le visiteur est invité à vivre l'expérience de ce désert mythique et de sa grande horizontalité, où le ciel est une carte.

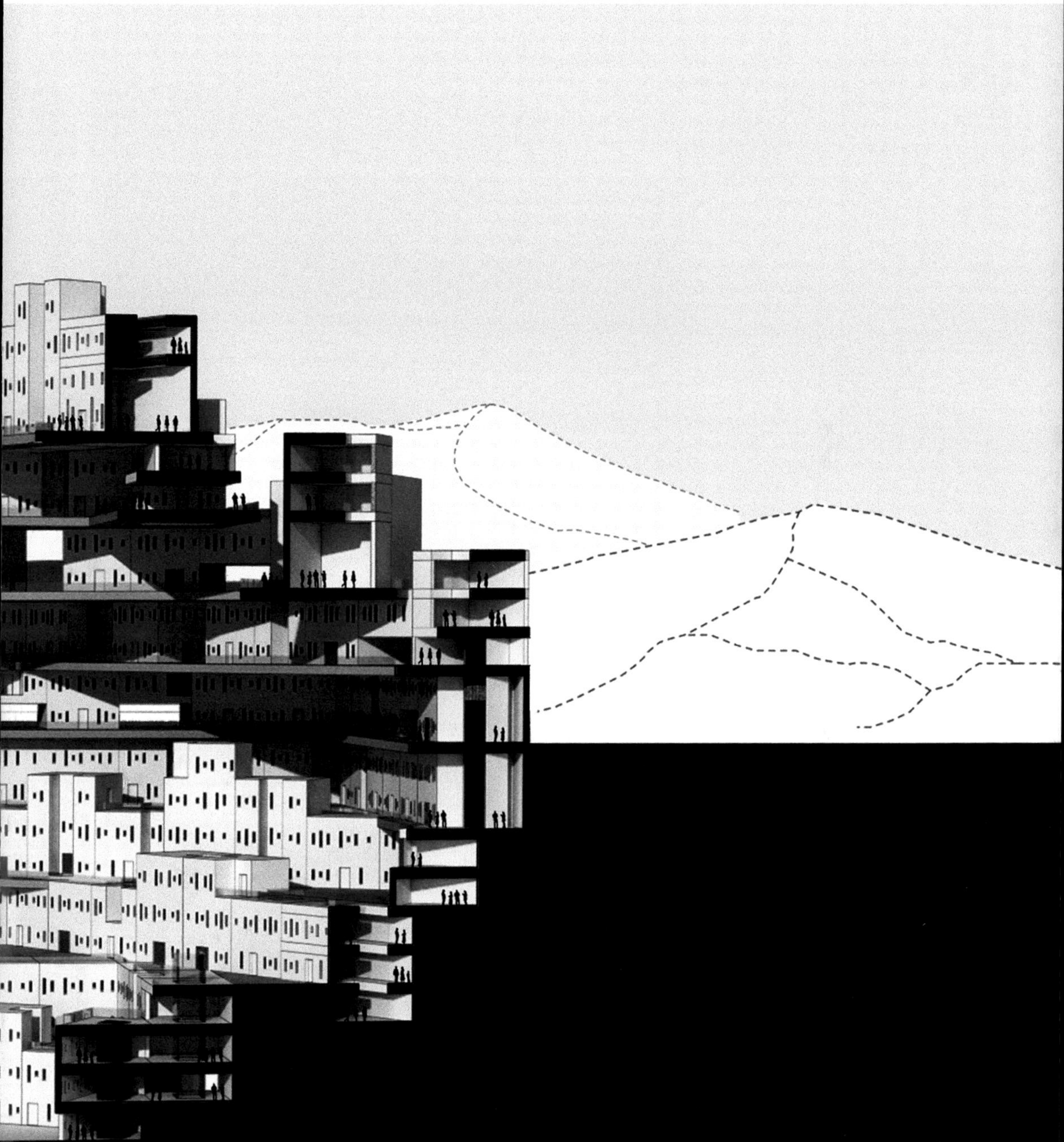

CENTRE + CULTUREL

CENTRE CULTUREL DU MAROC À PARIS

MAÎTRE D'OUVRAGE : AMBASSADE DU MAROC
LIEU : PARIS, FRANCE
SURFACE : 1 360 M^2 / BUDGET : 7 M€
LIVRAISON : 2018

En plein cœur du quartier latin à Paris, au 115 Boulevard Saint-Michel, le nouveau Centre Culturel du Maroc a été conçu comme une accrétion de volumes dans la profondeur de la parcelle et dans toute sa hauteur. Une architecture qui est autant composée par ses pleins que par ses vides. Pour ce nouveau bâtiment, nous voulions proposer un projet qui soit à la fois profondément parisien et intimement marocain. Au lieu d'imposer une écriture d'un autre temps ou d'un autre lieu, nous nous sommes intéressés aux expériences communes des traditions urbaines marocaines et du tissu parisien. L'ouvrage sera l'opportunité de penser le motif non pas dans les surfaces intérieures comme le voudrait la tradition, mais en l'inscrivant dans la peau du bâtiment. Le projet s'exprime par familiarité et réminiscence plutôt que par la forme et les signes.

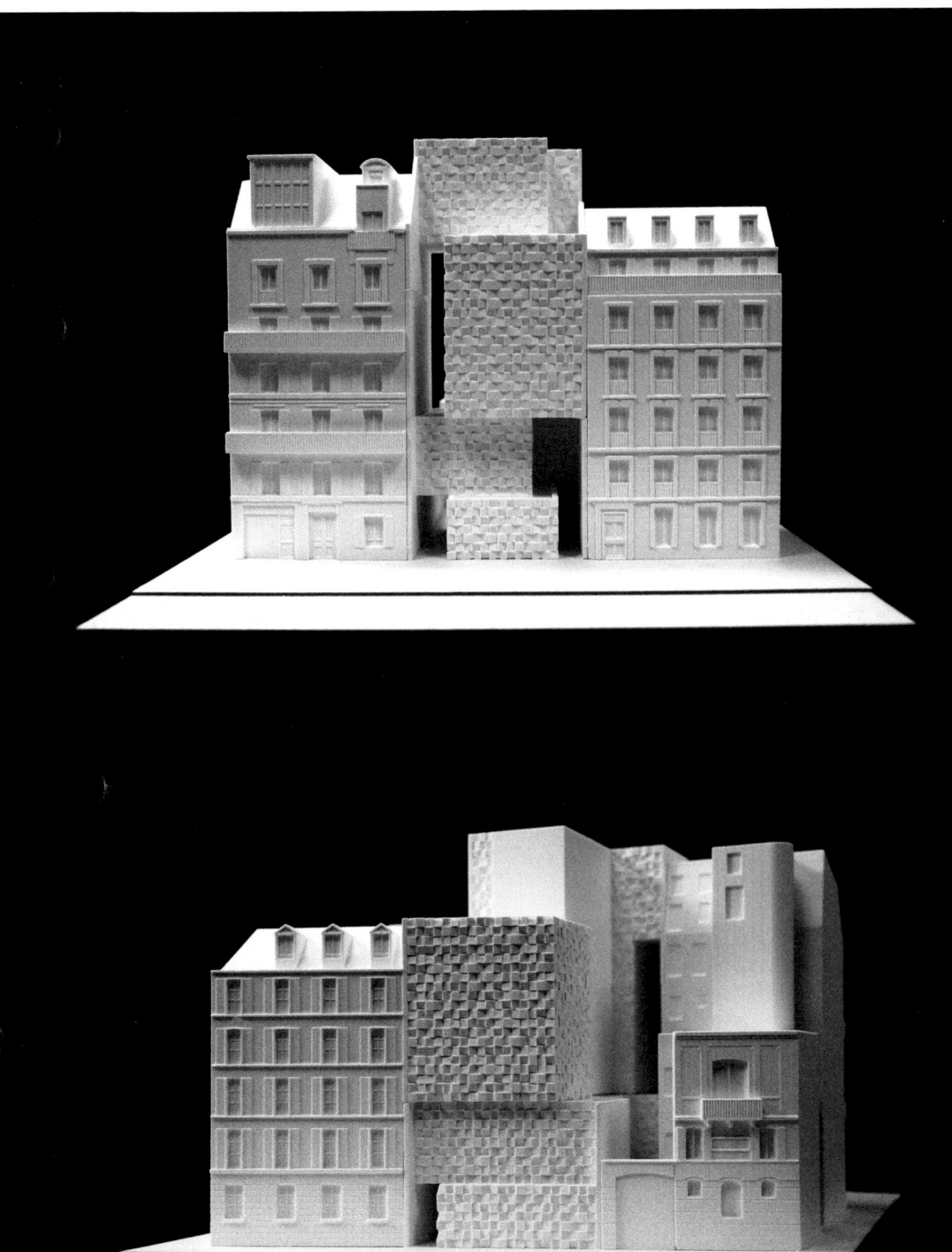

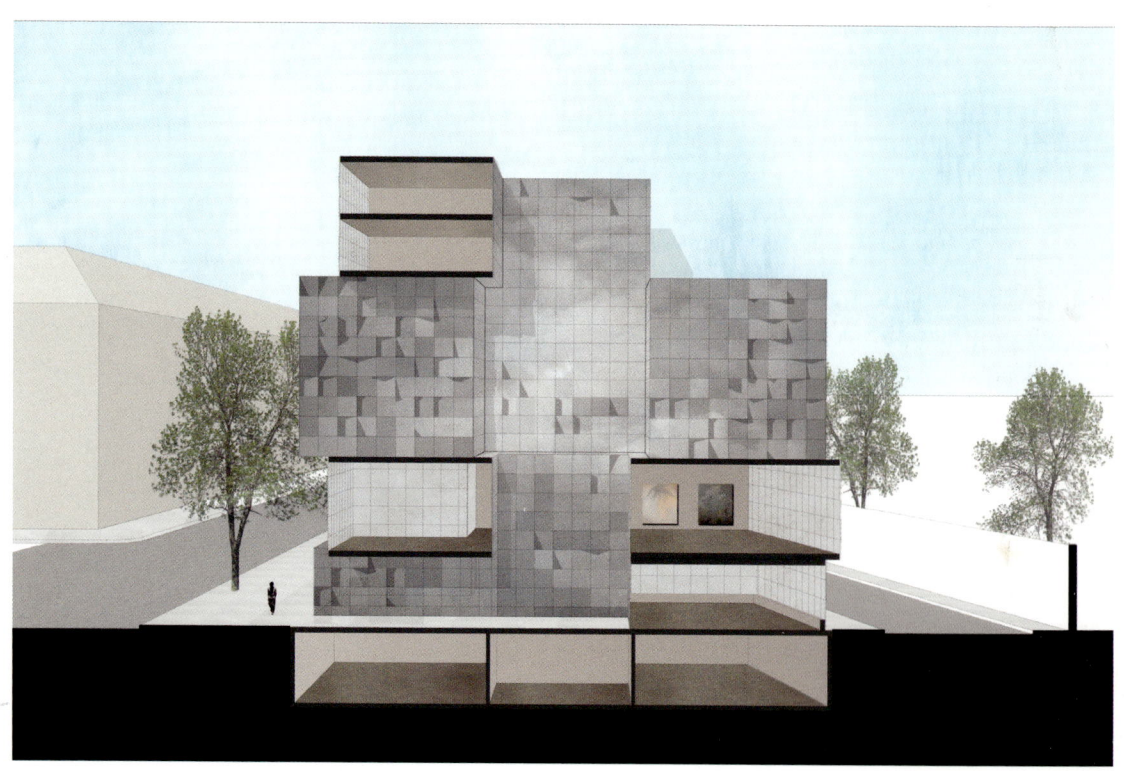

115 boulevard Saint-Michel

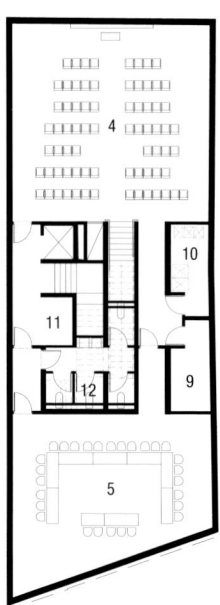

1 _ Entrée
2 _ Accueil
3 _ Espaces d'exposition
4 _ Salle de conférence
5 _ Salle de réunion
6 _ Bureaux
7 _ Caféteria
8 _ Archives
9 _ Local technique
10 _ Local de stockage
11 _ Local à déchets
12 _ Toilettes
13 _ Terrasses

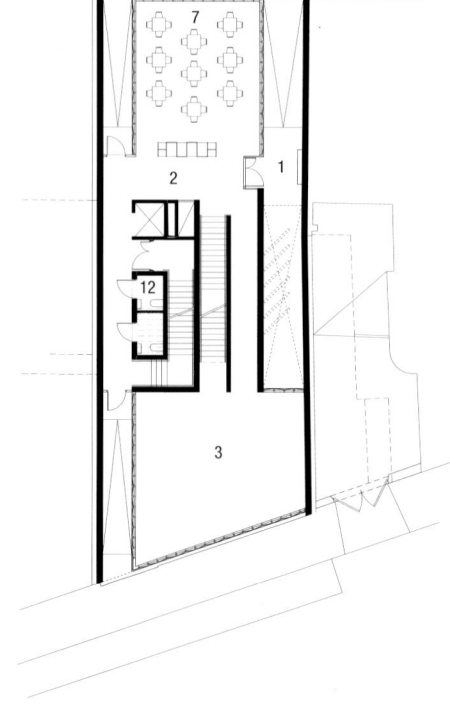

Plan du sous-sol

Plan du rez-de-chaussée

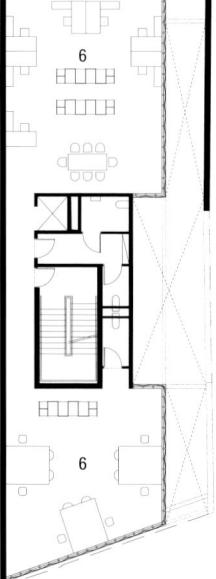

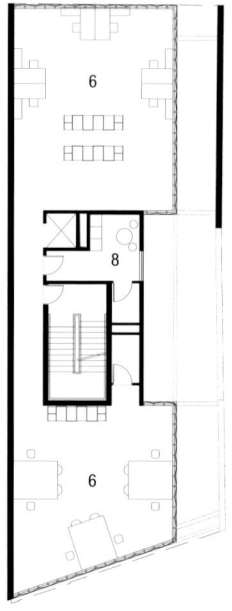

Plan R+3

Plan R+4

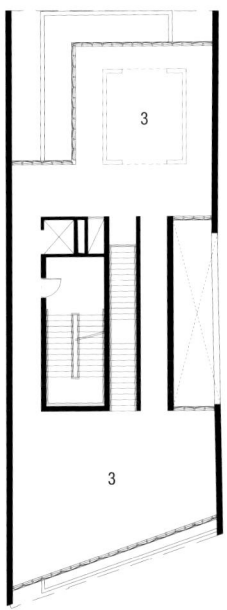

Plan R+1

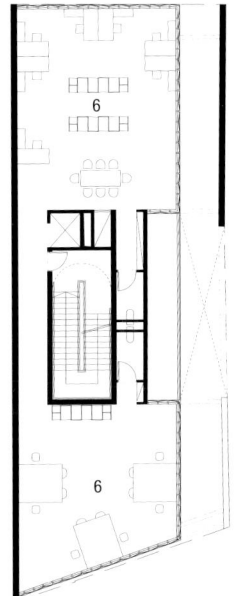

Plan R+2

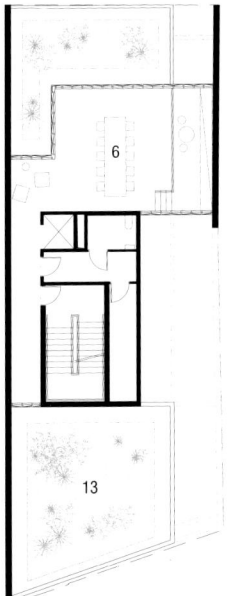

Plan R+5

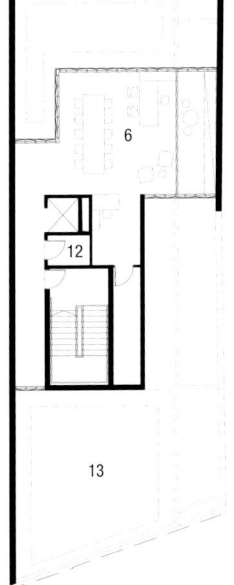

Plan R+6

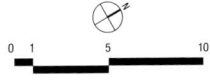

0   1   5   10

F L I J +

INSTALLATION ÉPHÉMÈRE SUR LE PARVIS
DE L'INSTITUT DU MONDE ARABE

MAÎTRE D'OUVRAGE : INSTITUT DU MONDE ARABE, PARIS

LIEU : PARIS, FRANCE

SURFACE : 500 M^2 / BUDGET : 710 000 €

DATE : OCTOBRE 2014 - MARS 2015

Réalisée à l'occasion de l'exposition « Le Maroc Contemporain », à l'Institut du Monde Arabe de Paris, cette installation élevée sur le parvis est une création contemporaine inspirée de l'habitat nomade du Maroc saharien. Le *frig* traditionnel est un campement de nomadisation qui regroupe plusieurs tentes. Le vélum de la tente noire est obtenu par l'assemblage de bandes tissées (*flij*) à partir de poils de chèvres et de dromadaires. À cette laine épaisse a été associée une membrane étanche qui permettra à l'ouvrage de résister à des conditions radicalement différentes de son environnement habituel. Le rythme et les variations de hauteurs offrent une dimension topographique à l'installation, tout en donnant un caractère contemporain à une tradition nomade séculaire.

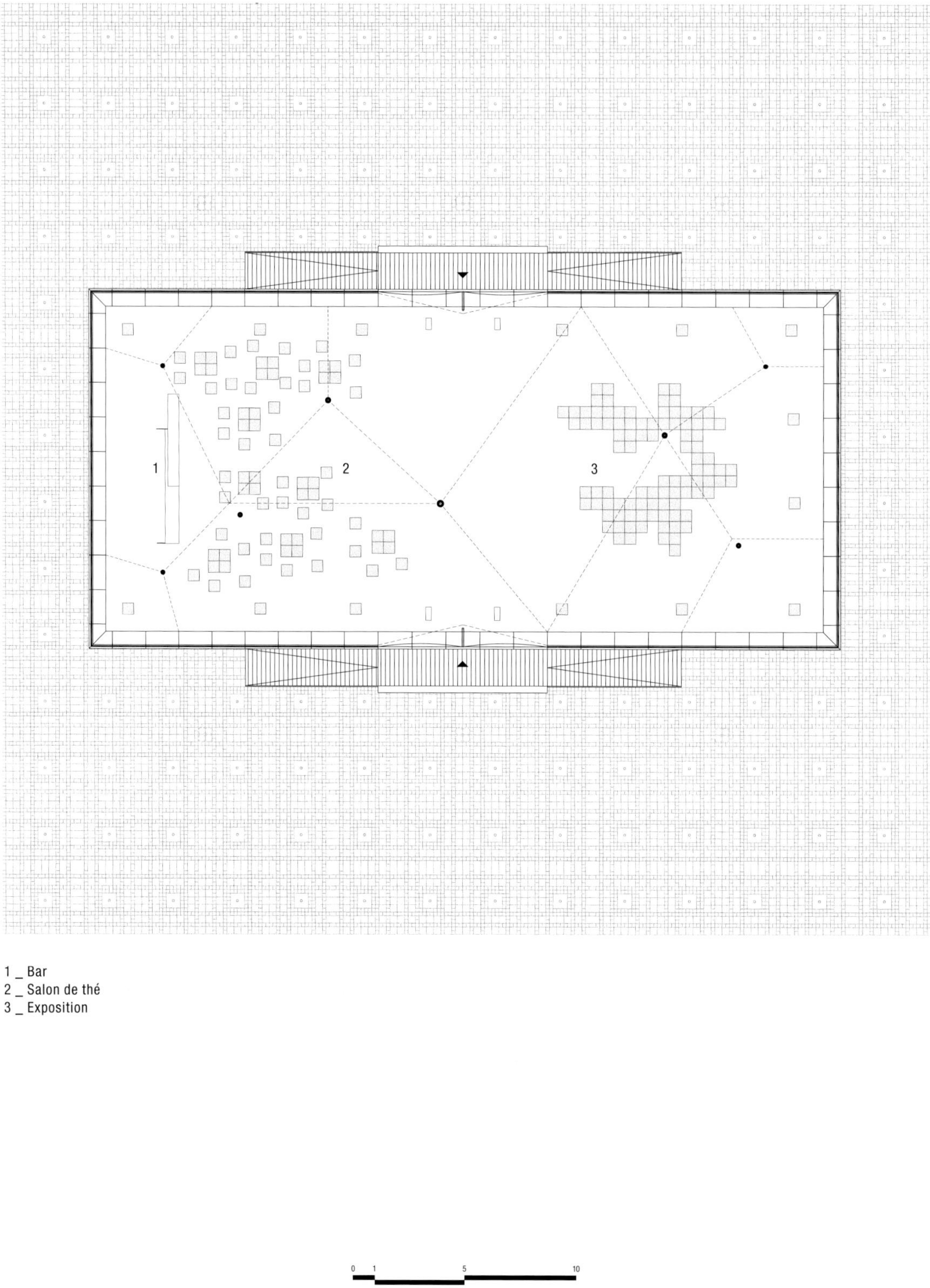

1 _ Bar
2 _ Salon de thé
3 _ Exposition

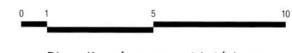

Plan d'aménagement intérieur

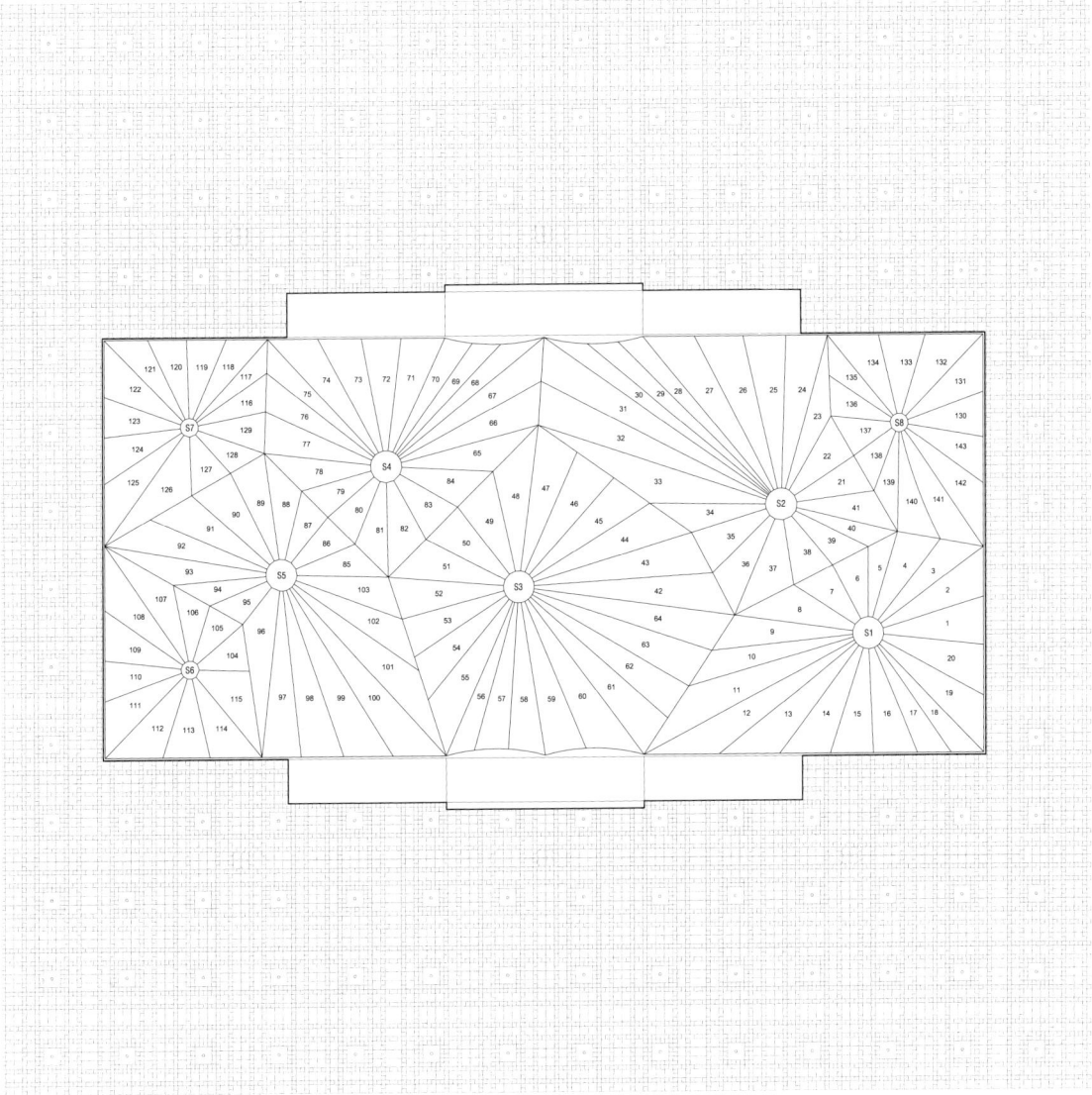

Plan de confection

FÈS

+ MILLENIUM

RÉHABILITATION DE QUATRE CARAVANSÉRAILS DE LA MEDINA DE FÈS, INSCRITE AU PATRIMOINE MONDIAL DE L'UNESCO

MAÎTRE D'OUVRAGE : ADER FÈS ET AGENCE PARTENARIAT POUR LE PROGRÈS

LIEU : FÈS, MAROC

SURFACE : 15 000 M^2 / BUDGET : 10,9 M€

LIVRAISON : 2015

Ce projet de réhabilitation de quatre caravansérails de la Médina de Fès s'inscrit dans un vaste programme de modernisation de la production artisanale, en particulier la production polluante et toxique de la dinanderie. Pour ce programme cofinancé par l'État marocain et l'État américain, nous avons été chargés de la réhabilitation de ces quatre *fondouks*, de la transformation de la grande place *Lalla Ydouna*, de la réalisation de nouvelles infrastructures de production ainsi que de la consolidation d'une partie des murailles et de l'arsenal. Le périmètre de ce projet dépasse très largement le simple exercice architectural. La réhabilitation est en effet l'aboutissement d'un long processus à la fois social, par l'implication des familles, environnemental par les dispositifs de dépollution, mais également technique et patrimonial.

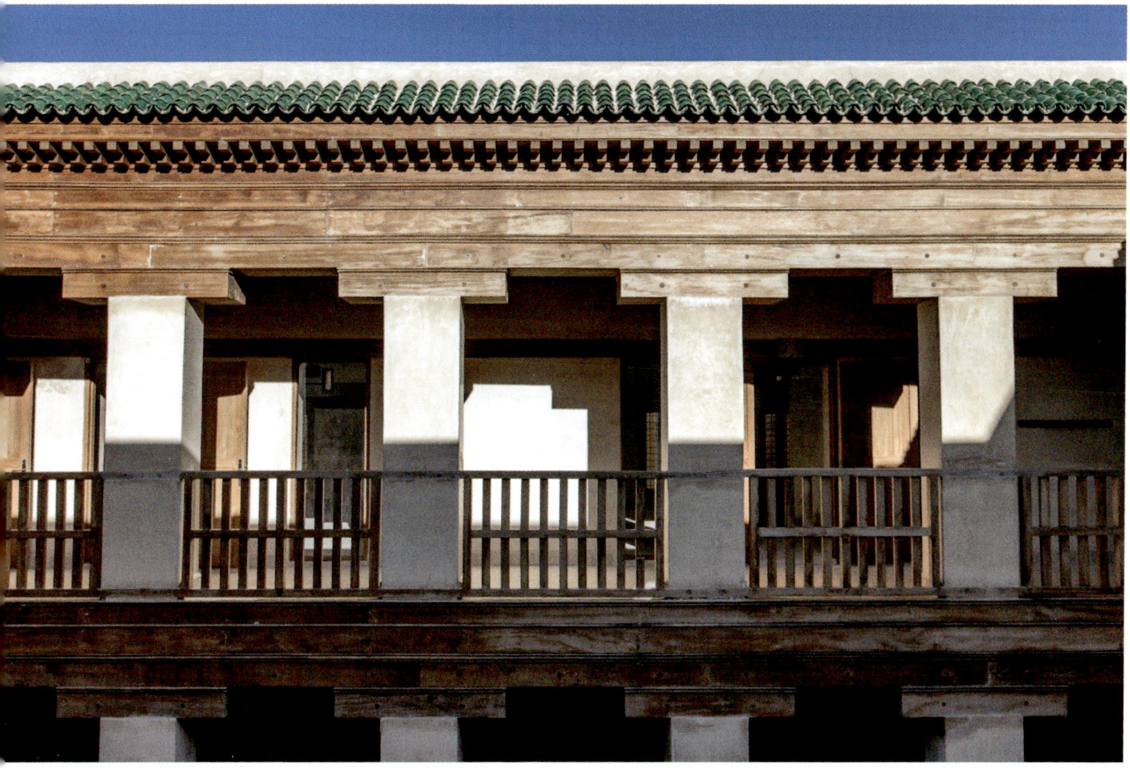

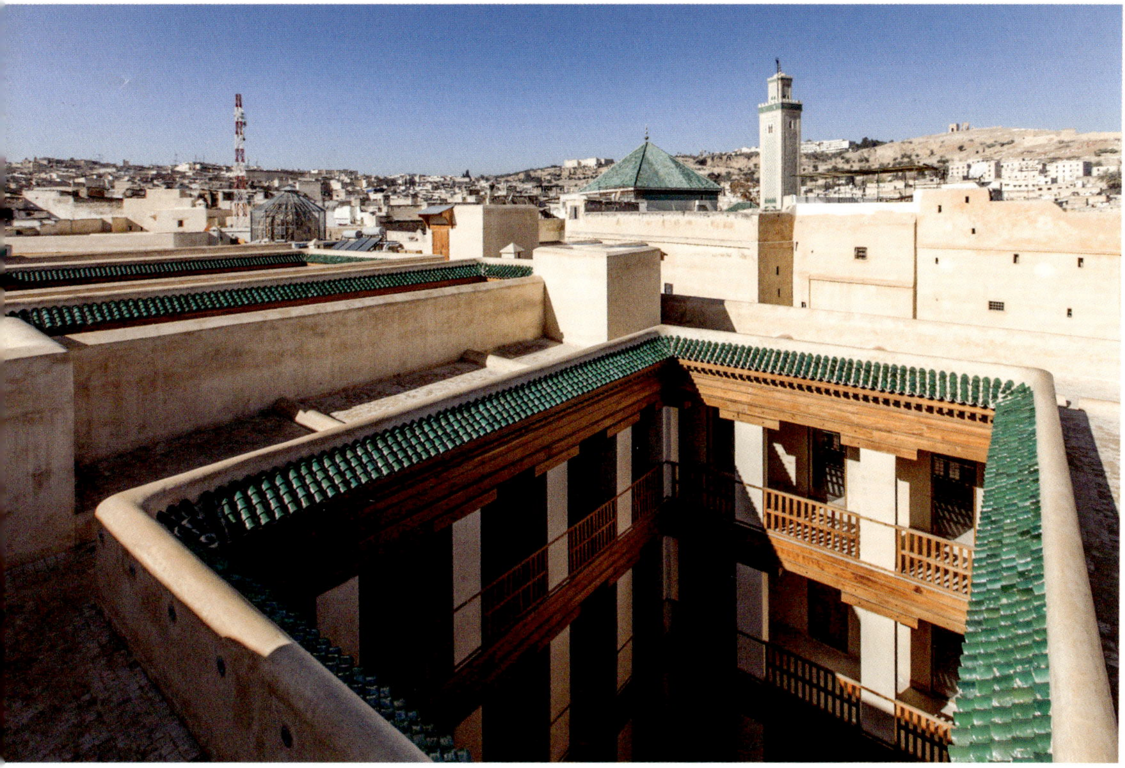

MUSÉE DES ARTS

MUSÉE DES ARTS DU MAROC
MAÎTRE D'OUVRAGE : FONDATION BMCE
LIEU : CASABLANCA, MAROC
SURFACE : 5 000M²
LIVRAISON : 2018

Comment fait-on d'un bâtiment une ville et d'une ville un bâtiment ? Le projet du Musée d'Arts du Maroc (MAM) emprunte à la tradition artisanale le rapport du fragment à l'œuvre. Chaque partie de l'ouvrage constitue un tout cohérent dont l'agrégation est pensée comme un moment du paysage urbain à l'échelle architecturale. Les surfaces minérales jouxtent les zones de transparence, créant un contraste qui rythme par la lumière les espaces d'exposition et ponctue l'espace public par la matérialité. Figure héroïque, émergence de béton blanc, le MAM dégage une présence singulière par la familiarité de son langage et la complexité de sa morphologie.

Façade Nord-Est sur le boulevard Moulay Youssef

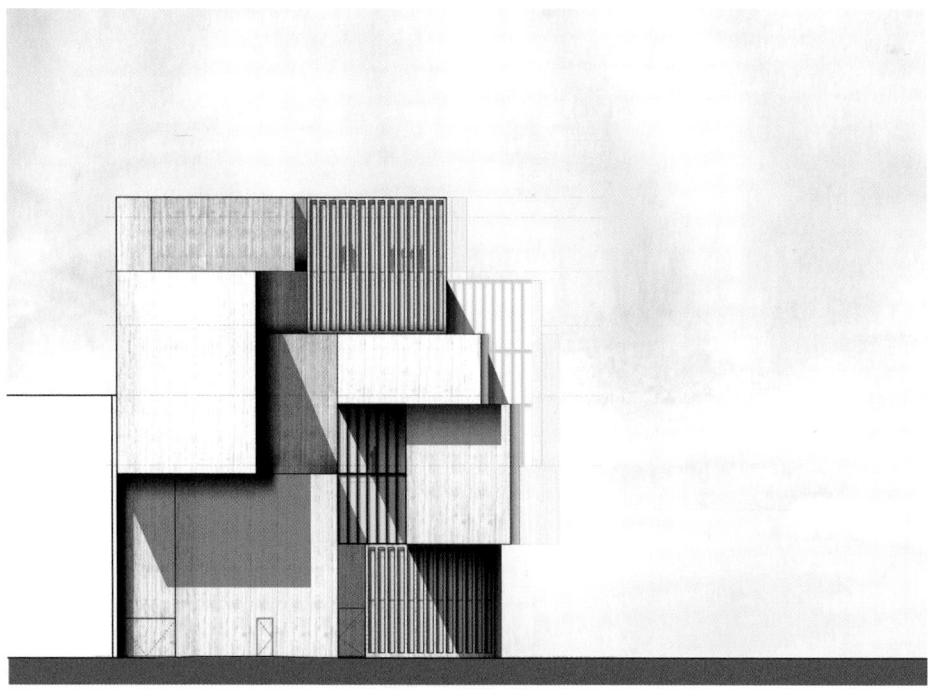

Façade Sud-Est sur le boulevard Brahim Roudani

62_63

1 _ Hall d'accueil
2 _ Salle d'exposition
3 _ Boutique
4 _ Tisanerie
5 _ Vestiaire
6 _ WC
7 _ Maintenance

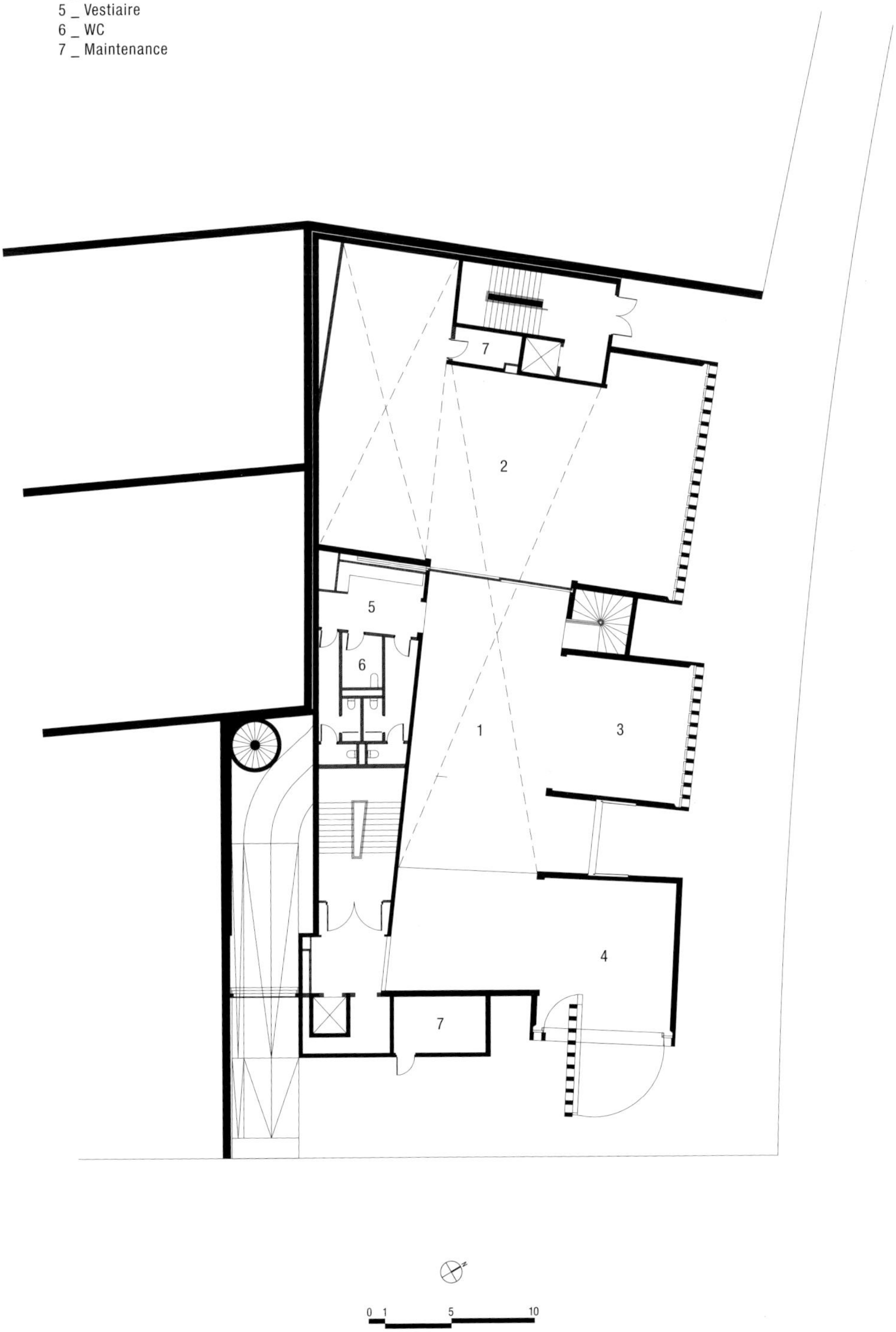

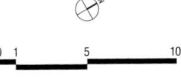

Plan du rez-de-chaussée

D A R

E L

RÉHABILITATION ET CONVERSION D'UN PALAIS EN MUSÉE DES ARTS PREMIERS

MAÎTRE D'OUVRAGE : MINISTÈRE DE LA CULTURE, MAROC
LIEU : MARRAKECH, MAROC
SURFACE : 3 100 M^2 / BUDGET : 2 M€
LIVRAISON : 2006

+

E L

B A C H A

La transformation du palais de Dar el Bacha en Musée des Arts Premiers constitue un exercice minutieux d'excavation des traces du passé. Devant abriter des œuvres d'une grande diversité, offertes par la conservatrice américaine Patty Cadby Birch, le musée se doit d'être un espace de négociation entre empreintes des fonctions antérieures et programme actuel. Dar el Bacha révèle une fascinante histoire faite de changements perpétuels. Son utilisation ayant évolué au fil des occupants, le palais s'est vu nourri de strates fonctionnelles transversales, qu'elles soient résidentielles, civiles, sociales ou politiques. Le palais étant le résultat d'influences architecturales diverses, l'ajout d'une strate contemporaine semble continuer l'élaboration d'un vocabulaire propre à ce lieu magique.

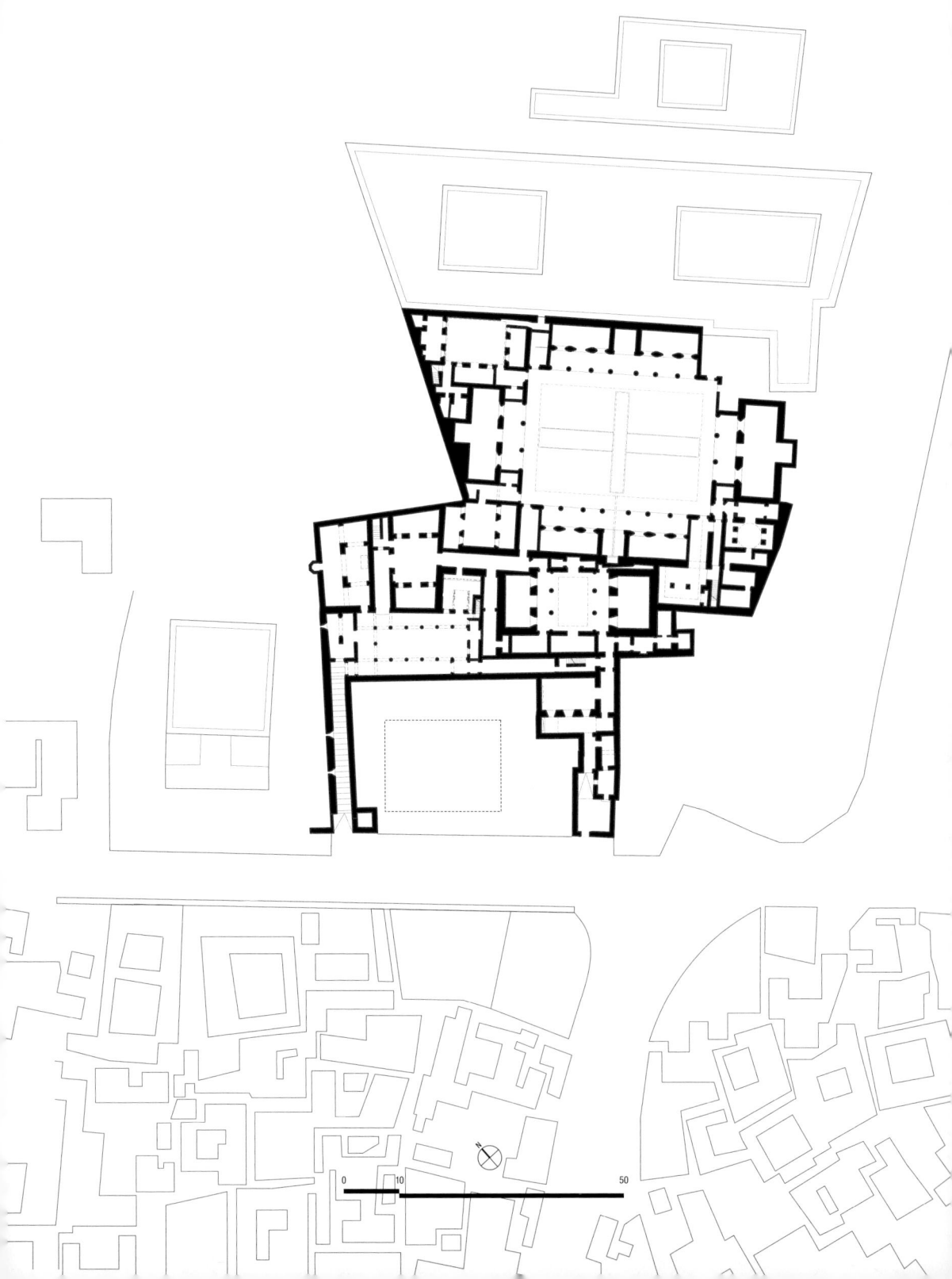

0   10   50

H O M E +

INSTALLATION AU MUSEUM OF ARCHITECTURE, LONDRES
MAÎTRE D'OUVRAGE : MUSEUM OF ARCHITECTURE
LIEU : LONDRES, UK
DATE : 2012

Cette exposition, organisée par le Musée d'Architecture de Londres, avait pour ambition de mener un travail d'investigation autour des espaces domestiques dans un univers mondialisé. Le commissariat a décidé de laisser libre cours aux architectes sélectionnés, leur proposant d'offrir une réflexion sur l'identité et le rapport à la domesticité. Dans cette optique, nous avons pris le parti de mettre en place une installation dédiée à la question de la diaspora. La mobilité étant au cœur de la problématique, nous avons fait le choix de ne pas présenter de dispositifs architecturaux domestiques, mais une collection d'objets transportés. Présentée sur un même plan, monochrome, l'installation déploie tous les objets qui fabriquent la domesticité, le tout devenant une surface de projection en reliefs, pour les témoignages apportés par les Marocains du monde.

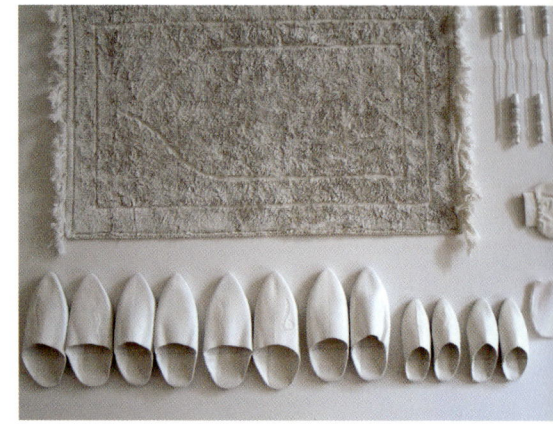

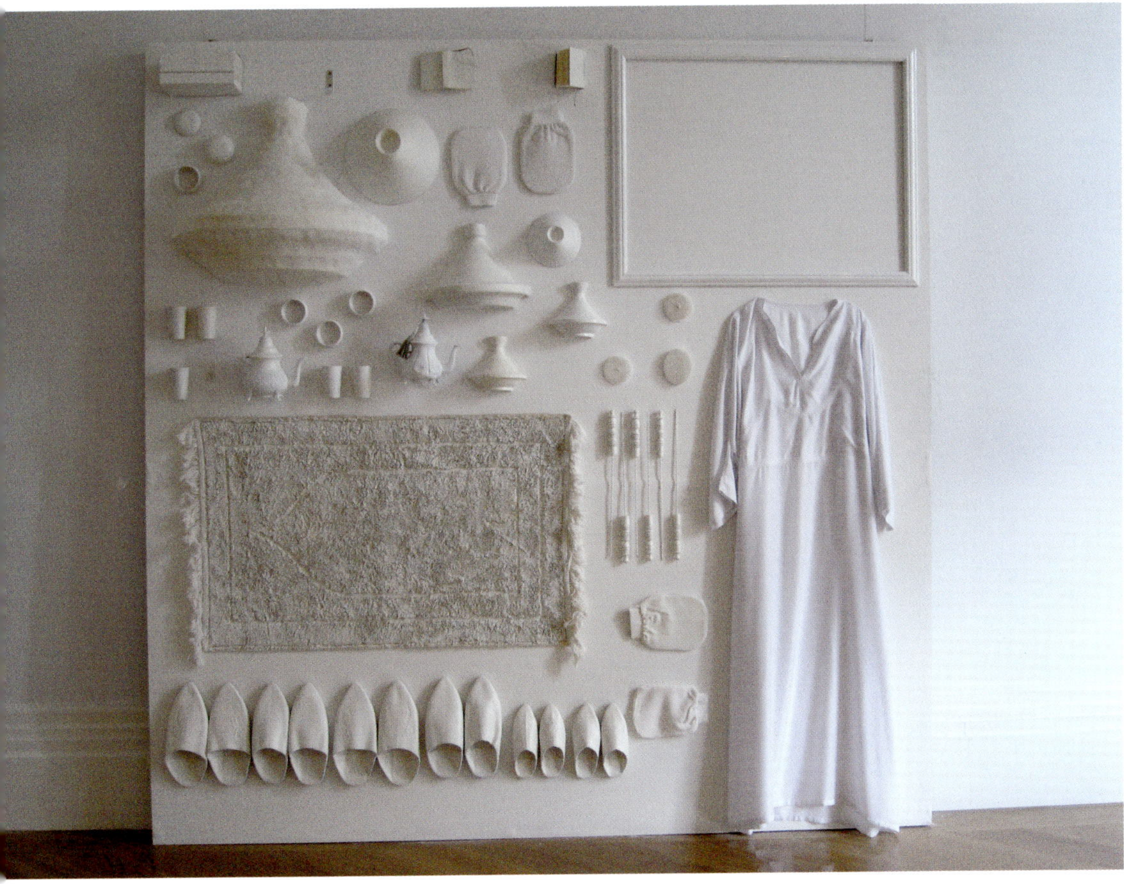

L'ABATTOIR

**INSTALLATION AUX TRANSCULTURELLES
DES ABATTOIRS DE CASABLANCA**
LIEU : CASABLANCA, MAROC
SURFACE : 9 M^2
DATE : 2009

La boîte de glace a été conçue pour les transculturelles des abattoirs de Casablanca en 2009, qui inauguraient la transformation des anciens abattoirs en une fabrique culturelle contemporaine. Dans cette ville qui cannibalise les vides, où les plus petits interstices urbains deviennent des quartiers, le complexe des abattoirs a la particularité de ne pas avoir été ré-habité depuis sa fermeture en 2002. Nous avons eu envie d'exploiter la possibilité de faire disparaitre une des plus petites entités d'un bâtiment. En remplaçant des briques ou du béton par 150 pièces de glace industrielle, la boîte se transforme en un espace à part : un lieu froid dans un pays chaud, un lieu humide en milieu sec. C'est un espace qui est conscient de sa propre disparition, une version accélérée de la vie d'un bâtiment.

MUSÉE DAKHLA

+

MUSÉE DES CIVILISATIONS DU SUD
MAÎTRE D'OUVRAGE : AGENCE POUR LA PROMOTION ET LE DÉVELOPPEMENT
ÉCONOMIQUE ET SOCIAL DES PROVINCES DU SUD DU ROYAUME
LIEU : DAKHLA, MAROC
SURFACE : 3 160 M^2
CONCOURS : 2015

Sur un site stratégiquement placé, entre mer et centre urbain, le musée a été conçu pour être le premier espace public de la ville. Entourée par deux strates d'espaces déambulatoires, la structure blanche et suspendue invite l'espace public dans l'espace commun. Le paysage accompagne le regard et tisse une continuité jusqu'au bout de l'îlot. Le musée est traversé jusqu'à sa toiture, qui est rendue accessible, faisant du bâtiment une expérience de circulation entre sol et ciel. Un perpétuel mouvement qui, à la manière des cultures du sud, est en mobilité constante. L'espace muséal est libre, transparent, ponctué de généreuses ouvertures zénithales inondant de lumière les plateaux d'exposition élevés à différents niveaux. Les étages s'ouvrent sur la mer, rythmant le contenu, tandis que le sol ancre le programme dans la ville et ses espaces publics.

MUSÉE DAKHLA

1 _ Café
2 _ Bureaux
3 _ Stock
4 _ Boutique
5 _ Hall
6 _ Stock
7 _ Atelier

8 _ Vestiaire
9 _ Billetterie
10 _ Ascenseur
11 _ Local technique
12 _ Toilettes
13 _ Réserve
14 _ Déchets avant évacuation

15 _ Monte charge
16 _ Relais Atelier
17 _ Gestion technique
18 _ Local informatique
19 _ Espace emballage / Déballage
20 _ Espace de travail
21 _ Local dédié aux entreprises

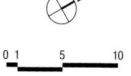

0 1   5   10

Plan du rez-de-chaussée

86_87

1 _ Exposition permanente
2 _ Terrasse
3 _ Espace éducatif
4 _ Salle d'animation
5 _ Salle de conférence
6 _ Espaces documentation

7 _ Atelier
8 _ Stockage
9 _ Local technique
10 _ Toilettes
11 _ Reprographie
12 _ Bureaux

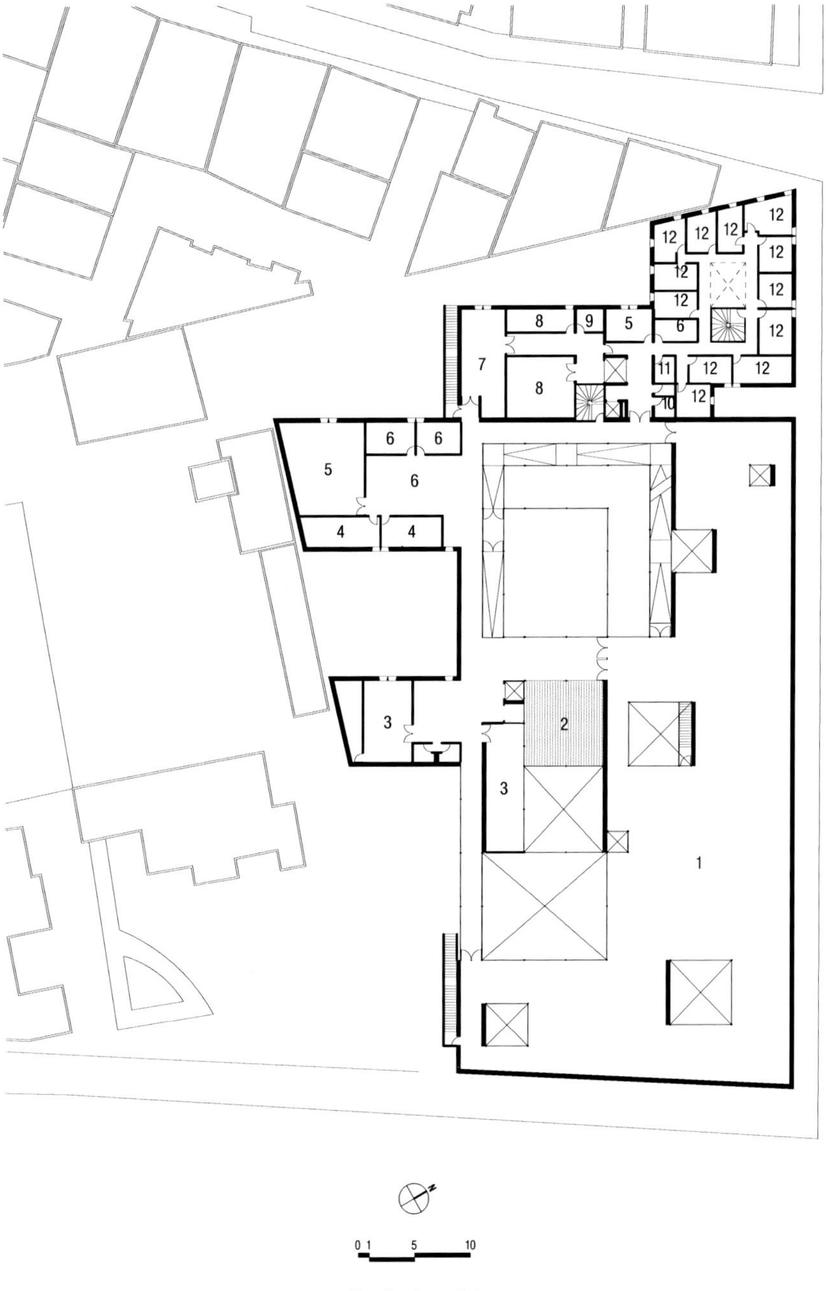

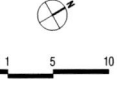

Plan du niveau R+1

MNAST +

MUSÉE NATIONAL D'ARCHÉOLOGIE ET DES SCIENCES DE LA TERRE
MAÎTRE D'OUVRAGE : MINISTÈRE DE LA CULTURE, MAROC
LIEU : RABAT, MAROC
SURFACE : 17 500 M^2
CONCOURS : 2015

Sur un territoire conquis sur le fleuve, le musée est pensé comme un trait d'union visuel entre les deux rives. Autour d'un jeu entre surfaces réfléchissantes et profondeurs de champs, il s'élève par-dessus la cime des arbres pour offrir à la ville une nouvelle strate paysagère, blanche, lumineuse et évanescente. L'espace muséal est soulevé, il entoure son site par une grande galerie aux circuits linéaires et chronologiques, ponctués dans les espaces de repos par de grandes ouvertures sur le paysage. L'espace entouré s'ouvre sur la ville y accueillant un jardin ainsi qu'une série d'équipements, donnant à l'espace circonscrit un caractère urbain.

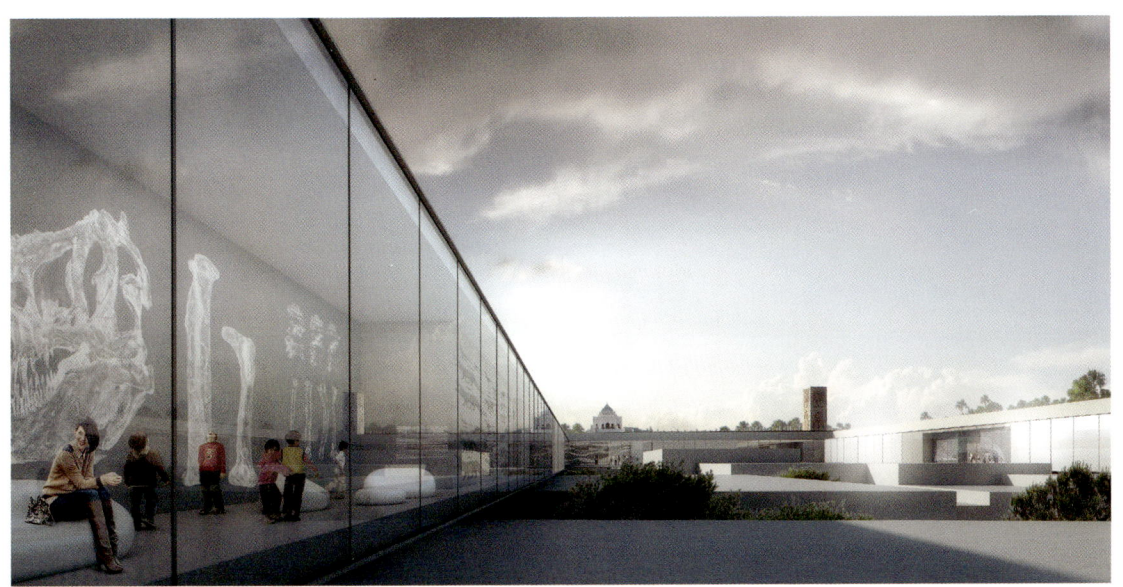

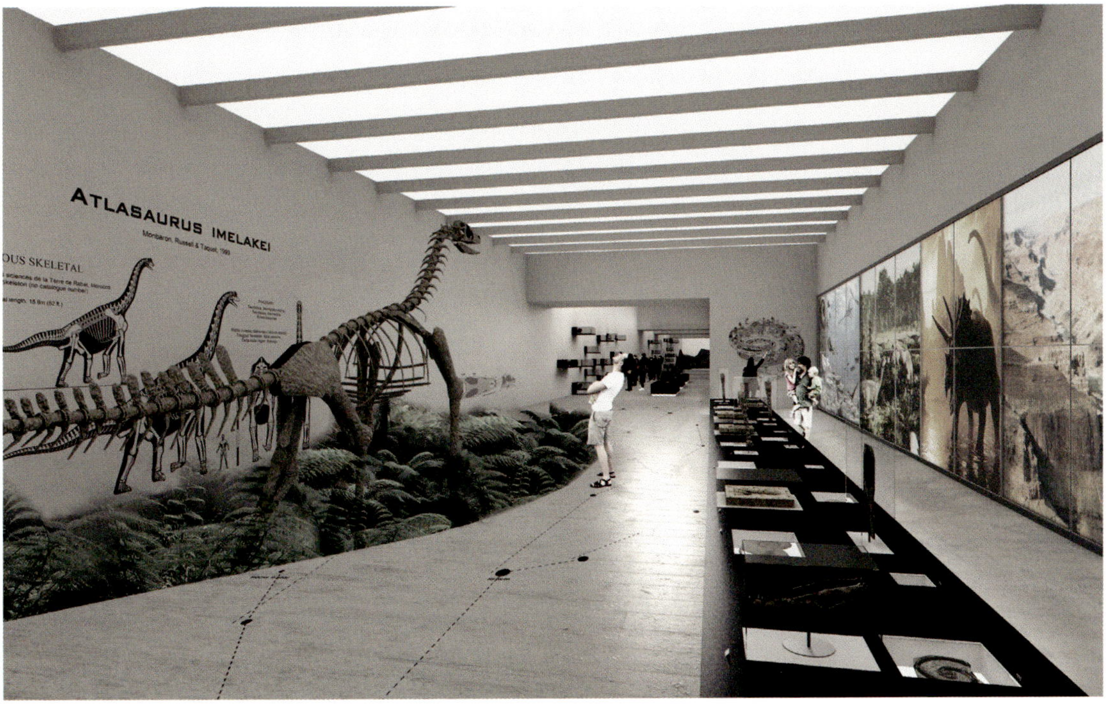
ATLASAURUS IMELAKEI
OUS SKELETAL

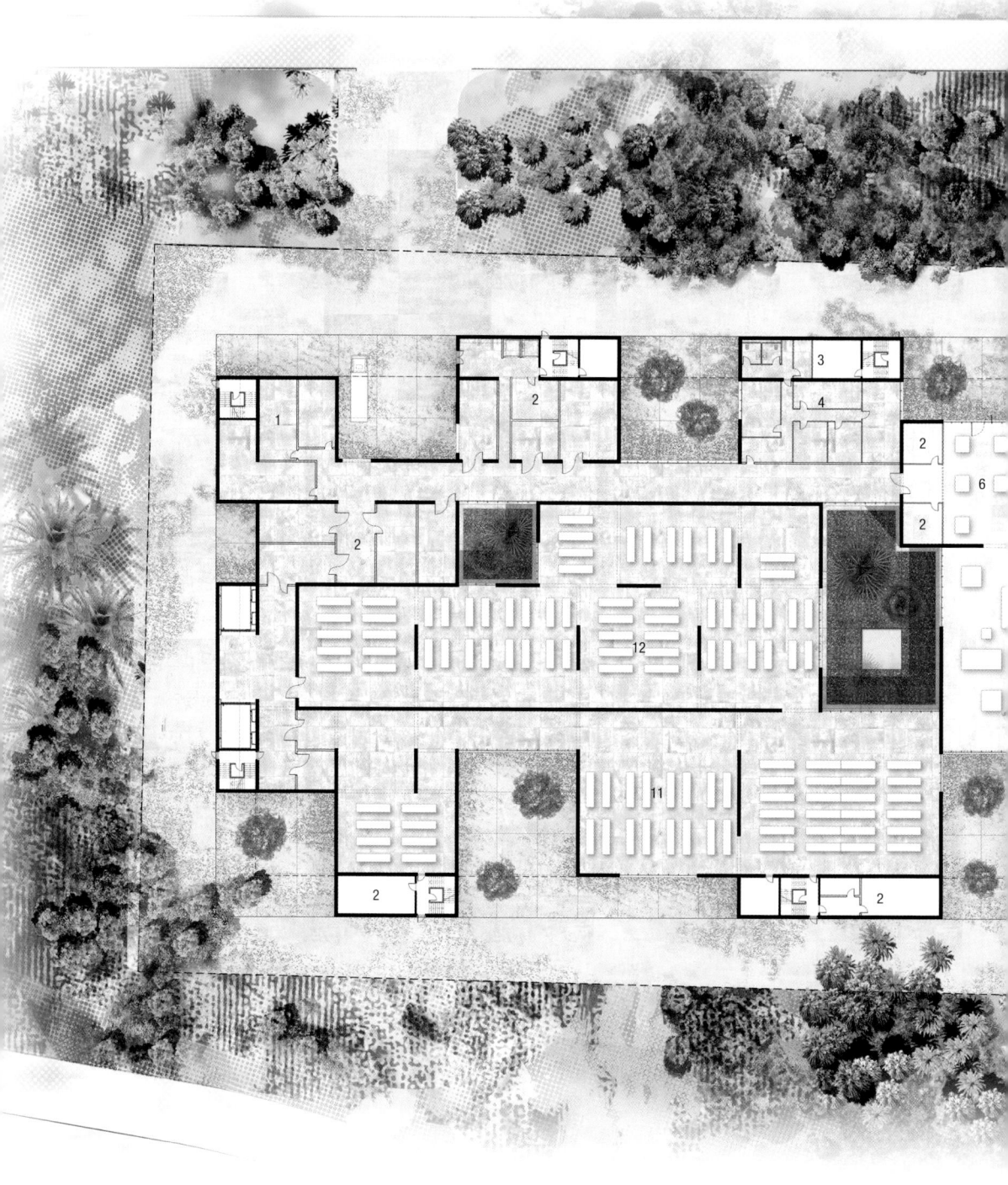

1 _ Stock
2 _ Locaux techniques
3 _ Toilettes
4 _ Vestiaire
5 _ Bureaux
6 _ Salles d'exposition
7 _ Foyer

8 _ Billetterie
9 _ Salle d'attente
10 _ Restaurant
11 _ Réserve Sciences de la Terre
12 _ Réserve Archéologie
13_ Boutique
14_ Auditorium

Plan du rez-de-chaussée

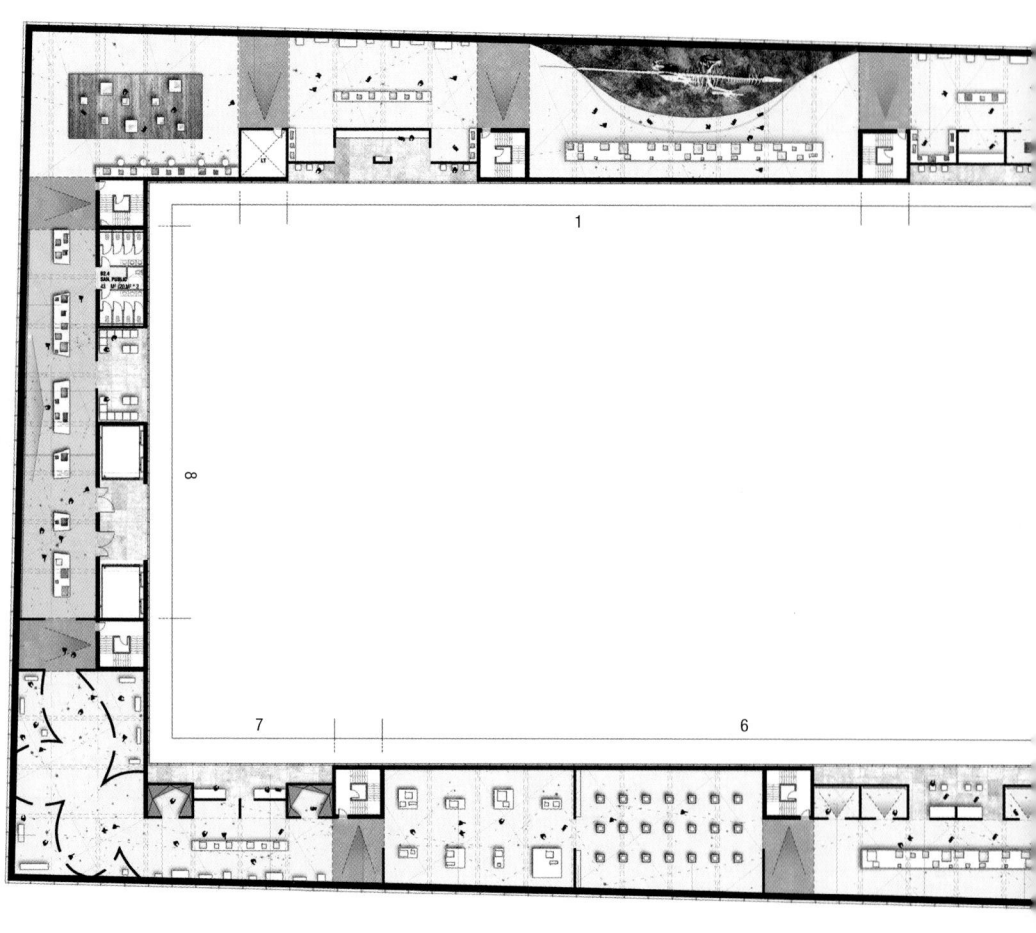

1 _ Mésozoique
2 _ Paléozoique
3 _ Précambrien
4 _ Origines de la Terre
5 _ Période Islamique
6 _ Antiquité
7 _ Préhistoire
8 _ Transition

3

4

5

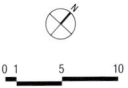

0 1   5   10

Scénario muséographique

ESCALES
+

EXPOSITION DÉDIÉE AU TRAVAIL DE L'AGENCE
LIEU : CASABLANCA, MAROC / PARIS, FRANCE
DATE : 2010 - 2011

L'exposition présente une quarantaine de projets, de la maison à la ville, à la même échelle et sur un territoire continu. Dans une topographie imaginaire, nous avons voulu inscrire une mémoire tangible du travail de l'agence. Cette confrontation des projets fait apparaître l'exploration constante des échelles et des structures du territoire qui est au cœur de notre pratique. L'incroyable diversité des sites, des situations et des programmes sur lesquels l'agence travaille nous permet de confronter les territoires et d'y trouver de nouveaux modes d'intervention. Rechercher, décliner, pervertir et contourner les échelles devient notre stratégie de projet. Une forme de résistance à la standardisation de nos environnements, où la recherche de singularité ne se fait pas à travers la distinction formelle, mais par la volonté de s'inscrire dans une structure territoriale continue.

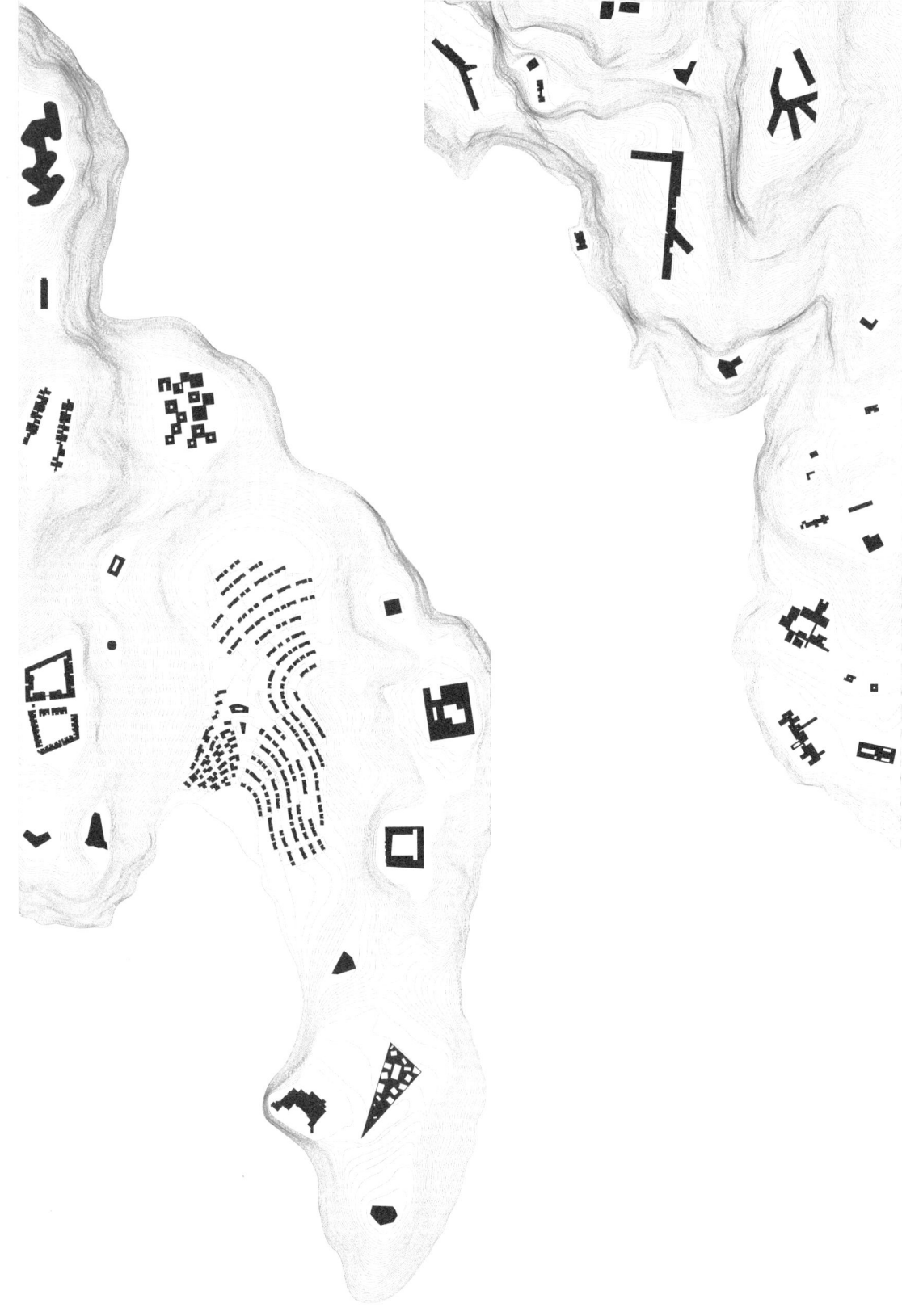

CATALOGUE

RAISONNÉ

+

MUSÉE DES ARTS DU MAROC
Programme : Construction d'un musée
Maître d'ouvrage : Fondation BMCE
Lieu : Casablanca, Maroc
Surface : 5 000 m^2
Livraison : 2018

- -

CENTRE CULTUREL À PARIS
Programme : Construction du Centre
Culturel du Maroc à Paris
Maître d'ouvrage : Ambassade du Maroc
Lieu : Paris, France
Surface : 1 360 m^2 / Budget : 7 M€
Livraison : 2018

- -

NEW MORNING
Programme : Rénovation et aménagement
d'un club de jazz
Maître d'ouvrage : Privé
Lieu : Paris, France
Surface : 500 m^2 / Budget : 700 000 €
Livraison : 2016

- -

COP 21
Programme : Construction de deux Pavillons
à l'occasion de la COP 21
Maître d'ouvrage : Ministère de l'Énergie,
des Mines, de l'Eau et de l'Environnement,
Maroc
Lieu : Paris, France
Surface : Pavillon 1 : 165 m^2 ;
Pavillon 2 : 85 m^2 / Budget : 175 000 €
Livraison : 2015

- -

FÈS MILLENIUM
Programme : Réhabilitation de quatre
Caravansérails de la Medina de Fès, inscrite
au patrimoine mondial de l'UNESCO
Maître d'ouvrage : Ader Fès et Agence
Partenariat pour le Progrès
Lieu : Fès, Maroc
Surface : 15 000 m^2 / Budget : 10,9 M€
Livraison : 2015

- -

**MUSÉE NATIONAL D'ARCHÉOLOGIE
ET DES SCIENCES DE LA TERRE #2**
Programme : Construction du Musée
National d'Archéologie et des Sciences
de la Terre
Maître d'ouvrage : Ministère de la Culture,
Maroc
Lieu : Rabat, Maroc
Surface : 17 500 m^2
Concours : 2015

- -

EXPO 2015
Programme : Construction du Pavillon du Maroc
dans le cadre de l'Exposition Universelle
de Milan 2015
Maître d'ouvrage : Ministère de l'Agriculture
Maroc
Lieu : Milan, Italie
Surface : 1 300 m^2 / Budget : 7,2 M€
Livraison : 2015

- -

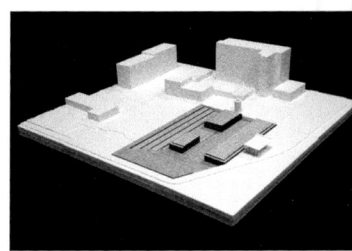

BIBLIOTHÈQUE DE DUNKERQUE
Programme : Reconversion d'un musée
en bibliothèque
Maître d'ouvrage : Ville de Dunkerque
Lieu : Dunkerque, France
Surface : 3 500 m^2
Concours : 2015

- -

MUSÉE DAKHLA
Programme : Musée des civilisations du sud
Maître d'ouvrage : Agence pour la Promotion
et le Développement économique et social
des provinces du Sud du Royaume
Lieu : Dakhla, Maroc
Surface : 3 160 m^2
Concours : 2015

- -

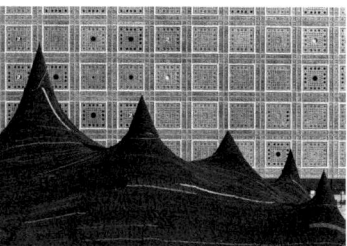

FLIJ
Programme : Installation éphémère
sur le parvis de l'Institut du Monde Arabe
Maître d'ouvrage : Institut du Monde Arabe
Lieu : Paris, France
Surface : 500 m^2 / Budget : 710 000 €
Date : octobre 2014 - mars 2015

- -

**LE MAROC CONTEMPORAIN, EXPOSITION
À L'INSTITUT DU MONDE ARABE**
Programme : Commissariat de la section
architecture de l'exposition « Le Maroc
Contemporain » à l'IMA
Lieu : Paris, France
Date : octobre 2014 - janvier 2015

- -

GALERIE D'ARCHITECTURE
Programme : Exposition pour le quinzième
anniversaire de la Galerie d'Architecture
Lieu : Paris, France
Date : 2015

- -

YOUNG ARAB ARCHITECTS
Programme : Exposition pour le Prix *Young
Arab Architects*
Lieu : Venise, Italie
Date : 2014

- -

BIENNALE DE VENISE
Programme : Premier Pavillon du Maroc
pour la Biennale d'Architecture de Venise
Maître d'ouvrage : Ambassade du Maroc
à Rome
Lieu : Venise, Italie
Surface : 500 m^2 / Budget : 800 000 €
Livraison : 2014

- -

ARAB CONTEMPORARY
Programme : Exposition au Louisiana
Museum of Modern Art
Lieu : Copenhague, Danemark
Date : 2014

- -

MUSÉE VOLUBILIS
Programme : Construction d'un musée
archéologique dans un site inscrit au
patrimoine mondial de l'UNESCO
Maître d'ouvrage : Ministère de la Culture,
Maroc
Lieu : Site archéologique de Volubilis, Maroc
Surface : 4 200 m^2 / Budget : 6,4 M€
Livraison : 2013

- -

BETWEEN WALLS
Programme : Installation architecturale
Lieu : Rabat, Maroc
Date : 2012

- -

**MUSÉE NATIONAL D'ARCHÉOLOGIE
ET SCIENCES DE LA TERRE #1**
Programme : Construction du Musée
National d'Archéologie et des Sciences
de la Terre
Maître d'ouvrage : Ministère de la Culture,
Maroc
Lieu : Rabat, Maroc
Surface : 17 500 m^2
Concours : 2012

- -

HOME
Programme : Installation au Museum
of Architecture, Londres
Maître d'ouvrage : Museum of Architecture
Lieu : Londres, UK
Date : 2012
- -

MÉDIATHÈQUE DES MINES
Programme : Construction d'une nouvelle
médiathèque
Maître d'ouvrage : Office Chérifien
des Phosphates
Lieu : Khouribga, Maroc
Surface : 6 520 m^2
Concours : 2011
- -

ESCALES
Programme : Exposition dédiée au travail
de l'agence
Lieu : Casablanca, Maroc / Paris, France.
Date : 2010 - 2011
- -

CASARTS
Programme : Construction de salles
de théâtre et d'un espace culturel
Maître d'ouvrage : Ministère de la Culture,
Maroc
Lieu : Casablanca, Maroc
Surface : 28 000 m^2
Concours : 2009
- -

MÉDIATHÈQUE SAINT-MARTIN
Programme : Médiathèque et archives
territoriales de Saint-Martin
Maître d'ouvrage : SEM SAMAR
Lieu : Saint Martin, Caraïbes françaises
Surface : 4 000 m^2
Concours : 2009
- -

L'BATTOIR
Programme : Installation aux Transculturelles
des Abattoirs de Casablanca
Lieu : Casablanca, Maroc
Surface : 9 m^2
Date : 2009
- -

BIBLIOTHÈQUE NATIONALE DE PRAGUE
Programme : Espaces de réception,
espaces d'exposition, bureaux
Maître d'ouvrage : Bibliothèque Nationale
de la République Tchèque
Lieu : Prague, République Tchèque
Surface : 10 000 m^2
Concours : 2006
- -

MUSÉE DAR EL BACHA
Programme : Réhabilitation et conversion
d'un palais en musée des arts premiers
Maître d'ouvrage : Ministère de la Culture,
Maroc
Lieu : Marrakech, Maroc
Surface : 3 100 m^2 / Budget : 2 M€
Livraison : 2006
- -

MUSÉE NATIONAL DE L'ARCHÉOLOGIE
Programme : Salles d'expositions
et espaces d'accueil
Maître d'ouvrage : Ministère de la Culture,
Maroc
Lieu : Rabat, Maroc
Surface : 3 700 m^2
Concours : 2005
- -

FESTIVAL DE CASABLANCA
Programme : Construction d'un espace
d'accueil pour une manifestation culturelle
Lieu : Casablanca, Maroc
Surface : 30 000 m^2
Date : 2005

MARRAKECH ART PROJECT
Programme : Création d'une Galerie d'Art
Contemporain
Maître d'ouvrage : Privé
Lieu : Marrakech, Maroc
Surface : 800 m^2
Date : 2004

MUSÉE DU PATRIMOINE
Programme : Construction d'un musée
Maître d'ouvrage : Ministère de la Culture
Lieu : Rabat, Maroc
Surface : 25 000 m^2
Concours : 2002

CRÉDITS

ÉQUIPE

Salma Abderrahim / Alex Acemyan /
Ruben Alamo / Sumaia Alamoudi /
Silvia Albini / Alina Amiri /
Cristina Anastase / Maria Aramendia /
Lauren Bachelot / Meyriem Bachouchi /
Michelle Badr / Barbara Ballu /
Mehdi Ben Yahmed / Ali Benabdallah /
Tom Benard / Hakim Benchekroun /
Sofia Bennani / Selim Bennis /
Vera Beranova / Tommaso Bernabo Silorata /
Clara Berthet / Mehdi Besri /
Britanny Birdsong / Kaley Blackstock /
Judith Boggess / Ambroise Bonal /
Chantal Bonner / Magali Boudey /
Zakaria Bounoua / Laurent Broyon /
Alain Bruner / Rafael Calvo De Febrer /
Andrea Cattarino / Nicolas Cazali /
Sanket Chandresh Shal / Gillian Chang /
Valérie Chatelet / Karin Chen /
Safia Cherif El Ofir / Keunjung Cho /
Victoria Cho / Jennifer Currier /
Thomas Dalbarade / Christina Danton /
Ana Alexandra De Oliveira Brett /
Marc De Verneuil / Aure Delaroiere /
Patricia Deterville / Cristina Devizzi /
Gina Di Tolla / Walter Dresscher /
Cédric Druetta / Juliette Dubroca /
Eric Dumarche / Anne-Claire Dursapt /
Nils Edelmann / Rita El Fihri / Evans Kurt /
Lisa Feldmann / Ivan Fouquet /
Adriana Garwacki / Yuliya Georgieva /
Julien Gicquel / Marie-Pierre Goguet /
Kent Gould / Matt Grady / Elodie Graham /
Romuald Grall / Caterina Grosso / Jue Gu /
Jocelene Hadj / Kristina Hellhake /
Oscar Hernandez-Gomez / Min Hong /
Katarzyna Howorko / Stéphanie Hua /
Amanda Huang / Sabrina Jaffal /
Shiraz Jerbi / David Jimenez Ruiz /
Seung Jin Ham / Nathalie Jolivet /
Lauren Jones / Patrick Jones / Jo Joowon /
Randall Knight / Kelly Koomalsingh /
Gary Ku / Kim Kuy Young / Chaimae Laasel /
Monica Lagarrigue / Rhiannon Laurie /
Virginie Lauzon / Marion Le Coq /
Mark Lean / Ben Lee / Elizabeth Lee /
Christine Legat / Charlotte Leib /
Kassandra Leiva / Arielle Lemaistre /
Rafael Lemieszek Pinheiro / Han Li /
Mathias Lukas / Mona Madan /
Ayako Maetani / Kleopatra Malama /
Alba Marcos Ramirez / Emily Margulies /
Elizabeth Marrin / Ryan Mc Caffrey /

Mamoun Mechiche Alami /
Marvia Kainama / Claudia Melniciuc /
Meriem Mimoun / Robert Mohr /
Jérémy Monsimert / Heather Moore /
Benedetto Morici / Leslie Nguyen /
Moritz Nicklaus / Cezar Nicolescu /
Jean-Louis Nizon / Ceara O'Leary /
Will Oren / Emily Ottinger / Yasmine Ouafa /
Payap Pakdeelao / Matt Piker /
Becky Quintal / Caroline Rabourdin Shell /
Ashley Reed / Daniel Requesens /
Diane Rhyu / Jean-Marc Rio / Zoé Ritts /
Pedro Rodrigues / Camila Rodriguez Costa /
Anne-Sophie Roques / Costanza Rossi /
Naomi Sakamoto / Edith Saleil /
Miguel Santos / Melha Sayad /
Salim Sefrioui / Isabelle Sicault /
Daniela Silva / Mary Stuckert /
Jonathan Sturt / Lee Ann Suen /
Tyler Survant / Paula Szejnfeld Sirkis /
Taddonio Brian / Orfeo Tagiuri /
Abdelkader Touirsa / Hanna Tullis /
Saif Vagh / Philippe Vidal / Tiago Vier /
Yu Wang / Duncan White /
Maya White-Shure / Andrea Wong /
Othmane Zerouali / Liwen Zhang /
Yu Kun Zhang

- - - - - - - - - - - - - - - - - - -

CRÉDITS

PHOTOGRAPHIES

Luc Boegly / Hakim Benchekroun /
Elio Germani / La Galerie d'Architecture /
Oualalou+Choi / Lilia Sellami

- - - - - - - - - - - - - - - - - - -

PERSPECTIVES

+IMGS / Agence Morph / Anouska Hempel
Design / Archirendering / Arte Factory /
A-Zuga / Borja Santurino / Cédric Hamelin /
Charles Massé / Christian Delecluse /
Dotimage / Exagon Studio /
Guillaume Hannoun / Inui / Kaupunki /
Labtop / Luxigon / Mathieu Samuel /
Michael Kaplan / Mvize / Nicolas Richelet /
Oualalou+Choi / Robota / Stéphane Moullet /
Thomas Series / Tristan Spella /
Zoé Fontaine

- - - - - - - - - - - - - - - - - - -

PUBLICATION

Auteurs : Linna Choi, Tarik Oualalou
Direction éditoriale : Oualalou+Choi
Coordination éditoriale : Caterina Grosso
Textes et Iconographie : Hakim Benchekroun
Conception graphique : Sylvain Enguehard
Impression : Ingoprint
Éditions : Actar

- - - - - - - - - - - - - - - - - - -

Achevé d'imprimer à Barcelone, Espagne /
© 2017 / Actar / Oualalou+Choi /
Sylvain Enguehard